Udo Haupt — Luise Schmaus — Susanne Winterstetter

Praxis des Sportunterrichts in der Grundschule

R. Oldenbourg Verlag München

PRÖGEL PRAXIS 126

Die Deutsche Bibliothek – CIP-Einheitsaufnahme

Haupt, Udo:
Praxis des Sportunterrichts in der Grundschule / Udo Haupt ; Luise Schmaus ; Susanne Winterstetter. – 8. Aufl. – München: Oldenbourg, 1999
 (Prögel-Praxis ; 126)
 ISBN 3-486-98539-6

Karl Rauscheder gewidmet

© 1987 R. Oldenbourg Verlag GmbH, München

Das Werk und seine Teile sind urheberrechtlich geschützt. Jede Verwertung in anderen als den gesetzlich zugelassenen Fällen bedarf deshalb der vorherigen schriftlichen Einwilligung des Verlages.

8. Auflage 1999 E

Umschlagkonzeption: Mendell & Oberer, München
Zeichnungen: Eduard Wienerl, München
Satz: Mühlberger GmbH, Gersthofen
Druck und Bindearbeiten: Schneider Druck GmbH, Rothenburg ob der Tauber
ISBN 3-486-**98539**-6

Inhaltsübersicht

Vorwort 6

1. Didaktische Überlegungen zum Sportunterricht in der Grundschule   7

1.1   Zur Bedeutung von Bewegung, Spiel und Sport im Sportunterricht der Grundschule 7
1.1.1 Differenzierte Sicht des Gegenstandsbereichs 8
1.1.2 Zur Bedeutung von Bewegung 9
1.2   Ziele und Aufgaben des Sportunterrichts 13
1.2.1 Verschiedene Handlungsintentionen 15
1.2.2 Thematisierung – zum Verhältnis von Zielen und Inhalten . . . 16
1.3   Planung und Aufbau einer Sportstunde 17
1.4   Formen unterrichtlicher Vermittlung 23
1.4.1 Das Situationsarrangement 24
1.4.2 Der Lehrgang 27
1.4.3 Das Unterrichtsprojekt 28
1.5   Konkretisierung grundlegender Forderungen des Lehrplans . . . 28
1.5.1 Bereichs- bzw. sportartübergreifende Unterrichtsgestaltung . . . 29
1.5.2 Vermeidung eines übertriebenen Leistungsstrebens 33
1.5.3 Partner- und gemeinschaftsbezogenes Handeln 37
1.5.4 Erfüllte schulische Gegenwart 42
1.6   Maßnahmen zur Unfallverhütung – Sicherheitserziehung 44
1.6.1 Allgemeine Maßnahmen zur Unfallverhütung 44
1.6.2 Besondere Maßnahmen zur Unfallverhütung 47
1.6.3 Anleitung der Schüler zu einem sicherheitsbewußten Verhalten 49
Anmerkungen 51

2. Stoffverteilungsplan 54
Hinweise zum Stoffverteilungsplan 54
Stoffverteilungsplan für die 1. Jahrgangsstufe 54
Stoffverteilungsplan für die 2. Jahrgangsstufe 58
Stoffverteilungsplan für die 3. Jahrgangsstufe 61
Stoffverteilungsplan für die 4. Jahrgangsstufe 64

3. Unterrichtsbeispiele 67
Allgemeine Hinweise zur Benutzung der Unterrichtsbeispiele 67
Abkürzungen / Symbole / Fachbegriffe 68

3.1 Unterrichtsbeispiele 1./2. Jahrgangsstufe 72
UB 1 Der erste Tag in der Turnhalle 72
UB 2 Bewegungsmöglichkeiten mit dem Sandsäckchen 74
UB 3 Kräftigung der Bein- und Fußmuskulatur mit der Zeitung . . . 76
UB 4 Spielen mit dem Luftballon 78
UB 5 Erfahrungen mit verschiedenen Bällen 80
UB 6 Spielen mit Objekten 82
UB 7 Bewegungsmöglichkeiten mit dem Springseil 84
UB 8 Grundtätigkeiten am zerlegten Kasten 86
UB 9 Vielfältige Bewegungsmöglichkeiten an der Langbank 88
UB 10 Hüpfen und Springen mit Reifen und Stab 90
UB 11 Vielfältiges Springen im Freien 92
UB 12 Vielseitiges Werfen 94
UB 13 Klettern und Hangeln an der Sprossenwand 96
UB 14 Turnen an der schrägen Leiter 98
UB 15 Turnen an einer Gerätekombination 100
UB 16 Schaukeltaue 102
UB 17 Hangeln und Schwingen am Reck 104
UB 18 Rückenschaukel am Boden 106
UB 19 Schaukeln und Drehen an den Ringen 108
UB 20 Grundlegende Bewegungserfahrungen am brusthohen Reck . . 110
UB 21 Grundlegende Bewegungserfahrungen am Stützbarren 112
UB 22 Spielen mit dem Gymnastikball 114
UB 23 Staffeln 116
UB 24 Kleine Spiele (Platzsuchspiele) 118
UB 25 Kleine Spiele mit dem Ball 120

3.2 Unterrichtsbeispiele 3./4. Jahrgangsstufe 122
UB 26 Gerätturnen: Rolle vorwärts 122
UB 27 Gerätturnen: Rolle vorwärts in Übungsverbindungen 124
UB 28 Gerätturnen: Rolle rückwärts 126
UB 29 Gerätturnen: Rolle rückwärts in Übungsverbindungen 128
UB 30 Gerätturnen: Aussprung aus dem Absprungtrampolin 130
UB 31 Gerätturnen: Einsprung in das Absprungtrampolin 132
UB 32 Gerätturnen: Aufknien und Aufhocken am Kasten 134
UB 33 Gerätturnen: Hockwenden über verschiedene Geräte 136
UB 34 Gerätturnen: Hindernisturnen am Stufenbarren 138
UB 35 Gerätturnen: Felgabzug vw und Drehungen im Hocksturzhang 140
UB 36 Gerätturnen: Felgaufschwung am Reck 142
UB 37 Gerätturnen: Zirkeltraining als Konditionsschulung 145
UB 38 Gerätturnen: Klettern und Balancieren an einer Gerätebahn . . 149

UB 39 Gymnastik und Tanz: Rollen und Prellen des Balles 152
UB 40 Gymnastik und Tanz: Werfen und Fangen des Balles 154
UB 41 Gymnastik und Tanz: Bewegungsformen mit dem Reifen . . . 156
UB 42 Gymnastik und Tanz: Bewegungsformen mit dem Springseil . . 158
UB 43 Gymnastik und Tanz: Erlernen eines Bändertanzes 160
UB 44 Gymnastik und Tanz: Erlernen eines Kontratanzes 162
UB 45 Leichtathletik: Dauerlaufen (Viereckslauf). 164
UB 46 Leichtathletik: Geländelauf 166
UB 47 Leichtathletik: Gruppenwettläufe im Freien 168
UB 48 Leichtathletik: Der Hochstart beim Laufen 170
UB 49 Leichtathletik: Pendelstaffeln 172
UB 50 Leichtathletik: Absprung und Landung beim Weitsprung . . . 174
UB 51 Leichtathletik: Weitsprung – pädagogische Wettkampfformen 177
UB 52 Leichtathletik: Vielseitiges Hochspringen 180
UB 53 Leichtathletik: Weitwerfen aus dem Stand mit Kernwurf 183
UB 54 Spiele: Prellen des Balles 186
UB 55 Spiele. Wurf- und Fangspiele 188
UB 56 Spiele: Treff- und Zielspiele – Tigerball 190
UB 57 Spiele: Jägerball mit Variationen 192
UB 58 Spiele: Ballspiele mit dem Fuß (Torschuß) 194
UB 59 Spiele: Ballspiele in der Gruppe 196

3.3 Unterrichtsbeispiele Schwimmen 198

Allgemeine Hinweise zum Schwimmunterricht 198
UB 60 Die erste Stunde im Lehrschwimmbecken 200
UB 61 Körpererfahrungen und Bewegungsempfindungen im Wasser . 202
UB 62 Richtiges Atmen im Wasser 204
UB 63 Erfahren des Wasserauftriebs 206
UB 64 Tauchen – Bewegen unter Wasser 208
UB 65 Gleiten 210
UB 66 Brustschwimmen: Einführung der Grätsche 212
UB 67 Brustschwimmen: Verbesserung der Grätsche 215
UB 68 Brustschwimmen: Armzug 218
UB 69 Fußsprünge ins Wasser 220
UB 70 Spielen im Wasser 222

Verwendete Literatur bzw. Musikkassetten in den UB 224

Vorwort

Dieses Buch einer schulpraktisch konzipierten Reihe wendet sich an alle Lehrer der Grundschule, die Sportunterricht erteilen.
Es ist zunächst an Lehrer gedacht, die im Fach Sport keine oder eine nur sehr verkürzte Ausbildung hatten (Pflichtausbildung).
Weiterhin soll jener Kollegenkreis angesprochen werden, der Sport als Wahlpflichtfach in Theorie und Praxis studiert hat. Auch für ihn kann das Buch eine gute Hilfe sein, da selbst dieser Studiengang nur grundlegende Inhalte vermitteln konnte.
Das Buch versucht dem Lehrer bei der Planung und Durchführung seiner unterrichtlichen Arbeit zu helfen:
— Die Planung von Unterrichtsstunden wird dadurch erleichtert, daß die Fülle möglicher Lerninhalte (Lehrplan) durch einen Stoffverteilungsplan auf Monate und in entsprechende Stundenthemen aufgegliedert ist.
— Grundlegende Inhalte des Lehrplans sind in diesem Buch als Unterrichtsbeispiele differenziert ausgearbeitet.
— Die einzelnen Unterrichtsbeispiele werden praxisnah und in aufeinander abgestimmten Lernschritten angeboten. Konkrete didaktische Hinweise unterstützen dabei die praktische Durchführung.
— Die Auswahl und Ausarbeitung der Themen folgte dem Grundsatz, Unterrichtsbeispiele zu erstellen, die vom angesprochenen Personenkreis problemlos nachvollzogen werden können. Deshalb wurden nur grundlegende Themen gewählt und in einer realisierbaren Weise dargestellt.

Wir hoffen, mit diesen Hilfen die Durchführung eines vielfältigen Sportunterrichts zu erleichtern. Wir wünschen den Lehrern ein gutes Gelingen und ihren Schülern viel Freude am Sportunterricht.

Dr. Udo Haupt
Luise Schmaus
Susanne Winterstetter

1. Didaktische Überlegungen zum Sportunterricht in der Grundschule

Die gegenwärtige sportdidaktische Diskussion ist, gerade auch bezogen auf den Bereich der Grundschule, von einer Reihe konkurrierender Ansätze und widersprüchlicher Aussagen gekennzeichnet. Ein einheitliches Denkmodell und ein allgemein anerkannter Begründungszusammenhang für den Sportunterricht sind nicht gegeben.
Dieser Tatbestand erschwert es dem Lehrer auch, Theorie aufzunehmen und in die unterrichtliche Praxis umzusetzen.
Trotz der Vielfalt und Widersprüchlichkeit theoretischer Aussagen gibt es aber eine Reihe von Einsichten, die als allgemein anerkannter und grundlegender Wissensstand bezeichnet werden können, hinter die ein Rückschritt nur schwer vorstellbar erscheint.[1]
Auf der gesicherten Basis des Lehrplans besitzt der Grundschullehrer damit eine Fülle wertvoller didaktischer Anregungen für die praktische Arbeit.
Die nachfolgenden allgemeinen sportdidaktischen Ausführungen verstehen sich als Grundlegung für den anschließenden praktischen Teil und die einzelnen Unterrichtsbeispiele, als dafür notwendige allgemeine aber praxisbezogene Voraussetzung. Der Zusammenhang von allgemeiner unterrichtsbezogener Reflexion und einzelnen konkreten Unterrichtsbeispielen soll dabei deutlich werden.[2]

1.1 Zur Bedeutung von Bewegung, Spiel und Sport im Sportunterricht der Grundschule

Die Vielfalt existierender Entwürfe für den Sportunterricht drückt sich zunächst augenfällig im Gebrauch unterschiedlicher Begriffe aus, z. B. Sport-, Spiel-, Bewegungs-, Körper-, Leibeserziehung, Lernbereich Sport oder Lernbereich Bewegung, Spiel und Sport, Sportunterricht.
Auch in der von uns gewählten Überschrift zur Bezeichnung des Gegenstandes von Sportunterricht werden drei Begriffe statt eines einzigen, z. B. Sport gewählt.
Selbst wenn man alltagssprachlich und lehrplangemäß als Fachbezeichnung den Begriff Sport verwendet, sollte man deutlich sehen, daß gerade bei diesem Begriff die Gefahr besteht, entweder einseitig zu begrenzen und damit zu verkürzen oder unpräzise alles damit ansprechen zu können.
Jenseits von terminologischen Überlegungen kann als grundsätzliche inhaltliche Aussage sportdidaktischer Überlegung festgehalten werden, den Gegen-

stand, die komplexe Sache des Sportunterrichts besonders im Grundschulbereich vielseitig zu sehen.

Drei zusammenhängende und doch zu unterscheidende Schwerpunkte des Gegenstandes Sport sollen die Vielfalt auch der schulisch zu vermittelnden Ziele/Inhalte verdeutlichen, sollen die Fülle auch unterrichtlich gegebener Möglichkeiten ansprechen und der Gefahr von Einseitigkeiten und Verkürzungen vorbeugen.

1.1.1 Differenzierte Sicht des Gegenstandsbereichs

Spielerisch-sportliche Bewegung ist zunächst einmal in grundlegender Weise als Medium zwischen Welt und Mensch, zwischen außen und innen zu verstehen. Eine wesentliche Hinsicht des Erfahrungscharakters von Bewegung meint den Aspekt, den H. v. Hentig „Sport als Umgang mit dem eigenen Körper"[3] nennt.

In der Auseinandersetzung mit Räumen, Geräten, Personen erfährt sich der einzelne über und durch Bewegung in vielfältiger Weise. Das vornehmliche und unmittelbare „Objekt" von Bewegungshandlungen ist hier der eigene Körper, an dem und mit dem wir unsere Erfahrungen machen.

Handelndes Tun wird hier verstanden als die Möglichkeit, seinen eigenen Körper kennenzulernen, sich mit ihm vertraut zu machen. Die Kinder lernen seine Fähigkeiten und Eigenschaften, seine Möglichkeiten und Grenzen richtig einschätzen. Sie erleben Freude am eigenen Können, am Zuwachs der Kräfte, an der Steigerung der Leistungsfähigkeit. Sie erfahren Anspannung und Entspannung, Wagnis und Gelingen, Mithalten und Scheitern, Helfen und Geholfenwerden, Ermüdung und Erschöpfung und nicht zuletzt auch das gemeinsame Bewegen mit anderen.

Bewegung als Körpererfahrung.

Der Handlungsraum im Sportunterricht bzw. der außerunterrichtlichen Formen in der Grundschule ist zweitens jener Bewegungs-, Erfahrungs-, Erlebnisraum, der vielfältig Gelegenheiten zu spontanem, situativem, informellem und das meint hier spielerischem Tun eröffnet.

In mehrdeutiger und offener Sinngebung werden Aufgaben spielend gelöst, eigene Bewegungsmöglichkeiten zusammen mit sachlich bestimmten Umgangsqualitäten spielerisch erkundet, Können und Spielfreude erlebt und gesteigert. Spielerische Bewegung befriedigt subjektive Bedürfnisse, eröffnet den Raum für das Zusammenspielen mit anderen, entfaltet innovative Kräfte, erschließt subjektiven Sinn.

In dieser Hinsicht ist Bewegen spielerisches Tun, gekennzeichnet durch die subjektive Auslegung der Situation und die Offenheit des Weges wie des Ausgangs.

Bewegung als Spiel.
Sportliche Wirklichkeit meint schließlich auch in der Grundschule jenes zweck- und zielgerichtete Handeln, bei dem bestimmte Sportarten in meist geregelter Weise nach den Grundsätzen von Leistungssteigerung, Überbietung, Konkurrenzverhalten nachvollzogen werden.
Hier geht es um bestimmte, in der Grundschule meist einfache und grundlegende, technische Fertigkeiten und taktische Verhaltensweisen, die als richtige von falschen abzugrenzen sind in vorbestimmter geschlossener Sinngebung. Die zielgerichteten sportlichen Handlungen intendieren objektivierbare Leistungsprodukte und fordern den Leistungsvergleich heraus. Mit dieser Wirklichkeit ist der gesellschaftlich vermittelte, geschichtlich gewachsene, in feste Organisationsstrukturen gefaßte Wettkampfsport gemeint, der nach international festgelegten Regeln abläuft und eine speziell hergerichtete Umwelt benötigt (Sportanlage). Bewegung als Sport, als normierte Bewegungstechnik.
Der Gegenstandsbereich des Sportunterrichts wird hier in einer dreifach spezifischen Ausprägung verstanden.[4]

In diesen Überlegungen drückt sich ein Gegenstandsverhältnis aus, das sich umfassend erst in dieser dreifachen Weise darstellt und nicht, im Aufbauen falscher Alternativen, einseitig aufgelöst werden darf.

1.1.2 Zur Bedeutung von Bewegung

Ein so grundgelegtes Gegenstandsverständnis, das den außerschulischen Sport als gesellschaftlich relevantes Phänomen mit einschließt, aber über ihn hinausgeht, bekommt die Bedeutung der Bewegung für das heranwachsende Kind in anthropologischer und entwicklungspsychologischer Perspektive in den Blick.

Vor allem so werden die eigentlichen Grundlagen des Sportunterrichts angesprochen, werden die pädagogische Bedeutung von Bewegung, Spiel und Sport und damit die Notwendigkeit einer differenzierten Bewegungserziehung in der Grundschule klar herausgestellt, ist die Basis für einen kindorientierten Sportunterricht[5] gelegt.

Menschliche Bewegung ist, im Unterschied zur vorgeprägten tierischen Bewegung, erworben. Diese anthropologische Tatsache ist pädagogisch von größter Bedeutung, weil sich daraus die Notwendigkeit einer Erziehung zur Bewegung ergibt.

In Anlehnung an Kretschmer[6] soll aus anthropologischer Sicht auf zwei ,,Wesensmerkmale'' von Bewegung verwiesen werden. Aus jedem dieser Merkmale ergeben sich jeweils zwei pädagogisch bedeutsame Konsequenzen.

Als erstes ,,Wesensmerkmal'' von Bewegung wird die Offenheit und Unabgeschlossenheit erkannt und zugleich ihre Festgelegtheit und Vorbestimmtheit. Daraus ergibt sich eine doppelte Forderung:
– Einmal geht es für den Lehrer darum, die Kinder auf die gesellschaftliche Wirklichkeit Sport und die Vielzahl geschichtlich gewachsener Formen sportlichen Handelns vorzubereiten. Es ergibt sich hier die konkrete unterrichtliche Aufgabe, sportliche Fertigkeiten und Fähigkeiten, spezifische Techniken in den verschiedenen Sportarten zu vermitteln, um so den Kindern die Teilhabe auch an diesem Bereich gesellschaftlich-kultureller Lebenswirklichkeit zu ermöglichen.
– Zum anderen geht es aber auch darum, diese sich in einer bestimmten Weise anbietende sportliche Wirklichkeit verstehen zu lernen, nach ihren Bedingungen zu hinterfragen und auch darum, diese Wirklichkeit zu verändern, neu herzustellen, eingefahrene Könnensformen und Bedeutungszuschreibungen aufzubrechen und subjektiv bedeutsam neu zu interpretieren und zu verwirklichen.

Als zweites ,,Wesensmerkmal'' von Bewegung wird ihre Funktion gesehen, zwischen dem Menschen und seiner Umwelt zu vermitteln (vgl. Abb. 2). Bewegung gehört wesensmäßig zum Menschen und wird hier gesehen als ,,ein fundamentales Medium der Vermittlung zwischen ihm und seiner Welt, zwischen Innen und Außen''.[7]

Dieses Verhältnis ist ein sich doppelseitig bedingendes:
– Einmal ist Bewegung ein Medium, durch das sich der Mensch seiner Umwelt zuwendet, sich diese Umwelt erschließt, über Bewegung auf die Umwelt (Dinge, Situationen, Personen) einwirkt. Über und mit Bewegung stellt das Kind etwas her, es erreicht etwas, es setzt etwas durch, stellt etwas heraus (,,instrumentelle Bedeutung''). Die Bewegungshandlung wird hier in ihrem Verhältnis zum angestrebten Ziel gesehen, z. B. ein Spiel mit anderen spielen können, über eine herausgeschwenkte Sprossenwand sicher hinüber-

kommen, einen Ball in der Gruppe gekonnt zuspielen, im Wasser sich sicher und gewandt bewegen, etwas für seine Gesundheit tun. Dieses Einwirken, Herstellen, Gestalten, Aktualisieren, insgesamt dieses Handeln gelingt erst dann gut, wenn ein erreichtes Bewegungskönnen von der unmittelbaren Herausforderung einer Aufgabe, einer Situation entlastet, was die Qualität der Zuwendung erhöht.

— Zum anderen wirkt die Umwelt über die Bewegung auf das Kind zurück, sie ist ,,Organ" der Erfahrung, Welt wird über sie wahrgenommen. Hier ist Bewegung in ihrem ,,Erfahrungscharakter", als ,,Erfahrungsinstrument" des Menschen zu sehen, in ihrer explorierenden Bedeutung und zwar im Hinblick auf das eigene Selbst (Selbstkompetenz), auf materiale Erfahrungen (Sachkompetenz) und soziale Erfahrungen (Sozialkompetenz).

Über vielfältige Bewegungshandlungen erfahren Kinder ihren eigenen Körper in seinen Kräften und Möglichkeiten, erleben sie ihn in Anstrengung und Entspannung, werden unmittelbar Können, Behinderungen, Widerstände, Grenzen einsichtig festgestellt (Selbstkompetenz als Körpererfahrung vgl. 1.1.1).

Über die handelnde Auseinandersetzung mit der Umwelt machen die Kinder eine Vielzahl wesentlicher ,,materialer Erfahrungen". Sie erleben unverwechselbare Raum- und Sachqualitäten, z. B. die natürliche Landschaft, die Sport- und Schwimmhalle, die Umgangsqualitäten von Bällen, Stäben und Reifen, erfahren Grundlegendes über die spezifischen Qualitäten von Wasser, Schnee, Eis und deren Bewegungsfreuden (Sachkompetenz als materiale Erfahrung).

Über Bewegung kommen die Kinder aber auch mit anderen Personen in vielfältigen und herausfordernden Kontakt. Sie spielen mit- und gegeneinander, gewinnen und verlieren, lösen mit dem Partner zusammen Aufgaben, halten sich an gemeinsam vereinbarte oder vorgegebene Regeln, helfen und unterstützen sich gegenseitig, nehmen sich untereinander in differenzierter Weise wahr, geraten in Streit, sehen sich Widerständen, anderen Meinungen ausgesetzt, lösen Konflikte usw. (soziale Erfahrungen).

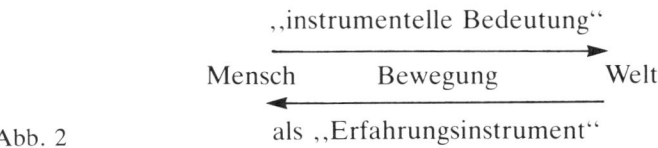

Abb. 2

In entwicklungspsychologischer Sicht hat Bewegung also ,,einen entscheidenden Anteil am Aufbau des Selbst- und Weltbildes des Menschen"[8], besitzen die ,,materialen Erfahrungen" auch eine hohe Bedeutung für die Denk- und Sprachentwicklung des Menschen.[9]

Eine genauere Analyse des kindlichen Bewegungsverhaltens führt nach Kretschmer zu sechs ,,entwicklungsrelevanten Bewegungsfunktionen".[10] Diese sechs Funktionen zeigen besonders deutlich, daß Bewegung als der spezifische Gegenstand des Sportunterrichts nicht verkürzt, sondern in allen wesentlichen Aspekten zu sehen ist und nur von daher ein vielseitiger, pädagogisch verantworteter Unterricht zu gestalten sein wird.

In solcher Sicht lösen sich auf allgemeiner Basis und umfassenderer pädagogischer Perspektive häufig unterschiedliche sportdidaktische Ansätze oder auf den ersten Blick kontroverse Positionen fast widerspruchsfrei auf.

In Anlehnung an Kretschmer soll kurz auf diese sechs Funktionen der Bewegung, ihre verschiedenen Bedeutungen[11] eingegangen werden.

- Über Bewegung Umwelt erkunden (explorative Funktion):
  Bewegung ist zunächst ein Medium, natürliche und künstlich geschaffene Räume und Geräte in ihren jeweils spezifischen Eigenschaften bzw. Umgangsqualitäten zu erkunden, ,,materiale Erfahrungen" zu machen. Über das Be-greifen im Tun soll auch das Begreifen als kognitiver Prozeß angeregt und vorangebracht werden.

- Über Bewegung Umwelt gestalten (produktive Funktion):
  Bewegung wird hier als Möglichkeit gesehen, vielfältige Einfälle umzusetzen, Umwelt zu gestalten, zu verändern, sich selbst in Bewegungsprodukte einzubringen, darzustellen, sich mit dem Dargestellten zu identifizieren, Bewegungs- und Gestaltungsfreude zu erleben.

- Sich über Bewegung mit anderen verständigen (kommunikative Funktion):
  In und mit Bewegung werden besonders nonverbal vielfältige Kontakte geknüpft, Wahrnehmungsprozesse differenziert herausgefordert, Bedeutungen erfahren, ausgetauscht, Regeln festgesetzt, variiert, verändert. Es ereignet sich eine vielfältige Verständigung, Probleme und Hilfen werden besprochen, Lösungsmöglichkeiten erörtert, es wird versucht, Interpretationsschwierigkeiten und Konflikte zu lösen.

- Sich in der Bewegung mit anderen vergleichen und messen (komparative Funktion):
  Der handelnde Umgang mit Räumen, Geräten, Situationen, Aufgaben, Personen führt einsichtig und feststellbar zu Bewegungsleistungen, ermöglicht den Vergleich mit sich selbst, mit den anderen. Er läßt eigenes, aber auch anderes Können erfahren, erkennt und bestimmt Leistungsgrenzen, das Noch-nicht-Gekonnte und führt zu sachbezogener und realistischer Selbsteinschätzung, dehnt Könnensgrenzen weiter aus.

- Über Bewegung sich ausdrücken und empfinden (expressive/impressive Funktion):
  Bewegung ist in dieser Hinsicht ein ausgezeichnetes Medium, in dem

intensiv angenehme und unangenehme Gefühle erlebt werden können, z. B. Freude, Zufriedenheit, Neugier, Spannung, Anstrengung, Erfolg, aber auch Ängste, Unsicherheiten, Wut, Ärger, Enttäuschung u. a. Umgekehrt bietet Bewegung aber auch die Möglichkeit, Gefühle auszudrükken, abzureagieren, zu bewältigen.
– Sich körperlich anstrengen (adaptive Funktion):
  Damit sind all jene biologischen Anpassungsprozesse des Körpers auf eine vielseitig herausfordernde Umwelt (Bewegungsreize) gemeint.

Erst auf der Grundlage einer so vollzogenen differenzierten Sicht des Gegenstandes von Sportunterricht und der vielfältigen Bedeutung von Bewegung überhaupt wird der Grundschullehrer in die Lage versetzt, den verschiedenen Bedürfnissen seiner Schüler im Zusammenhang mit der Fülle von lehrplanmäßigen Aufgaben kindorientiert nachzukommen.

1.2 Ziele und Aufgaben des Sportunterrichts

Der Differenzierung des Gegenstandes hat die Vielfalt der Ziele zu entsprechen. An dieser Stelle kann es nicht um die Erörterung uneinheitlicher, theoretischer Positionen und konkurrierender Ansätze gehen, wie sie sowohl in der fachdidaktischen Diskussion wie auch in den einzelnen gültigen Lehrplänen anzutreffen ist.

Hier geht es um die Absicht, grundlegende Zielbereiche des Sportunterrichts herauszustellen, wesentliche Aspekte im Zusammenhang mit der Zielfrage praxisbezogen kurz zu erörtern, zentrale Intentionen des Lehrplans unterrichtsnah zu verdeutlichen (vgl. 1.5).

Jeder Lehrer benötigt über die Pragmatik und Routine einzelner Stunden hinaus bestimmte Perspektiven allgemeiner Art für seine unterrichtliche Arbeit, hat die eigentliche Frage nach dem ,,Warum" seines Tun immer wieder verantwortlich zu stellen und zu beantworten.

Ohne ,,pädagogische Ansprüche" gegenüber einer ,,pragmatische(n) Sachorientierung"[12] zu sehr bemühen zu wollen und bei allem Verständnis für die Dominanz von Zwängen und Notwendigkeiten, Routinen und Ritualen in der alltäglichen unterrichtlichen Arbeit gegenüber pädagogischen Zielsetzungen in ihrem idealen Anspruch, kann der Lehrer auf leitende Perspektiven nicht verzichten.

Unterrichtliches Handeln sollte zielorientiert sein,
– damit wesentliche fachübergreifende Perspektiven in die unterrichtliche Gestaltung auch des Faches Sport einfließen können;
– damit die eigentliche Frage nach dem ,,Warum" nicht verloren geht. Die Frage nach dem ,,Was" allein genügt nicht. Denn Inhalte sind zielneutral;

- damit den möglichen Einflüssen des „Heimlichen Lehrplans" begegnet wird. Nur das bewußte Reflektieren der den Unterricht wesentlich bestimmenden Faktoren kann dabei helfen;
- weil so erst Innovationen des Lehrplans und der fachdidaktischen Diskussion zum Tragen kommen können;
- weil so immer wieder auch Ziele der Schüler bewußt aufgegriffen werden können.

Im Reflektieren des „Warum" sollte dabei selbstkritisch und praxisbezogen auch immer der Vergleich von offiziellen Zielperspektiven des Lehrplans und persönlichen Zielsetzungen (subjektive Theorie) vollzogen werden. Auf diese Weise werden idealer Anspruch und realisierte Intention immer wieder zusammengebracht, können subjektive Einseitigkeiten vermieden werden, ist die eigene Praxis immer wieder dem intentionalen Anspruch ausgesetzt.

Als grundlegende pädagogische Intention des Lehrplans ist die Feststellung zu werten, dem „Erzieherischen" Vorrang einzuräumen und die „Orientierung am Kind" in den Mittelpunkt der unterrichtlichen Arbeit zu stellen.[13] Die besonders für den Sportunterricht formulierten Ziele, z. B. die Förderung „einer harmonischen Gesamtentwicklung", das Steigern von „Bewegungsfähigkeit und Bewegungsfreude" verbunden mit dem Versuch, „dem Kind Erfolgserlebnisse zu vermitteln", die Anregung „zu sportlicher Betätigung" und die Anstöße „zu partner- und gemeinschaftsbezogenem Handeln"[14] – um nur einige zu nennen – erhalten vor dem Hintergrund dieser pädagogischen Norm ihre konkrete erzieherische Wertung und unterrichtlich-praktische Bedeutung.

Die Fülle dieser Ziele in ihren unterschiedlichen Schwerpunkten kann übersichtlich in drei grundlegende Zielbereiche geordnet und damit in einen überschaubaren Zusammenhang gebracht werden:[15]
- Bewegung als „Entwicklungsmedium", das die ganzheitliche, personale Entwicklung des Kindes im Miteinander von körperlichen, affektiven, kognitiven und sozialen Gesichtspunkten voranbringt.
- Bewegung als „Handlungsinstrument", wo dem Kind die Möglichkeit eröffnet wird, über ein entsprechendes Bewegungskönnen an der gesellschaftlich gegebenen spielerisch-sportlichen Wirklichkeit teilhaben zu können.
- Bewegung als „Reflexionsgegenstand", wo sich für das Kind aus Anlässen handelnder Auseinandersetzung vielfältig Gelegenheiten bieten, über Bedingungen und Folgen des Bewegens nachzudenken, Zusammenhänge, sachliche Gefahren, Grenzen zu erkennen.

Alle drei Zielbereiche sind in engem Zusammenhang untereinander zu sehen und tragen dazu bei, das gegenwärtig formulierte oberste Leitziel „Handlungsfähigkeit im Sport"[16] konkret anzugehen und umzusetzen. Nachfolgend sollen zwei wesentliche Punkte gegenwärtiger sportdidaktischer Reflexion aufgegriffen und in ihrer Bedeutsamkeit für die unterrichtliche Praxis kurz dargestellt werden.

1.2.1 Verschiedene Handlungsintentionen

Geht man nicht von einem ,,eindimensionalen Sportverständnis" aus, sondern sieht das ,,Handlungsfeld Sport" offen, in der Vielschichtigkeit der Handlungsanforderungen, der ,,Vielfalt möglicher Sinnorientierungen" und der Verschiedenheit von Handlungsmustern, ergibt die Analyse des Handlungsfeldes Sport (in idealtypischer Abgrenzung) nach Brodtmann fünf unterscheidbare ,,Sinnrichtungen", ,,Handlungsintentionen", Zielbereiche.[17]
— Die sportbezogene Handlungsintention, die auf Überbietung gerichtet ist. Sie intendiert die ständige Verbesserung der Leistung, zielt auf sportlichen Wettkampf und Vergleich. Im Grundschulbereich wird dieses Ziel z. B. in den Bundesjugendspielen umgesetzt.
— Die Handlungsintention Gesundheit. Über prophylaktische und therapeutische Wirkungen hinaus soll dabei Gesundheit als körperliches, geistiges und soziales Wohlbefinden verstanden werden.[18] Konkrete Hilfen bietet der Lehrplan an, wenn man an die Bewegungsübungen im Anhang und den Sportförderunterricht denkt.
— Die Intention, die auf sinnliche Erfahrungen gerichtet ist. Auf verschiedenen Ebenen sind spezifische Erfahrungen möglich, Erfahrungen des eigenen Körpers, der Vielzahl von sachlich bedingten Umgangsqualitäten, der natürlichen Umwelt (Räume), der ästhetischen Qualität bei der Bewegungsgestaltung.
— Die Handlungsintention, die auf ,,gesellig-kommunikatives Handeln" abzielt. Sportliches Handeln ist vielfältiger Anlaß, mit anderen Menschen zusammenzusein, soziale Kontakte zu knüpfen, miteinander tätig zu sein, in eine Gruppe integriert zu werden.
— Schließlich die Intention, die auf Spielen, Risiko, Abenteuer gerichtet ist. Sportlich-spielerische Situationen in der Ungewißheit des Ausgangs erzeugen Spannung, das Balancieren zwischen Können und Nichtkönnen läßt Risiko erleben, das Bewältigen herausfordernder Situationen und Aufgaben ist Abenteuer.

Die hier getrennt dargestellten fünf Handlungsintentionen sind in der komplexen Handlung oft vermischt und überlagert, in wechselnden Ausprägungen vorhanden. Umgekehrt können in Bewegungshandlungen je nach subjektiver Intention des Sporttreibenden auch einzelne Handlungsziele im Schwerpunkt verwirklicht werden.
Gerade ein Sportunterricht, der sich der grundlegenden Perspektive der

Kindorientierung verpflichtet weiß, wird die Vielfalt möglicher Handlungsziele in der unterrichtlichen Arbeit immer wieder bewußt verwirklichen.

1.2.2 Thematisierung — zum Verhältnis von Zielen und Inhalten

Ziele ohne Inhalte sind leer, Inhalte ohne Ziele richtungslos, beliebig verfügbar. Die Verknüpfung von Zielen und Inhalten, zugleich aber die Beschränkung der Vielfalt möglicher Beziehungen auf pädagogisch begründete, spricht einen zentralen didaktischen Tatbestand an, gehört in die verantwortliche Überlegung des Unterrichts planenden Lehrers.

Ein Inhalt/Lerngegenstand wird erst dann zum unterrichtlichen Thema, wenn er mit einer bestimmten Zielperspektive, einer Frage-, Problemstellung verknüpft wird. Im Begriff der Thematisierung wird also die vollzogene Verbindung eines Zieles mit einem Lerninhalt zum Ausdruck gebracht. Erst so entsteht ein unterrichtliches Thema.

Diese Überlegungen sprechen die grundlegende didaktische Erkenntnis an, daß ein bestimmter Inhalt je nach Intention, unterrichtlicher Zugriffsweise, Perspektivität des Lehrens, methodischer Aufbereitung als Unterrichtsthema erst konstituiert wird.[19]

Aus diesen allgemeinen didaktischen Überlegungen ergeben sich für die Arbeit des Lehrers in der unterrichtlichen Praxis einige wesentliche und ganz konkrete Konsequenzen:

— Die in der linken Spalte des Grundschullehrplans „Lernziele/Lerninhalte" auffindbaren, nur stichwortartigen inhaltlichen Angaben sind bewußt zu thematisieren, d. h. mit bestimmten Teilzielen (als Stundenzielen) zu verknüpfen. Der Lerninhalt Dauerlaufen[20], Weitspringen[21] oder Schwimmen sagt noch nichts über die zu wählende Handlungsintention, über eine mögliche Thematisierung aus.

Am Beispiel des Inhalts Schwimmen soll dieser Tatbestand mit den fünf oben dargestellten Intentionen verdeutlicht werden.

Intention	Inhalt	unterrichtliches Thema
Überbietung/ Leistung	Schwimmen	sportliches Schwimmen nach Zeit (Zeitminimierung), Technik und Strecke
Gesundheit	Schwimmen	Hygiene, Atmung, Lockerung der Muskeln, Belastung des Kreislaufs, Kräftigung der Muskulatur (Rücken), Entspanntsein, Wohlbefinden im Wasser, Wärme–Kälte-Einflüsse

Intention	Inhalt	unterrichtliches Thema
sinnliche Erfahrung	Schwimmen	verschiedene Körpererfahrungen durch die spezifischen Qualitäten des Wassers, z. B. kalt-warm, Widerstand, Auftrieb, Härte, Abtrieb, Schweben, Duschen u. a.
gesellig-kommunikatives Handeln		Badespaß in der Gruppe, Bezüge zum außerschulischen Baden und Schwimmen
Spiele, Risiko, Abenteuer		im bzw. unter Wasser mit Flossen, Schnorcheln, Leinen, Schwimmbrettern, Stäben, Bällen u. a. schwimmen bzw. spielen, Tauch- und Gleiterlebnisse, Wasserspiele, verschiedene Sprünge ins tiefe Wasser

Das gewählte Beispiel soll zeigen, daß der Inhalt Schwimmen je nach gewählter Zielperspektive zu fünf verschiedenen unterrichtlichen Themenschwerpunkten und einer jeweils entsprechend anderen Unterrichtsgestaltung führen kann.
— Die Frage nach dem Wohin und Warum ist schülerorientiert immer wieder zu stellen. Eingeschliffenen Mustern und persönlichen Einseitigkeiten wird so entgegengetreten, Neuerungen des Lehrplans können nur so bewußt aufgegriffen und umgesetzt werden.
— In dieser Sicht verliert die in der Literatur manchmal anzutreffende Entgegensetzung von geschlossenem und offenem Sportunterricht ihre ideologisch-einseitige Wertung. Von Mischformen ganz abgesehen wird die jeweils gewählte Unterrichtsform immer der beabsichtigten Thematisierung nachgeordnet zu entsprechen haben.

1.3 Planung und Aufbau einer Sportstunde

Wie Stunden anderer Fächer ist auch eine Sportstunde keine beliebige Reihung einzelner Themen und Aufgaben, sondern ein geordneter Zusammenhang.
In der allgemeinen wie sportdidaktischen Literatur hat sich eine grundsätzlich dreiteilige Gliederung für eine Stunde durchgesetzt. Damit ist kein starres Schema gemeint, sondern eine innere Bezogenheit aller drei Stundenteile in einer flexiblen Anpassung. Vom Hauptteil als dem thematischen Schwerpunkt einer Stunde her bestimmen sich sowohl der einleitende wie der ab-

schließende Teil. Diese dreiteilige Gliederung ist eine grundsätzlich sinnvolle Strukturierung, wobei manchmal in der Praxis davon abweichend auch vier, mindestens jedoch zwei Teile vorhanden sein müssen.

Einleitung	Hauptteil	Ausklang
Physisches Vorbereiten auf den Hauptteil: Aufwärmen, Einstimmen (Lernklima, Lernfreude), Motivieren (Zielangabe)	Stundenthema bestimmen, Stundentyp überlegen, z. B. Schaffen vielseitiger Bewegungsgrundlagen, Erlernen von Fertigkeiten, Üben–Wiederholen–Festigen, Gestalten–Spielen	Entspannen Ausgleichen Auflockern Zusammenfassen Besprechen Beruhigen

Insgesamt sind bei einer Stundenplanung pädagogisch-didaktische, psychologische, physiologische, organisatorische und natürlich auch sachliche Gesichtspunkte zu beachten.

Obwohl jede Stunde unter den jeweils spezifischen Bedingungen der gegebenen Verhältnisse (z. B. Räume und Geräte, Entfernungen und Zeiten, Stundenplan, Könnensstand, Altersstufe u. a.)[22] ihre charakteristische Eigenart besitzt, gibt es doch übergeordnete Gesichtspunkte, die immer zu beachten sind.

Einstimmen/Erwärmen/einleitender Teil:

Der einleitende Teil dient zunächst einmal unter physiologischen Aspekten dem Aufwärmen des Bewegungsapparates (Muskeln, Sehnen, Bänder) und dem Anregen des Herz-/Kreislaufsystems (Puls), um so auf die nachfolgenden körperlichen Belastungen des Stundenhauptteils vorzubereiten. Der Schüler wird vom Sitzen auf das Bewegen „umgestellt". Je nach Zielsetzung des Hauptteils ist dabei ein allgemeines oder ein bereits speziell abgestimmtes Aufwärmen möglich.

Unter psychologischen Gesichtspunkten versucht der Lehrer im einleitenden Teil, eine freudvolle Grundstimmung zu erreichen, und in einem positiven Lernklima die Lernbereitschaft und Konzentration auf das Stundenziel bei den Schülern zu sichern. Die Zielangabe für eine Stunde hat dabei immer am Anfang einer Stunde zu erfolgen.

Grundsätzlich sollte am Stundenbeginn zunächst immer auch an den Bewegungshunger der Schüler (Sitzzwang!) und an den Aufforderungscharakter des Raumes (Bewegen) gedacht werden.

Sachlich-organisatorische Überlegungen versuchen, den Raum, die benötig-

ten Geräte, Lernhilfen, Medien auf das unterrichtliche Thema zu beziehen und entsprechende Organisations- bzw. Unterrichtsformen zu wählen.
All diese Maßnahmen dienen natürlich unmittelbar immer auch der Unfallverhütung, denn ein angewärmter Muskel (Leichtathletik) ist nicht nur leistungsbereiter, sondern auch weniger verletzungsanfällig.
Didaktische Grundsätze für den einleitenden Teil:
- Dauer höchstens 5 bis 8 Minuten
- rasche Erwärmung durch abwechslungsreiche Spiel- und Bewegungsformen
- hohe Bewegungsintensität für alle Schüler ohne sie dabei zu ermüden. Der Stundenanfang ist immer auch ein motorisches Abreagieren auf den Sitzzwang und einseitige kognitive Belastungen der vorhergegangenen Stunden
- kein maximaler Einsatz hinsichtlich von Kraft, Ausdauer und des Herz-/Kreislaufsystems
- auf Lockerheit und Entspanntheit achten
- erst dehnen und belasten, wenn vorher erwärmt wurde
- den Übergang zum Hauptteil fließend und ökonomisch, d. h. z. B. ohne großen Umbau von Geräten vollziehen. Das kostet Zeit und den Schülern wird schnell wieder kalt
- Schüler evtl. an der Einleitung beteiligen, sie suchen z. B. selbst Spiele oder gymnastische Übungen aus, gestalten den Stundenbeginn mit eigenen Einfällen mit.

Der Hauptteil einer Stunde:

Je nach gewähltem unterrichtlichem Thema kann der Stundenschwerpunkt sehr unterschiedlich verlaufen.
Geht es um eine Aufgabe aus dem Lernbereich „Grundeigenschaften der Bewegung", z. B. um ein gewandtes und geschicktes Bewegen an Großgeräten, wird der Lehrer zunächst in einer mehr offenen Unterrichtsgestaltung die Schüler über lösungsoffene Aufgabenstellungen zu vielseitigen und möglichst freudvollen Bewegungsformen anregen (Leiter, Sprossenwand, Kastenteile u. a.) oder die Kinder in selbständiger Weise Möglichkeiten erproben und variieren lassen.
Ist eine bestimmte sportliche Fertigkeit, z. B. der Schlagballweitwurf in einer 3. Jahrgangsstufe das Stundenthema, wird der Lernprozeß über eine gezielt eingesetzte Übungsreihe mit entsprechenden Lernhilfen und Korrekturen am besten voranzubringen sein.
Geht es dagegen beim Spielen mit dem Ball auch um soziale Lernziele, z. B. sich auf den Partner einstellen, mit ihm gemeinsam verschiedene Aufgaben

lösen, mit ihm im Rahmen selbstgesetzter Regeln zusammenspielen können, werden andere Organisations- bzw. Sozialformen, andere methodische Maßnahmen zu beachten sein.
Grundsätzlich steht der gewählte thematische Schwerpunkt immer in enger Beziehung zum Lehrplan und versucht, die Vielzahl der dort angesprochenen Themen schülergerecht umzusetzen.
Die Gestaltung einer Stunde wird auch wesentlich vom beabsichtigten Stundentyp geprägt, wie z. B. Sammeln vielfältiger, grundlegender Bewegungserfahrungen, Erlernen sportlicher Fertigkeiten, Üben und Festigen eines schon vorhandenen Bewegungskönnens, Anwenden, Gestalten, Spielen.
Didaktische Grundsätze für den Hauptteil:
— jede Stunde sollte einen ,,roten Faden" haben, d. h. auf die richtige Reihenfolge der Lernschritte achten, für themengerechte Übergänge sorgen
— eine bewegungsbetonte Stundengestaltung ist grundsätzlich immer anzustreben (Bewegungshunger, Ausgleich zum Sitzzwang, Entwicklungsreize)
— keine stereotypen Stundenmuster, sondern für eine vielseitige und abwechslungsreiche Unterrichtsgestaltung ist Sorge zu tragen
— die Belastung ist individuell zu dosieren (lösungsoffene Bewegungsaufgabe, Maßnahmen der inneren Differenzierung)
— dem Grundsatz der Bewegungsfreude ist weitestgehend Rechnung zu tragen
— die allgemein gültigen Grundsätze, z. B. vom Leichten zum Schweren, vom Bekannten zum Unbekannten, vom Einfachen zum Zusammengesetzten sind zu beachten
— Überforderung ist genauso zu vermeiden wie die noch häufiger vorkommende Unterforderung.

Ausklang/Stundenabschluß/Schlußteil:

Auch der Schlußteil ist vom Thema bzw. der unterrichtlichen Gestaltung des Stundenhauptteils her zu bestimmen.
Folgende Möglichkeiten bieten sich an:
— nach einer starken physischen Belastung sollte der Schlußteil beruhigen, ausgleichend wirken
— hat der Stundenhauptteil zu starken Emotionen geführt, z. B. Freude, Enttäuschung im Spiel, Begeisterung bei Staffeln u. ä., versucht der Lehrer insgesamt zu beruhigen, z. B. durch die Besprechung von taktischen Fehlern, durch Hinweise auf gut geglückte Spielzüge, durch das Besprechen anderer Auffälligkeiten, durch wiederholende Erläuterung von Regeln u. a.

- lag der Schwerpunkt einer Stunde besonders auf der Einzelarbeit der Schüler, könnte beim Abschluß die Gruppe im Mittelpunkt stehen
- erforderte die vorhergegangene Stunde eine hohe Konzentration und Lernhaltung, kann der Ausklang in einem entspannenden und bewegungsbetonten Spiel bestehen
- insgesamt sollte der Abschluß ergänzen, ausgleichen, abrunden und die Schüler nicht emotional aufgeladen aus der Sportstunde entlassen.

Planung und offene Unterrichtsgestaltung:

Wer versucht, zentrale Aussagen des Lehrplans unterrichtlich umzusetzen und dazu bemüht ist, grundlegende Erkenntnisse aktueller sportdidaktischer Reflexion aufzugreifen und für die praktische Arbeit fruchtbar zu machen, der wird in wichtigen Teilen seiner unterrichtlichen Gestaltung ein mehr offenes Konzept wählen.

Es wäre allerdings ein grobes Mißverstehen einer mehr offenen, schülerorientierten Unterrichtsgestaltung, anzunehmen, daß dabei keine oder nur geringe Planungsarbeit vom Lehrer zu leisten wäre.

Das Gegenteil ist der Fall. Die Planung eines mehr offenen Sportunterrichts ist deshalb schwieriger und komplexer, weil der unterrichtliche Ablauf vom Lehrer nicht (mehr) in einzelnen Lernschritten vorweggenommen werden kann. Da Unterricht hier wesentlich auch von den beteiligten Schülern abhängt, ihren Einfällen und Entscheidungen, ihrer Beteiligung und Motivation, sowie den sachlichen Gegebenheiten einer Situation selbst, lassen sich hier keine festen „Planungs- und Durchführungsschemata"[23] konstruieren. Im folgenden sollen konkret einige didaktische Gesichtspunkte angesprochen werden, die bei der Planung (und Durchführung) von mehr offen konzipierten Stunden zu beachten sind.

Ein offener Sportunterricht ist kein plan-, ziel- und ergebnisloser Unterricht.

Offenheit bedeutet nicht Planlosigkeit:

- Grundsätzlich wird der Lehrer zunächst eine Reihe von didaktischen Überlegungen anstellen, z. B.:[24]
  - Wie selbständig kann meine Klasse arbeiten?
  - Welche Anforderungen an die Kooperationsfähigkeit kann ich an Kleingruppen stellen?
  - Welche Bewegungserfahrungen sind bereits vorhanden (immer an Gekonntes anknüpfen)?
  - Wie ist es mit dem sicherheitsbewußten Verhalten meiner Klasse bestellt?

- Die Planung eines mehr offenen Unterrichts ist ein ,,Offenhalten von vielen Wegen".[25] Wenn von einzelnen Situationen und ihren unterschiedlich möglichen Herausforderungen ausgegangen wird und wenn auch die Schüler Wünsche, Ideen, Zielvorstellungen einbringen können, kann planend vom Lehrer nicht ein bestimmter Lernweg fixiert werden, sondern es sind verschiedene mögliche zu überlegen. Welche Situationen biete ich an, wie kann ich diese abändern, variieren, welcher Einstieg soll gewählt werden, welche Impulse, Aufgaben, Hilfen können gegeben werden usw. Planung hat hier im Sinne des Entwurfs einer ,,didaktischen Landkarte"[26] zu erfolgen, die, je nach Schülerreaktion, viele Wege offenhält.
- Evtl. sind planend Hilfen in Form von Skizzen, Plänen, Übersichten vorzubereiten und bereitzustellen.
- Die Hauptaufgabe für den Lehrer wird darin bestehen, auf die unterschiedlichen Überlegungen, Vorschläge, Bewegungseinfälle der Schüler flexibel einzugehen, Lösungshilfen zu geben, weitere Lösungsvorschläge zu machen, und ,,vielleicht eine der wichtigsten Aufgaben – gemeinsam mit Schülern neue Planungsperspektiven zu gewinnen".[27]

Das gelingt nur, wenn der mögliche Unterrichtsverlauf entsprechend differenziert planend vorweggenommen wurde.

Offenheit heißt nicht Ziellosigkeit:

Je nach Offenheit des Unterrichts, d. h. je nach dem Grad der Mitentscheidung für die Schüler, finden Lehrer und Schüler eine gemeinsame Handlungsorientierung für eine Stunde heraus oder der Lehrer plant vorbereitend ein Rahmenkonzept, das für Handlungsziele der Schüler offen ist. Im Unterschied zu Lernzielen, d. h. allein vom Lehrer gesetzten und vorgegebenen Zielen/Aufgaben, wird mit dem Begriff Handlungsziel konkret die Mitentscheidung der Schüler bei der Zielfindung zum Ausdruck gebracht. Handlungsziele sind Ziele, die sich Schüler in der Auseinandersetzung mit einer Situation selbst setzen oder an bestimmten Lerngegenständen bzw. Bewegungsräumen selbst entwickeln.[28]

Der Lehrer schlägt z. B. Bewegungsthemen vor: ,,Sich fortbewegen mit Hilfsgeräten", ,,Akrobatengruppe", ,,Tanz der Dinosaurier", ,,Abenteuerspielplatz".[29] Die Schüler besprechen einzelne Handlungsziele, setzen diese in Bewegung um, gestalten ein Thema miteinander, entwickeln weitere Variationen, Hilfen u. a.

Die Offenheit von Handlungszielen wird dabei in zwei Aspekten deutlich. Gegenüber einem Sportunterricht, bei dem es um das Erlernen richtiger Techniken, d. h. vorgegebener Fertigkeiten geht, ist in einem mehr offenen Konzept das Ziel nicht ein von vornherein festgelegtes Bewegungsverhal-

ten. Einer situativen Herausforderung (herausgeschwenkte Sprossenwand) mit dem Ziel, sicher oben drüber zu klettern, kann von den Schülern je nach individuellem Können verschieden entsprochen werden.
Es sind dabei unterschiedlich schwierige Lösungen (als Bewegungsziele) möglich.
Die Offenheit der Zielperspektive drückt sich zum anderen dadurch aus, daß (in einer vom Lehrer durchaus vorstrukturierten Situation) die Schüler hier aufgefordert sind, ihre Handlungsziele, evtl. auch mit Partner und in der Gruppe, selbst festzulegen und zu verwirklichen.

Offenheit heißt nicht Ergebnislosigkeit:

Auch wenn der Prozeß der selbständigen Auseinandersetzung in einer offenen Unterrichtsführung wesentlich ist und auf diese Weise der zentrale Gesichtspunkt einer „Subjektivierung des Lernens"[30] verwirklicht werden soll, erzielen auch offene Abläufe pädagogisch wesentliche Ergebnisse, Lernprodukte. Nur sind das in der Regel nicht überprüfbare sportlich definierte Bewegungsfertigkeiten (Techniken), sondern subjektiv bedeutsame Bewegungshandlungen verbunden mit Könnensfreude, kognitive Prozesse mit entsprechenden Einsichten und schülerbezogene Interaktionen, z. B. sich gegenseitig helfen, besprechen, auswählen, zusammen Aufgaben lösen u. a.

1.4 Formen unterrichtlicher Vermittlung

Ziel- und Inhaltsentscheidungen können erst durch entsprechende methodische Maßnahmen bzw. Unterrichtsverfahren kind- und sachorientiert vermittelt werden. Geht man dabei von einem differenzierten Ziel- und Inhaltsverständnis aus (vgl. 1.1 und 1.2), so hat die Auswahl geeigneter Vermittlungsformen auch in angepaßter Weise zu erfolgen.
Je nachdem, ob ein (mehr) offen-handlungszielorientierter oder ein geschlossen-lernzielorientierter Sportunterricht verfolgt wird, bieten sich nichtdirekte bzw. direkte Darbietungsformen an[31], ist Vermittlung im Schwerpunkt als Betreuung oder als Unterweisung zu verstehen[32], sind die Vermittlungsformen des „Situationsarrangements" bzw. des „Lehrgangs" entsprechend zu wählen.[33]
In Ermangelung einer allgemein anerkannten Begriffssprache halten wir uns an die Einteilung und Benennung nach Kretschmer, denn dieses Buch will keine weiteren neuen Begriffe einführen.
Grundsätzlich sei hier noch auf den zentralen didaktischen Tatbestand hingewiesen, daß methodische Maßnahmen nicht nur eine instrumentelle Funktion besitzen im Hinblick auf die Vermittlung einzelner Themen. Sie sind ebenso bedeutsam für die Strukturierung der Beziehungen der am Unterricht

Beteiligten. Das „Wie" des Unterrichts hat einen entscheidenden Einfluß auf die Ermöglichung oder Beeinträchtigung sozialer Prozesse.

Nach Kretschmer lassen sich drei Vermittlungsformen, als „idealtypische Konstrukte", unterscheiden: das Situationsarrangement, der Lehrgang, das Unterrichtsprojekt.

In der unterrichtlichen Arbeit treten diese Formen selten „rein" auf, vielmehr sind Mischformen in der Praxis die Regel.

1.4.1 Das Situationsarrangement

Das Situationsarrangement ist dann die entsprechende Vermittlungsweise, wenn Unterricht „subjektiv bedeutsam" arrangiert werden soll, wenn die Absicht verfolgt wird, Schüler in einer „bereichs- bzw. sportartübergreifende(n) Unterrichtsgestaltung" zu einer selbständigen Auseinandersetzung mit Situationen, ihren Bewegungsherausforderungen und den im einzelnen notwendigen Hilfen hinzuführen.

Hier haben die Schüler Gelegenheit, sich selbsttätig mit Klein- und Großgeräten, Gerätekombinationen, Problemen und Aufgaben auseinanderzusetzen. Sie erfahren so eigenes Können und dessen Grenzen, aber auch Geräteeigenschaften und sachlich bestimmte Umgangsqualitäten, die Hilfe bzw. Hilfsbedürftigkeit des Partners, die eigene Fähigkeit, Hilfe zu leisten und zu empfangen, das Kooperieren in der Kleingruppe und vieles andere.

Dazu einige Beispiele:
- Wie hoch kann ich an der Sprossenwand, der Leiter klettern? Kann ich die herausgeschwenkte Sprossenwand schon sicher überwinden?
- Was kann mit Sprossenwand, Bank und Weichboden alles gemacht werden?
- In welcher Weise kann der Ball mit dem Partner geschickt, ohne daß er auf den Boden fällt, gespielt werden?
- Wie kann ich beim Balancieren auf der Bank, bei der Rolle rw. am Boden helfen?
- Welche Übungen muß eine Gruppe aussuchen, damit die Aufgabe von allen Schülern, auch von den schwächeren, ängstlicheren gelöst werden kann?

Für den Lehrer ergeben sich im Arrangieren der verschiedenen Situationen folgende wesentlichen Aufgaben:

- *Situationen auswählen und gestalten:*

Herausfordernde Bewegungssituationen sind entweder bereits natürlich gegeben, z. B. eine mit Busch- und Baumgruppen und kleinen Hügeln versehene Wiese, oder sie werden vom Lehrer unter bestimmten Gesichtspunkten planvoll vorbereitet.

Eine Mattenbahn mit Bänken kombiniert fordert z. B. vielfältig zum Gehen, Laufen, Springen, Hüpfen, Kriechen heraus. Mit und an dieser Kombination kann auch gespielt werden, z. B. Fangspiele, Platzsuchspiele, von den Kindern selbst gefundene Spiele. 30 Bälle für 30 Kinder regen zum eigenen Erproben, Experimentieren, Variieren an, 5 Bälle für eine Klasse zum gemeinsamen Spielen in einer Gruppe und entsprechenden sozialen Erfahrungen. Auch bei guter Vorbereitung einer Situation durch den Lehrer kann es sein, daß die Schüler damit wenig oder überhaupt nichts anfangen können. Das Annehmen und Bewältigen von situativen Herausforderungen hängt ja von vielfältigen Fähigkeiten der Schüler ab.

In einem solchen Fall wird sich der Lehrer wieder stärker in den Unterricht einbringen und z. B. durch gezielte Aufgaben, Problemstellungen, Bewegungsimpulse zu helfen versuchen. Oder es wird die gesamte Situation miteinander anders gestaltet.

— *Impulse geben, Aufgaben stellen:*

Grundsätzlich werden alle Formen eines mehr problemorientierten und entdeckenden Lernens geeignet sein, einen mehr offenen Sportunterricht in schülerorientierter Weise voranzubringen.

Sachliche und unmittelbar über Räume und Geräte gegebene Aufforderungen können über geschickt eingesetzte Impulse, Problem- und Aufgabenstellungen des Lehrers die Bewegungsmöglichkeiten einer Situation weiter differenzieren.

Schüler können z. B. vor die Aufgabe gestellt werden
- Wettkämpfe, Spiele, Staffeln so zu veranstalten, daß auch für sogenannte sportschwache Schüler Erfolgserlebnisse möglich sind;
- bei der Lösung bestimmter sozialer Probleme (der Außenseiter, der Verlierer, der ängstliche Schüler) aktiv mitzuarbeiten, sich in den anderen hineinzuversetzen;
- eine bekannte oder vorgegebene Bewegungsform unter einer gemeinsam vereinbarten Zielperspektive zu variieren, zu verändern, z. B. eine Bewegung schöner ausführen, mit dem Partner in einem gemeinsamen Rhythmus zu probieren.

Impulse sind dabei kurze Aufforderungen, etwas zu probieren, weiter zu differenzieren. Sie können auch wichtige Hinweise bzw. Informationen zu bestimmten Fertigkeiten sein, z. B. beim Ausatmen ins Wasser nicht zu blasen, sondern zu blubbern, brummen oder sich beim Bodenturnen ganz klein zu machen, damit man besser, schneller, leichter rollt.[34]

Die lösungsoffene Bewegungsaufgabe ist dabei ein Anstoß, eine Aufforderung, in der zwar das Ziel angegeben, die Art und Weise der Zielerreichung

aber offen ist. So sind verschiedene Lösungen, Wege der Bewältigung möglich, die von den Schülern herauszufinden und zu verwirklichen sind.
,,Wer kann (am Stufenbarren) auf die andere Seite kommen, ohne daß dabei die Füße den Boden berühren?"
Die Kinder finden in den Formen des problemlösenden bzw. entdeckenden Lernens verschiedene Lösungen, sie suchen die dem eigenen Können gemäßen aus. Eine richtige Selbsteinschätzung ist dafür die Voraussetzung.
Der Lehrer wird Lösungsmöglichkeiten, die ihm für die ganze Klasse als zu gefährlich und unfallträchtig erscheinen, abändern oder ganz unterbinden.

— *Beobachten:*

Weil die Aktivitäten bei dieser Vermittlungsform im Schwerpunkt bei den Schülern liegen, hat der Lehrer gute Gelegenheit, die Kinder besser als sonst zu beobachten.
Er gewinnt auf diese Weise wichtige Informationen über den einzelnen Schüler und die ganze Klasse:
- Sind die einzelnen Schüler mit einer Situation/Aufgabe überfordert oder unterfordert?
- Wo tauchen Probleme, Unsicherheiten, Angst auf?
- Wo sind weitere Anregungen, Hilfen nötig?
- Gibt es unter den ausgesuchten auch gefährliche Lösungen?
- Wie helfen sich die Kinder untereinander, gibt es Außenseiter?
- Wer hat die besten Bewegungseinfälle usw.?

— *Helfen und Begrenzen:*

Helfende Maßnahmen des Lehrers sind durch ein abgestimmt einzusetzendes Repertoire möglich, angefangen von einem aufmunternden Blick über ein Gespräch zu zweit bis hin zu sachbezogenen Tips und den konkreten Helfergriffen.
Begrenzungen sind immer da vorzunehmen, wo die Kinder durch zu schwierige Bewegungsausführungen in ihrer Sicherheit selbst gefährdet sind oder andere gefährden. Die begrenzende Regel, das begrenzende Gebot, Verbot werden dabei als Hilfe für insgesamt noch unsichere Kinder verstanden, die einer pädagogisch verantworteten Führung bedürfen. Eine Grenze ist natürlich immer dann zu ziehen, wenn der Unterricht in Chaos auszuarten droht.
Charakteristisch für diese unterrichtliche Vorgehensweise ist, daß die Kinder ihr ,,Könnenserlebnis" selbst initiieren, das ,,Bewegungsrisiko" selbst kalkulieren und steigern, daß in der Bewältigung der Situationen auch Kenntnisse und Einsichten gefordert und kreative Handlungsprozesse angestoßen werden. Schließlich werden besonders in der Kleingruppenarbeit kooperative und kommunikative Fähigkeiten immer wieder herausgefordert.

Auf mehr allgemeine Ausführungen zum induktiven Unterrichtsverfahren sei in diesem Zusammenhang verwiesen.[35]

1.4.2 Der Lehrgang

Steht eine bestimmte sportliche Fertigkeit im Mittelpunkt des unterrichtlichen Geschehens, wird das deduktive Unterrichtsverfahren[36], der „Lehrgang" nach Kretschmer, die angemessene Vermittlungsform sein. Für solche angestrebten sportlichen Techniken gibt es die optimale Bewegungsausführung, die richtige Bewegung. Für einen effektiven und ökonomischen Lernprozeß, der Umwege vermeidet, wird auf der Grundlage vorhandener kindlicher Lernvoraussetzungen die angestrebte sportliche Verhaltensweise in einer Reihe geordneter einzelner Lernschritte erreicht. Die starke Steuerung des Lernprozesses durch den Lehrer ist aus sachlich-methodischen Gründen zu verstehen. Der Lehrer besitzt das Sachwissen und Können über die richtige Bewegungsausführung, er kennt die richtige Reihenfolge der einzelnen methodischen Schritte, er verfügt über das Können und Wissen bezogen auf mögliche Lernhilfen und nur er kann zunächst korrigierend unterstützen.

Der Sinn- und Verwendungszusammenhang sportlicher Fertigkeiten wird für Grundschulkinder heute nicht zuletzt durch die verschiedenen Medien deutlich einsichtig.

Für den Lehrgang sind folgende methodischen Maßnahmen charakteristisch:

— *Visuelle und verbale Informationen:*

Am Beginn des Lernprozesses stehen visuelle (Vormachen durch Lehrer oder Schüler, Vorzeigen durch technische Medien) und verbale Informationen (Bewegungsanweisung und -beschreibung).

In dieser ersten Phase geht es darum, durch diese methodischen Maßnahmen eine grundlegende Bewegungsvorstellung und eine erste grobmotorische Realisierung (z. B. Rolle vorw., Weitwurf aus dem Stand) zu erreichen. Lernhilfen, z. B. die schiefe Ebene beim Rollen als Gerätehilfe, die Geländehilfe in der Leichtathletik zusammen mit aktiven Zug-, Hub-, Schub-, Drehhilfen (die einzelnen Helfergriffe) unterstützen dabei, gezielt eingesetzt, wirksam den Lernprozeß.

— *Bewegungskorrekturen:*[37]

Individuell vorgenommene Korrekturen sind von Anfang an notwendig, um die richtige Bewegungsausführung voranzubringen, das „Erlernen" von fehlerhaften Bewegungsteilen zu vermeiden.

Gemessen an der Bewegungsnorm (= die richtige Technik) werden abweichende Ausführungen als falsche erkannt und korrigierend zu beseitigen versucht.

Im Hinblick auf die in der Grundschule anstehenden sportlichen Bewegungsfertigkeiten (vgl. Lehrplan) sollte der Lehrer schon hier ein sachliches Interesse an der richtigen Bewegungsausführung bekunden. Richtig gelernte Fertigkeiten in den einzelnen Sportarten bilden nicht nur eine gute Basis für weitere Lernprozesse, sondern erhöhen auch die Sicherheit und sind die eigentliche Voraussetzung für die Steigerung des sportlichen Könnens insgesamt.

1.4.3 Unterrichtsprojekt

Als dritte Vermittlungsform spricht Kretschmer den ,,projektorientierten Unterricht" an. Charakteristisch dafür ist die Tatsache, daß, von bestimmten Problemen und Zielvorgaben ausgehend, die Schüler weitgehend den Unterrichtsverlauf bestimmen. Die Wege zur Realisierung der Ziele sind dabei offen. Sie gilt es erst zu überlegen, herauszufinden, zu erfahren. Unterrichtsprojekte zielen zum einen auf das Erkunden, Erkennen und Herstellen von Bewegungssituationen, zum anderen auf das Herstellen von Bewegungsanlässen.[38]

Im ersten Fall bieten sich als zu erkundende und zu erkennende Projekte z. B. an:
– Welche Spielmöglichkeiten bietet unsere unmittelbare Wohngegend?
– Welche Spielplätze sind für Kinder gut, welche schlecht geeignet und warum?
– Was kann man bei uns im Sportverein alles machen?
– Warum kommt man beim Sporttreiben ins Schwitzen?

Bezogen auf den zweiten Aspekt können von Lehrer und Schülern gemeinsam Turn- bzw. Tanzvorführungen, Spiel- und Sportfeste, das ,,Anlegen einer Wanderkarte der Umgebung", der ,,Aufbau eines Geschicklichkeitsparcours für das Fahrrad"[39], Ausflüge erarbeitet und durchgeführt werden, evtl. auch mit anderen Lehrern bzw. Fächern zusammen in einer fächerübergreifenden Gestaltung (Kunst, Musik, Deutsch).

Zum Aufbau eines Projektes, den einzelnen Phasen im Projektverlauf und der Rolle des Lehrers dabei siehe Kretschmer.[38]

1.5 Konkretisierung grundlegender Forderungen des Lehrplans

Wesentliche pädagogisch-didaktische Aufgaben werden im Lehrplan nur stichwortartig über einzelne Begriffe bzw. kurze Passagen angesprochen. Es ist daher die Absicht dieses Punktes, vier zentrale Aussagen aufzugreifen und in praxisbezogener Weise für den Sportunterricht zu differenzieren.[40]

Die Ausführungen sollen dabei gleichzeitig didaktisch-theoretische Anregung wie unterrichtsbezogene Hilfe sein.

1.5.1 Bereichs- bzw. sportartübergreifende Unterrichtsgestaltung

Die Gliederung des Lehrplans in drei Bereiche für die 1. und 2. Jahrgangsstufe und nach sechs Sportarten für die 3. und 4. Jahrgangsstufe ist nicht nur das bestimmende Strukturmerkmal des Lehrplans, sondern auch ein entscheidendes Element für die Unterrichtsgestaltung.

Wir wollen uns hier der Forderung näher zuwenden, daß der Lehrer trotz dieser Einteilung in Bereiche bzw. Sportarten eine ,,bereichs- bzw. sportartübergreifende Unterrichtsgestaltung"[41] anstreben soll.

Es interessieren die beiden grundsätzlichen Fragen, warum eine übergreifende Unterrichtsgestaltung gerade in der Grundschule beabsichtigt werden soll, welche (pädagogischen) Gründe dahinterstecken und wie eine so gestaltete Praxis konkret aussehen könnte, welche Möglichkeiten gegeben sind.

Folgende Gründe sprechen unseres Erachtens dafür:

– Eine rein sportartbezogene Sicht läuft Gefahr, die Fülle der Bewegungsmöglichkeiten auf sportlich vordefinierte zu reduzieren, das vielseitig angelegte Bewegungsbedürfnis der Kinder auf die sogenannten richtigen Techniken einzuschränken.

Eine solche sachimmanente Perspektive grenzt den Umgang mit Klein- bzw. Großgeräten und Medien (Wasser, Schnee, Eis) auf sportlich vorgegebene ein und schließt damit die Vielfalt weiterer, anderer Bewegungsformen aus. In dieser Sicht dominieren einseitig inhaltliche Aspekte, statt umgekehrt über möglichst breit ansetzende Herausforderungen dem kindlichen Bewegungsbedürfnis vielfältig zu entsprechen.

Nur einer sportartübergreifenden Unterrichtsgestaltung kann es gelingen, über die vielfältigen Funktionen von Bewegung (vgl. 1.1) ein reiches Erfahrungsangebot sicherzustellen, die Kinder ganzheitlich zu fördern und so der zentralen Aussage des Lehrplans nach einer ,,harmonischen Gesamtentwicklung"[42] besser nachkommen zu können.

– Ein sportartspezifisches Denken bleibt mehr sachbezogen, z.B. dem Prinzip der Überbietung und der Steigerung der sportlichen Leistung verhaftet und bekommt so zu wenig fachübergreifende Begründungen in den Blick, z.B. gesundheitliche oder freizeitbezogene.

– Eine nur auf Sportarten bezogene Unterrichtsgestaltung übernimmt auch leicht die mit diesen Inhalten verknüpfte sportliche Sinnzuschreibung, z.B. der Überbietung und Konkurrenzorientierung. Durch diese eine, gesellschaftlich geprägte ,,objektive" Zuschreibung werden andere mögliche, subjektiv relevante Bedeutungen zurückgedrängt, kommen evtl. überhaupt nicht zum Tragen.

Gerade dieser Aspekt, besonders auch subjektive Bedeutungsgebung zu ermöglichen, ist pädagogisch wesentlich.
– Ein von (nur) sportlich definierten Inhalten und Zielen bestimmter Unterricht läuft natürlich auch Gefahr, die damit gegebenen Formen der Organisation, Vermittlung und vor allem der Interaktion einseitig zu übernehmen und andere auszuschließen. Auf diese Weise werden jene vielfältigen Möglichkeiten von Kooperation und Kommunikation, von schülerorientierten Aktivitäten in Partnerschaft und Kleingruppe (soziales Lernen) vernachlässigt, die aus pädagogischer Sicht die wesentlichen sind.[43]

Diese Ausführungen bedeuten nicht, die das Fach Sport erst unverwechselbar mitkonstituierenden Inhalte/Ziele zu verleugnen. Hier ist nur die Rede davon, nicht einseitig begrenzend den Gegenstandsbereich einzuengen und auf die Fülle gerade erzieherisch wertvoller Möglichkeiten zu verzichten.

Nach den Überlegungen zum „Warum" einer übergreifenden Unterrichtsgestaltung nun zu konkreten Hinweisen, bezogen auf das „Wie".

– *Geräteübergreifender Umgang:*

Eine übergreifende Unterrichtsgestaltung kann sich zunächst einmal auf den Umgang mit Gegenständen richten. Dabei soll mit Scherler[44] zwischen Geräten und Objekten unterschieden werden.

Geräte sind jene Gegenstände, die für einen sportlich bestimmten Gebrauch vorgesehen sind, wo etablierte sportliche Zwecke den motorischen Gebrauch bestimmen (Bewegungsvorschriften, -normen). Der Verwendungszweck ist ein im weitesten Sinn sportlich festgelegter.

Beim Ball sind damit z. B. das fußballgerechte Passen, Stoppen, Schießen oder das handballgerechte Fangen, Werfen, Dribbeln, Prellen gemeint.

Diese grundsätzliche Überlegung kann auf Großgeräte wie den Kasten, den Stufenbarren, das Reck usw. sinngemäß übertragen werden. Auch hier ist der Umgang, in diesem Fall turnspezifisch, festgelegt, geht es in turn- bzw. sportartbezogener Sicht um die an den einzelnen Turngeräten bekannten turnerischen Übungen, die Hockwende, den Felgaufschwung, den Unterschwung usw.

Ein übergreifender Umgang wird dann möglich, wenn aus den Turngeräten Objekte werden, bei denen dann kein bestimmter Gebrauch vorgegeben ist, wo jedes Kind für sich seinen eigenen Gebrauch erkundet, experimentierend erweitert, mit anderen zusammen variierend vertieft.

Objekte sind also Gegenstände, für die kein vorgesehener Gebrauch feststeht, an denen die Zwecksetzung und damit die Bewegungsausführung nicht vorgegeben ist, sondern der subjektiven Deutung des einzelnen Kindes überlassen bleibt und so erst subjektiv bedeutsam werden kann. Dabei können im experimentierenden Erkunden die üblichen Handgeräte, z. B. Bälle, Reifen, Stäbe, Seile als Objekte benützt und so eine Reihe weiterer, interessanter und vielfältig herausfordernder Bewegungsformen eröffnet werden.

Es ist auch an andere Objekte zu denken, die normalerweise in der Turnhalle nicht vorhanden sind und erst besorgt werden müssen, z. B. Pappkartons, Zeitungen, Tücher usw.

Ebenso können Großgeräte zunächst als herausfordernde Objekte vielfältig benutzt werden. Konkrete Anregungen sind z. B. bei Trebels und Kretschmer zu finden.[45]

Die Auseinandersetzung mit einer (von den Kindern selbst aufgestellten) Gerätekombination, z. B. Sprossenwand, Bank, Weichboden oder einer Gerätebahn bietet gute Gelegenheit für eine Reihe weiterer interessanter Bewegungsmöglichkeiten. Dabei wird ein subjektiv bedeutsamer Handlungsraum eröffnet. Auf die drei ,,Bedeutungsgebiete des Turnens", nämlich das Springen, Schwingen, Balancieren im Rahmen eines neuen Turnkonzepts sei in diesem Zusammenhang verwiesen.[46]

Methodisch gesehen ist dabei das erkundende Experimentieren mit kleinen und großen Objekten im nicht festgelegten Gebrauch die notwendige Grundlage für den sportlichen, zweckbestimmten Umgang im Rahmen festgelegter Bewegungsnormen. Hier werden nur zwei methodisch zusammenhängende und sachlich sich ergänzende ,,Gebrauchsweisen" angesprochen.

— *Sportartübergreifendes Bewegen:*

Der geräteübergreifende Gebrauch führt geradlinig zu einer sportartübergreifenden Sicht weiter. Wesentlich für eine solche Intention ist dabei, im bewußten Überschreiten von sportlich gegebenen Raum-, Zeit-, Personen- und Bewegungsregeln neue, weitere, andere Voraussetzungen für ein vielfältiges Spielen und Bewegen zu schaffen.

Eine sportartübergreifende Stundengestaltung im Lehrschwimmbecken kann z. B. durch die Verwendung von Flossen (in Verbindung mit Leinen, Stäben, Schwimmbrettern, Reifen u. ä.) eine ganze Reihe freudvoller und neu herausfordernder Bewegungsformen schaffen. Dabei bietet sich grundsätzlich immer die Möglichkeit an, die Schüler an Vorbereitung und Durchführung einzelner Stunden zu beteiligen.

Der leichtathletische Inhalt Laufen kann z. B. über die sportspezifischen Formen hinaus in differenzierter neuer Weise an die Kinder herangebracht werden.

○ Laufen, das über das Erschließen natürlicher und künstlicher Räume auf dem Schulgelände oder in der näheren Umgebung der Schule den außer-

schulischen Spiel- und Bewegungsraum der Kinder mit einbezieht und dadurch vielleicht in einigen Fällen Anreize für das alltägliche Spielen und Bewegen schafft;
o Laufen im natürlichen Gelände (Park, Wald, evtl. auch angelegten Trimm-Pfaden), verbunden mit Gesprächen über die richtige Belastung (Pulskontrollen), die Atmung, den gesundheitlichen Wert, Formen der Unter- bzw. Überbelastung (kognitive Lernziele);
o Laufen in spielerischer Form (Laufspiele), Formen des Miteinander- und Zusammenlaufens mit dem Partner, laufen in der Gruppe (Laufstaffeln);
o Laufen unter weiteren Zielperspektiven, wie z. B. ökonomisch laufen, verschiedene (neue) Lauf- und Körpererfahrungen machen (bergauf- und bergablaufen, gegen und mit starkem Wind laufen, auf verschiedenem Untergrund laufen, die Ermüdung, den ,,schweren" Muskel spüren u. a.). Für eine bekannte Strecke selbst eine Zeit festlegen, wobei der ,,gewonnen" hat, der seiner festgelegten Zeit am nächsten gekommen ist. Die absolute Zeitdauer spielt dabei keine Rolle (qualitative Kriterien).[47]

Ähnliche Überlegungen können besonders gut auch im weiten Feld der Spiele angestellt werden, wobei entweder durch Abänderung von Regeln bekannter Sportspiele (bzw. Kleiner Spiele) oder in völliger Neubestimmung eigener Spiele der Spiel-, Erfahrungs-, Handlungsraum qualitativ vergrößert wird, z. B. Fußballspielen mit zwei Bällen und zwei Gruppen auf vier Tore oder Völkerball verkehrt.

— *Bereichsübergreifende Stundengestaltung:*

Eine auch bereichsübergreifende Unterrichtsgestaltung kann dann gegeben sein, wenn mit einem mehr offenen Konzept die Schüler durch komplexe Situationen differenziert herausgefordert werden. Dabei geht es nicht um isolierte Teilziele einzelner Bereiche wie z. B. Verbesserung der Ausdauer oder der Geschicklichkeit oder um einzelne Bewegungsgrundformen wie Laufen, Springen usw.

Vielmehr wird im Bewältigen von arrangierten Situationen (vgl. 1.4.1) die Handlungsfähigkeit des Schülers insgesamt herausgefordert.

Dabei ist gleichzeitig eine Vielzahl einzelner Ziele im motorischen, kognitiven, affektiven, sozialen Bereich angesprochen. Wesentlich ist hier in der Verschränkung dieser Zielsetzungen die ganzheitliche Herausforderung und die komplexe Verwirklichung durch die eigenständig handelnden Schüler.

Beispiel:

Die einzelnen Gruppen einer 3. Jahrgangsstufe bekommen die Aufgabe, mit jeweils zwei kleinen Kästen (oder einem großen) und zwei Matten eine Gerätekombination zu erstellen und daran Übungen zu entwickeln, die z. B. von allen Schülern der Gruppe gut bewältigt werden können, die nur mit einem

Partner zu machen sind, die besonders viel Spaß machen usw. Die Gruppe wählt dann zwei Übungen aus, die in der zweiten Hälfte der Stunde den anderen Gruppen vorgestellt und vielleicht kurz besprochen werden. Evtl. turnen die anderen Gruppen auch die vorgestellten Lösungen nach.

— *Fachübergreifende Gestaltung — Projekte:*

Schließlich kann auch in fachübergreifender Weise an die Verwirklichung verschiedener Unterrichtsprojekte gedacht werden, z. B. an die Gestaltung der Schulpause.[48]
Die Frage könnte hier z. B. lauten: Wie können verschiedene Kleingeräte bzw. andere Objekte die Bewegungs-, Spiel-, Kommunikationsmöglichkeiten der Schüler in der Pause erweitern?
Oder es werden in fachübergreifender Perspektive Spiel- und Sportfeste geplant, die über die üblichen tradierten Formen hinausgehen.[49]
Über die verschiedenen Querverbindungen des Faches Sport mit anderen Fächern, gegliedert in konkrete Hinweise für die einzelnen Jahrgangsstufen, macht gerade das Praxis-Handbuch von Schrenk u. a. genauere Ausführungen.[50]

1.5.2 Vermeidung eines übertriebenen Leistungsstrebens

Ein weiterer zentraler Auftrag des Lehrplans ist die Aussage, daß der Sportunterricht in der Grundschule ein „übertriebenes Leistungsstreben" zu vermeiden habe und bemüht sein muß, „jedem Kind Erfolgserlebnisse zu vermitteln".[51]
So pädagogisch wesentlich diese Passage ist, so wenig konkret ist sie zunächst im Hinblick auf die unterrichtliche Arbeit.
Im folgenden geht es um den Versuch, diese Absicht praxisnah zu verdeutlichen und an konkreten Beispielen Möglichkeiten der Verwirklichung aufzuzeigen.
Die Gefahr eines übertriebenen Leistungsstrebens kann dann gegeben sein, wenn einseitig nur sachliche Aspekte eines sportlichen Leistungsbegriffs im Unterricht dominieren und subjektive Gesichtspunkte bezogen auf den einzelnen Schüler vernachlässigt werden.
Nach Seybold[52] ist das sportliche Leistungsverständnis gekennzeichnet von den drei Merkmalen objektives Leistungsprodukt, Höchstleistung, Leistungselite.
Nimmt man die Grundaussage des Lehrplans nach „Kindorientierung" ernst und versucht, auch im Sportunterricht dem „Erzieherischen Vorrang" einzuräumen, wird der rein sportliche durch den pädagogischen Leistungsbegriff ergänzt werden müssen.

Der sportliche Leistungsbegriff fordert das objektiv meßbare Leistungsprodukt, die Leistung an sich.

Dem Lehrer in der Grundschule geht es um das Können des einzelnen Schülers. Dieses Können ist dabei bezogen auf das leistende Subjekt, es wird relativiert durch persönliche Daten, es ist als individuelle Leistung bedeutsam und so eigentlich nicht ,,objektiv" vergleichbar.

Im Sport interessiert das Leistungsprodukt, im Erzieherischen der Leistungsvollzug. Es geht um das Vermögen des einzelnen Schülers, Situationen zu bewältigen, Aufgaben lösen zu können. Hier ist der Akt der Auseinandersetzung, der Prozeß der Bewältigung auch unter qualitativen Gesichtspunkten wesentlich. Aus pädagogischer Perspektive interessieren die ,,prozessualen Akte"[53], das Bewältigen selbstgesuchter bzw. -gestellter Anforderungen und das für einen selbst und andere einsichtige erreichte Können.

Der sportliche Leistungsbegriff ist zweitens bestimmt durch das Merkmal der maximalen Leistung, der Höchstleistung.

Der Lehrer dagegen versucht, bei subjektiv unterschiedlichen Voraussetzungen und Fähigkeiten der Schüler das individuelle Können bestmöglich voranzubringen. Nicht die nach objektiven Maßstäben und Tabellen fixierte Höchstleistung interessiert, sondern das subjektiv bedeutsame Könnenserlebnis und die daraus erwachsende Könnensfreude. Nicht das objektive Maximum wird intendiert, sondern das subjektive Optimum, immer bezogen und relativiert durch die einzelnen individuellen Voraussetzungen.

Sportliches Leisten ist schließlich bezogen auf die sportliche Elite, die auch die besonderen körperlichen und psychischen Voraussetzungen (Motivation) besitzt.

Der Lehrer dagegen wird sich um alle Schüler bemühen. Es ist die erklärte Absicht des Lehrplans, jedem Schüler ,,Erfolgserlebnisse" zu vermitteln. Kein Schüler sollte hier zu kurz kommen, alle brauchen ,,das Leistungserlebnis und die Leistungsbefriedigung."[54]

Denn gerade die leistungsschwächeren, ängstlichen, gehemmten, unsicheren Kinder sollten die Chance bekommen, ihr Können und damit verbundene Könnenserlebnisse zu erfahren. Nicht der sportliche Grundsatz der ,,Effektivität" ist hier wesentlich, sondern der pädagogische der ,,Effizienz", der auf die subjektive Qualität der ,,individuellen Befriedigung"[55] abzielt. Der Aufbau eines realistischen Könnensbewußtseins, das Erfahrungswissen um Könnensgrenzen, sind wichtige Schritte auf dem Weg zu richtiger Selbsteinschätzung, sind wesentlich für ein gesundes Selbstwertgefühl.

Diese Ausführungen haben zum einen deutlich gemacht, daß zum sportlichen Leistungsbegriff der pädagogische ergänzend dazukommen wird, daß beide ihre Verwirklichung im Sportunterricht der Grundschule finden. Zum anderen ist einsichtig geworden, daß unter pädagogischer Perspektive

auch pädagogische Leistungsaufgaben und Leistungsformen nötig sind (im Unterschied zu den sportlich bekannten).
In Anlehnung an Seybold[56] sollen dafür einige praktische Beispiele als Anregung gegeben werden:

— *Ausweitung der Leistungsaufgaben:*

Die sportlichen Leistungsaufgaben beim Schwimmen sind auf bestimmte Strecken und vor allem eine generelle Zeitminimierung ausgerichtet. Innerhalb dieser Vorgabe werden nicht alle Schüler Leistungen erbringen können und Erfolgserlebnisse haben. Die Ausweitung der sportlichen Aufgaben auf weitere, andere Anforderungen, die auch von schwächeren Schülern erreicht werden können, ist hier eine gute didaktische Maßnahme.
Dabei dürfen diese weiteren Anforderungen für die sportliche Leistung nicht hinderlich sein, sie sollen sie vielmehr in Teilbereichen fördern.
Einige Beispiele:
- Wer benötigt die wenigsten Züge auf die andere Seite des Beckens? Wer kommt mit einem Startsprung, mit einem Startsprung und einem Tauchzug am weitesten?
- Wer kommt mit drei, fünf, sieben Zügen am weitesten?
- Wer kann seinen Partner so transportieren, daß dessen Mund immer frei bleibt?
- Wer kommt nach der Wende nur mit dem Abstoßen und dem anschließenden Gleiten am weitesten?

Auch in anderen Sportarten kann die Ausweitung von Leistungsaufgaben zu weiteren, differenzierten Herausforderungen führen.
Beispiele für das Laufen, über die üblichen leichtathletischen Formen hinausgehend:[57]
- Ein gleichmäßiges (schnelles, langsames) Tempo laufen. Das selbst vorgegebene Tempo einhalten können. Einer gibt ein Tempo vor, ein anderer übernimmt und versucht, dieses weiter zu halten.
- Das Tempo bewußt und kontrolliert verändern, z. B. laufen um vier Fähnchen (Viereckslauf, gleiche Seitenlängen), verschiedene Zeiten pro Seitenlänge laufen, der Lehrer kontrolliert mit Uhr und Pfeife.
- Eine Gruppe läuft zusammen (hintereinander in Reihe), der Letzte überholt (beschleunigt) und setzt sich an die Spitze. Das Tempo sollte insgesamt für die Gruppe gleich bleiben, oder der erste Läufer bestimmt ein anderes Tempo.
- Das Tempo über die Schrittlänge und die Schrittfrequenz verändern, variieren.
- Nach Musik laufen; im schneller, langsamer werdenden Takt laufen.

○ Verschiedene Aufgaben im Miteinanderlaufen stellen und mit dem Partner, in der Kleingruppe lösen.

— *Differenzierung der Leistungsaufgaben:*

Durch Maßnahmen der inneren Differenzierung, z. B. beim Gerätturnen, verschieden schwere Herausforderungen schaffen.
Beispiel: Felgaufschwung mit Gerätehilfe (am Kasten schräg eingehängter Kastenoberteil), mit Partnerhilfe (zwei Helfer), alleine am brusthohen Gerät, alleine am kopfhohen Gerät.
Jeder Schüler sucht sich seine Schwierigkeit selbst heraus, er soll sich richtig einschätzen lernen. Das richtig ausgesuchte Gerät ermöglicht jedem Schüler Erfolg.
Beispiel Hochspringen in der Leichtathletik:
Die sportliche Form des Hochspringens wird geändert (immer 5 cm höher, die ,,schlechten" Schüler scheiden bei gerissener Höhe aus). Zwei Schüler stehen an der Latte (Schnur) und legen diese jeweils auf die von einzelnen Gruppen (etwa gleiche Leistungsstärke) gewünschte Höhe.

— *Vielseitige Leistungsaufgaben:*

Die sportliche Leistungsaufgabe führt immer zum Vergleich mit den anderen. Die pädagogische führt über vielseitige Aufgabestellungen (nicht nur motorische) zum Vergleich mit sich selbst, sie zeigen individuellen Leistungsfortschritt an.
Beispiel Schnellauf:
○ Wer kann auf einer Strecke von 40 m sein Tempo so einteilen, daß er die letzten 20 m in Höchstgeschwindigkeit läuft?
○ Wer kann in den nächsten vier Wochen seine jetzige Schnellaufleistung absolut verbessern?
○ Wer kann seinem Partner durch Beobachtung und Beratung helfen, den Start zu verbessern?
Unter der sportlichen Leistungsform versteht Seybold den Wettkampf.
Als Grundsätze, die beim pädagogischen Wettkampf zu beachten sind, werden genannt:
○ kein Ausscheiden während eines Wettkampfes
○ mehr Kooperation als Konkurrenz
○ mehr Wetteifer in der Qualität als in der Quantität
○ Erziehung zu einer realistischen Selbsteinschätzung.
Diese Grundsätze können in den einzelnen Sportarten durch eine Reihe konkreter Maßnahmen umgesetzt werden.[58]

Die angestellten Überlegungen galten alle dem Bemühen, ein ,,übertriebenes Leistungsstreben" zu verhindern.

An dieser Stelle, im Zusammenhang mit kindgemäßen Herausforderungen, darf aber auch darauf hingewiesen werden, daß die Gefahr der Unterforderung vieler Schüler im Sportunterricht realistisch gesehen die größere ist. Alltägliche Unterrichtspraxis wird sich in vielen Fällen den Vorwurf einer permanenten Unterforderung der Schüler machen lassen müssen.

Auch dagegen sollte energisch etwas getan werden.

1.5.3 Partner- und gemeinschaftsbezogenes Handeln

,,Die Notwendigkeit, sich in die Gemeinschaft einzuordnen, Regeln anzuerkennen und sich gegenseitig zu helfen, gibt den Kindern wesentliche Anstöße zu partner- und gemeinschaftsbezogenem Handeln."[59]

Darüber hinaus weisen die allgemeinen Ausführungen des Lehrplans auf das erzieherische Bemühen hin, in der Auseinandersetzung mit Mitmenschen, dem Lerngegenstand und sich selbst ,,verbindliche Wertungsmaßstäbe"[60] kennenzulernen und sich an ihnen zu orientieren. In der Konfrontation mit unterschiedlichen Standpunkten ,,soll die Bereitschaft geweckt und gefördert werden, Toleranz zu üben und Konflikte friedlich zu lösen."[61] Mit diesen Ausführungen ist jener grundlegende Bereich angesprochen, der allgemein als soziales Lernen bezeichnet wird. In der Literatur umfangreich behandelt, wird diese komplexe und schwierige Aufgabe in uneinheitlicher Begriffsfassung bei unterschiedlicher theoretischer Begründung mit verschiedenen Intentionen gekoppelt.

Soziales Lernen soll hier verstanden werden als ein bewußt intendierter und geplanter Prozeß, der auf das Erlernen sachlich notwendiger, positiver Einstellungen und Wahrnehmungsfähigkeiten abzielt und dabei das Erkennen und Bewußtmachen von Regeln mit einschließt.

Die Bedeutsamkeit dieses fachübergreifenden Zielbereichs für den Lehrer ergibt sich nicht aus theoretischen Überlegungen oder curricularen Anforderungen, sondern aus der Vielzahl konkret anstehender Herausforderungen und Anlässe einer alltäglichen unterrichtlichen Wirklichkeit.

Zum Beispiel
- gibt es beim Tragen von Matten oder einer Turnbank Differenzen innerhalb einer Gruppe, ist die Kooperation gestört;
- halten sich im Spiel ,,Katz und Maus" die Mitspieler oder die Katze nicht an gemeinsam vereinbarte Regeln;
- werden einige schwächere Schüler beim Völkerballspielen nicht oder nur sehr wenig ins Spiel mit einbezogen;
- bekommt eine Gruppe an einer Gerätekombination Schwierigkeiten, weil sie sich nicht auf ein gemeinsames Handlungsziel einigen kann;

- hätte ein Schüler die besten Voraussetzungen, als Helfer beim Gerätturnen eingesetzt zu werden, aber er will nicht;
- streiten sich zwei Schüler, sie fangen sogar zu raufen an.

Im folgenden soll der komplexe Zielbereich soziales Lernen an einigen wichtigen Teilzielen praxisnah verdeutlicht werden.

Teilziel: Die Schüler sollen fähig sein, anderen helfen zu können und sich selbst helfen zu lassen:
○ von anderen Hilfen annehmen können;
○ einem anderen beim Turnen, Schwimmen helfen;
○ über das genaue und konzentrierte Beobachten eines Mitschülers dem anderen helfend Korrekturen geben;
○ gemeinsam und abgestimmt mit einem Partner einem Dritten eine Hilfe geben (Arbeit in der Dreiergruppe);
○ dem Lehrer helfen, z. B. bei der Vorbereitung eines Spieles, dem Aufbau einer Lauf- oder Hindernisstrecke.

Teilziel: Die Schüler sollen fähig sein, sich in einen anderen hineinversetzen zu können, ihn besser zu verstehen:
○ Auch der leistungsschwächere Schüler möchte Erfolg haben und sein Können positiv erfahren.
○ Viele Schüler haben bei bestimmten Übungen mehr Angst als ich. Ängstliche Schüler lernen vorsichtiger, langsamer. Sie bedürfen besonderer Hilfen, einer größeren Geduld.
○ Nicht alle können immer gewinnen. Der Sieger eines Spiels ist vielleicht der Verlierer in einem anderen.

Teilziel: Die Schüler sollen fähig sein, sich tolerant zu verhalten:
○ Bei mehrheitlich-demokratisch getroffenen Entscheidungen hat auch die Minderheit den getroffenen Entschluß mitzutragen.
○ Die Entscheidungen eines Schiedsrichters sind hinzunehmen, auch wenn man mit ihnen nicht immer einverstanden ist.
○ Einzelne Situationen können in einer Gruppe sehr unterschiedlich beurteilt werden. Die schließlich gewählte Lösung sollte von allen gemeinsam getragen werden. Nicht immer läßt sich die eigene Meinung durchsetzen.

Teilziel: Die Schüler sollen befähigt werden, verschiedene Rollen einzunehmen, zur eigenen (erkannten) Rolle eine größere Distanz einnehmen zu können:
○ verschiedene Rollen als Helfer, Schiedsrichter, ,,Trainer", Organisator, Zuschauer, Spieler übernehmen können;
○ die eigene Rolle als Sportstar, als ,,Klassenkasperl", als Außenseiter besser erkennen, aus ihr vielleicht herauskommen können;
○ die Rolle des Lehrers verstehen, in Teilaufgaben selbst die ,,Lehrerrolle" übernehmen können;

Teilziel: Die Schüler werden befähigt, mit dem Partner, in der Gruppe gemeinsam bzw. gemeinschaftlich handeln zu können:
- mit dem Partner abgestimmt sich auf ein Handlungsziel einigen, eine Aufgabe lösen können;
- mit dem Partner ein Problem, eine Differenz besprechen und evtl. lösen;
- in der Gruppe eigene Wünsche einmal zurückstellen, die Vorstellungen der anderen annehmen können;
- eigene Vorstellungen in eine Gruppe einbringen, zur Sprache bringen können;
- in einer Gruppe etwas gemeinsam gestalten, eine Lösung finden, ein Spiel durchführen können;
- ein Gruppenergebnis erarbeiten und den anderen Gruppen vorstellen können;
- Spielregeln analysieren, neu festlegen, ändern können; die Notwendigkeit von Regeln besprechen und erkennen; sich an gemeinsam vereinbarte Regeln halten.

Nicht jede unterrichtliche Gestaltung wird gleich gut geeignet sein, soziale Lernprozesse zu initiieren und voranzubringen. Die Art und Weise der gewählten unterrichtlichen Rahmenbedingungen hat dabei einen entscheidenden Einfluß.

Auf einige wesentliche Faktoren sei kurz verwiesen:
- Die sportliche Zielperspektive im Erlernen und leistungssteigernden Üben vorgegebener Bewegungsfertigkeiten (Techniken) wird erweitert durch andere Ziele (vgl. 1.2.1), z.B. sinnliche Erfahrungen, geselligkommunikatives Handeln. Von diesen Intentionen her bekommen die Schüler Gelegenheit, im experimentierenden Umgang eigene Bewegungsmöglichkeiten zu erproben, soziale Interaktionserfahrungen mit anderen Schülern zu machen, insgesamt Formen eines problemlösenden Denkens und Handelns zu entwickeln.

Im offenen Umgang mit Räumen, Geräten, Situationen werden durch die Schüler selbst weitere Aufgaben, Möglichkeiten herausgefunden und verwirklicht. Eine schülerorientierte Zielsetzung, das Findenlassen verschiedener, nicht vorgegebener Lösungen, das Variieren und Verändern gefundener Inhalte, das Besprechen und handelnde Kooperieren mit dem Partner sind dabei bestimmende Momente.

- Die unterrichtliche Organisation wird verstärkt auf die verschiedenen Formen der Gruppenarbeit (arbeitsgleich, arbeitsteilig) zurückgreifen. Gerade die hier gegebenen Möglichkeiten, z.B. gemeinsames Absprechen von Handlungszielen, Suchen verschiedener Lösungen, Überlegen und Verwirklichen entsprechender Hilfen, das Vermeiden von zu großen Schwierigkeiten, das Einbeziehen auch schwächerer Schüler, das Koope-

rieren beim handelnden Umsetzen gegebener Aufgaben eröffnen besonders gut soziale Lernprozesse.
- Der Lehrer übernimmt in einem so konzipierten Unterricht vor allem eine beratende Funktion. Er wird mehr anregend arrangieren als einengend strukturieren, er gibt im Gespräch individuelle Anstöße und erörtert mit den Schülern zusammen Problemlösungen. Immer wird seine Aufgabe hier im Bemühen zu sehen sein, gerade wegen der Übergabe von Kompetenz und Verantwortung an die Schüler vielfältige Hilfen zu geben und Gefährdungen der Schüler zu vermeiden.
- Ein so gestalteter Unterricht räumt verstärkt die Möglichkeit des Gesprächs ein zwischen Schülern untereinander und zwischen Lehrer und Schülern. Dabei geht es auch wesentlich darum, anstehende Probleme bzw. Konflikte zur Sprache zu bringen, Diskrepanzen nach Möglichkeit durch die Schüler selbst aufarbeiten zu lassen und über einen nur auf Entstörung und Effektivität ausgerichteten Unterricht hinauszukommen. Die Vermittlung entsprechender sportbezogener Kenntnisse (Gerätekunde, Regeln, richtige Bewegungsabläufe, Grenzen) ist dabei gleichermaßen Ziel wie Voraussetzung entsprechender Kooperation und Kommunikation.

Hier soll noch kurz auf die Frage eingegangen werden, weshalb gerade sportliches Handeln gute Chancen haben kann, soziales Lernen erfolgreich zu entwickeln und umzusetzen:
- Sport als differenzierter Bewegungsraum ist gekennzeichnet durch die Vielfalt möglicher Auseinandersetzungen, Gruppierungen, Interaktionen mit anderen Personen. Bewegung ist hier das grundlegende Medium für die Fülle von Kontakten, Kooperationen, Kommunikationen (besonders auch der nonverbalen Formen), Differenzen, Konflikten.
- Soziale Fähigkeiten, das Wahrnehmen der anderen, das Einbringen der eigenen Position, sind in der handelnden Auseinandersetzung sachlich notwendig, d. h. sie werden durch verschiedene Räume, Geräte, Situationen, Aufgaben, Personen herausgefordert, situativ erfahren und sind die Voraussetzung für das Gelingen gestellter Aufgaben, das Glücken eines Spiels, das gekonnte Realisieren einer gemeinsam vorgenommenen Absicht. Soziale Fähigkeiten werden dabei verwirklicht in der konkreten Aktualisierung und nicht (nur) im unverbindlichen Verbalisieren.
- Im konkreten Vollzug sportlichen Handelns sind soziale Entscheidungen zu treffen, sie können nicht umgangen werden. Z. B. eine Hilfe wird geleistet, oder sie wird nicht geleistet. Eine Entscheidung ist auf jeden Fall zu treffen.
- Die Feststellung des eigenen oder fremden Sozialverhaltens ist hier für jeden am Handlungsvollzug Beteiligten einsichtig zu treffen. Das ent-

sprechende Verhalten kann konkret in der jeweiligen Handlungssituation beobachtet, sachlich beurteilend gewertet, einsichtig festgestellt werden.
- Sportliches Handeln ist (in der Regel) von freudvollen Erlebnissen und Gefühlen begleitet. Die Grundstimmung als Voraussetzung für soziales Lernen ist hier positiv.
- Im Umfeld spielerisch-sportlicher Auseinandersetzungen sind aus sachlich-situativen Gründen Konflikte, beeinträchtigte Interaktionen, Mißverständnisse, Aggressionen, Probleme gegeben. Aus Gründen, die im Können-, Gelingen-, Spielenwollen liegen, also in der ‚Sache' selbst begründet sind, ist es für alle Beteiligten erstrebenswert, gegebene Beeinträchtigungen, Probleme, Fehlinterpretationen als Anlaß zu ihrer Beseitigung zu nehmen, Konflikte zu lösen. Von außen aufgezwungene Ursachen sind nicht nötig.

Schließlich soll auch noch kurz auf Schwierigkeiten, Widersprüche, Widerstände, Begrenzungen im Zusammenhang mit dem Zielbereich soziales Lernen eingegangen werden. Theoretisch-ideale Absichten werden oft durch die Vielzahl alltäglicher Widerstände relativiert, evtl. sogar unmöglich gemacht. Auf einige problematische Aspekte sei kurz hingewiesen:
- Schulisch-unterrichtliche Sozialisation ist nur ein Faktor neben dominanten anderen. Diese haben aus verschiedenen Gründen, auch zeitlich und in der Intensität, oft einen größeren Einfluß.
- Regelungen und Intentionen des Sports und erzieherische Absichten der Schule sind nicht immer ohne Widersprüche. Sie können zu konkreten unterrichtlichen Konflikten führen. So stehen sportlich-sachliche Prinzipien wie objektive Leistungssteigerung, Überbietung, konkurrierender Wettkampf erzieherisch-sozialen Grundsätzen wie Steigerung des subjektiven Könnens, Kooperation, Förderung besonders ängstlicher und leistungsschwacher Kinder entgegen.
- Erwünschte soziale Verhaltensweisen stellen sich nicht ein, dagegen verfestigen sich unerwünschte, nicht beabsichtigte, z. B. Starverhalten, Betonen des eigenen Standpunktes, aggressives Verhalten u. a.
- Das Betonen einer bestimmten didaktischen Perspektive, z. B. der verstärkte Einsatz von Gruppenarbeit und Gespräch, kann zu Konflikten mit anderen wesentlichen Zielen des Sportunterrichts führen, z. B. der Forderung nach dem Voranbringen der individuellen Leistungsfähigkeit im Sinne sportlich hochwertiger Leistungsprodukte.
- Das besondere Bemühen um gehemmte und unsichere Kinder im Versuch, auch und gerade hier Könnensfortschritte zu erzielen, Erfolgserlebnisse zu vermitteln, Ängste ab- und Sicherheit aufzubauen, kann kollidieren mit der Intention, auch die Leistungsstarken adäquat herauszufordern und weiterzubringen.

- Schließlich sei noch auf den schulisch-unterrichtlichen Rahmen insgesamt verwiesen. Verfestigte Verhaltensweisen, eingeschliffene Routinen, ein festgefahrenes Rollenverständnis (Lehrer, Schüler) auch in Verbindung mit inhaltlichen Notwendigkeiten (Stofferfüllung) und sachlichen Zwängen (Organisation) sind nicht immer positiv fördernde Bedingungen für die Verwirklichung sozialer Lernprozesse.

1.5.4 Erfüllte schulische Gegenwart

Es entspricht grundsätzlich didaktischem Denken, vor dem Hintergrund jeweils subjektiv-unterschiedlicher Lernprozesse (Vergangenheit), bezogen auf spätere Anforderungen und entsprechende Qualifikationen (Zukunft), unterrichtliches Lernen zu planen und durchzuführen (Gegenwart).
Im Zusammenhang mit der Curriculumdiskussion trat jedoch gerade der Aspekt des Qualifizierens für zukünftige Anforderungen zu stark in den Vordergrund.
Der neue Grundschullehrplan dagegen ,,nimmt Zukunft und Gegenwart des Kindes gleichermaßen ernst"[62] und will dem ,,Recht auf Kind-sein-dürfen Raum"[63] geben. Dabei kommt jenseits auf die Zukunft bezogener Perspektiven dem Kindsein ein ,,Eigenwert" zu, haben der ,,Augenblick, das Erlebnis, die Freude, das Spiel . . . ihren Eigen-Sinn"[64].
Besonders das Grundschulkind sieht spielerisch-sportliches Handeln nicht, wie vielleicht der Lehrer, in einer zukunftsbezogenen Perspektive.
Es erlebt dieses Tun im Hier und Jetzt gegebener Herausforderungen, Anreize, Aufgaben. Die aktuelle Handlung interessiert, macht Freude, verursacht Spannung und Entspannung, ermöglicht soziale Kontakte, läßt Können feststellen und anwenden, kommt insgesamt dem im Augenblick vorhandenen Spiel- und Bewegungsbedürfnis entgegen.
In dieser Sicht sollten mögliche Einseitigkeiten und Blickverengungen vermieden werden, ist eine bewegungsbetonte, d. h. ganzheitlich-sinnerfüllte Auseinandersetzung zu verwirklichen.
Im folgenden soll auf einige Aspekte eingegangen werden, die sich aus dieser Forderung konkret für die unterrichtliche Arbeit ergeben können:
- Das Umsetzen gegenwartsbezogener Intentionen setzt zunächst einmal grundsätzlich voraus, daß sich der Lehrer in die Schüler hineinversetzt, aus Schülerperspektive Bewegung, Spiel und Sport zu verstehen, zu interpretieren versucht. In dieser Sicht ist die Sportstunde nicht nur effektiv und ökonomisch zu nutzender Lehr- bzw. Lernraum, sondern immer auch ganzheitlich erfüllter Lebensraum für die Schüler.
- Gegebene einseitige Belastungen unterrichtlicher Anforderungen, z. B. der Sitzzwang oder starke kognitive Beanspruchungen, sollten im Sport-

unterricht vermindert, ausgeglichen werden. Gerade ein der aktuellen kindlichen Situation verpflichtetes Bemühen wird immer wieder durch einen bewegungsbetonten und abwechslungsreich gestalteten Unterricht diese Aufgabe mit Nachdruck verfolgen.
— Über gezielt geplante Lernprozesse im lernschrittgemäßen Erarbeiten sportmotorischer Fertigkeiten hinaus ist der Unterricht sinnvoll und gegenwartsbezogen durch das Bereitstellen mehr offener Situationen zu ergänzen.
Eine Klasse, in Kleingruppen aufgeteilt, bekommt z. B. Gelegenheit, Erlerntes experimentierend und variierend auszubauen, eigene Bewegungseinfälle, auch mit dem Partner zusammen, in einem mehr offenen Handlungsraum umzusetzen, Spiele aus dem außerschulischen Lebens- und Spielraum auch hier einzubringen. Der Weg, der Prozeß der Auseinandersetzung, das Zeithaben für das Gekonnte, das spielerische Verweilenkönnen sind hier beabsichtigte Ziele. Im übrigen geben solche mehr offenen Bewegungsräume dem Lehrer gute Gelegenheit, auch (wenn nötig) auf aktuelle Bewegungsbedürfnisse der Kinder besser eingehen zu können.
— In fächerübergreifender Perspektive gehören in diesem Zusammenhang auch jene schulischen Möglichkeiten angesprochen, die sich um ein erfülltes Schulleben überhaupt bemühen. Konkret kann dabei gedacht werden z. B. an die Gestaltung der Schulpause[65], an Sport- und Spielfeste über den üblichen und tradierten Rahmen hinaus[66] und an die Gestaltung von Schulfeiern überhaupt, wo besonders von Schülern vorbereitete Projekte zur insgesamt musischen Gestaltung beitragen können.[67]
— Schließlich soll noch ein letzter Gesichtspunkt angesprochen werden, nämlich die Aufgabe, unterrichtlich-schulische Maßnahmen immer auch vor dem Hintergrund des gegenwärtigen außerschulischen Bewegungslebens der Kinder zu sehen. Mit der Beachtung der außerschulischen kindlichen Lebenswirklichkeit sollen gleichzeitig fachliche Einseitigkeiten und curriculare Lebensferne vermieden wie die Sensibilisierung des Lehrers für die Lebenssituation der Kinder erhöht werden. Dem Aspekt, über ein erfülltes und vielfältiges unterrichtliches Bewegungsleben auch für die außerschulische Lebenswelt der Kinder positive Impulse zu setzen, sollte sich jeder Lehrer immer verpflichtet fühlen.

Die hier in analytischer Betrachtungsweise dargestellten vier Aspekte sind in der unterrichtlichen Wirklichkeit immer in ihrer wechselseitigen Verschränkung zu sehen. Sie sind gegenseitig Bedingung und Folge zugleich und tragen als wesentliche Bausteine dazu bei, die grundlegende Intention des Lehrplans, die „Orientierung am Kind", konkret verwirklichen zu helfen.

1.6 Maßnahmen zur Unfallverhütung — Sicherheitserziehung

Helfende und sichernde Maßnahmen des Lehrers in fachgebundener Perspektive sind immer vor dem Hintergrund erzieherischer Bemühungen insgesamt als Hilfen am heranwachsenden Kind zu sehen und als Hilfe zur Selbsthilfe weiterzuführen.

Die Absicht, zentrale Positionen eines qualifizierten und damit qualifizierenden Sportunterrichts zu verwirklichen, ist dabei nicht zu vereinbaren mit z. T. überholten (aber leider etablierten) Ansichten und Verhaltensweisen.

Ein vom Lehrer übertrieben ängstlich gestalteter Sportunterricht, ein schüchternes „Gesundheitsturnen", das Weglassen mancher Räume, Geräte, Situationen, Aufgaben aus Überängstlichkeit, verunsichert erst recht die Kinder, strahlt negativ weiter aus und wird zeitgemäßen Zielen wie Selbständigkeit, Selbstverantwortung, Handlungskompetenz der Kinder insgesamt nicht gerecht. Die gängigen Hinweise auf die Sorgfaltspflicht des Lehrers, die Unvernunft mancher Kinder (Klassen) und die sachlichen Gefährdungen rechtfertigen heute einen überängstlichen und laschen Sportunterricht nicht mehr.

In diesem Zusammenhang sei auf das Gesetz über die Unfallversicherung für Schüler vom 18. 3. 1971 und auf die Amtshaftung[68] verwiesen, um damit auch den wesentlichen Aspekt des Schutzes für Schüler und Lehrer einzubringen.

Das Verwirklichen aktueller Ziele bedeutet dabei nicht, die vielfältig zu beachtenden Gesichtspunkte von Sicherung und Unfallverhütung bei der unterrichtlichen Gestaltung zu vernachlässigen.[69]

Ein vielseitig herausfordernder Sportunterricht wird in sachlich-situativer Entsprechung immer gleichzeitig mit adäquaten Hilfen und Sicherungen zusammen gesehen werden müssen. Diese doppelte Aufgabe, für einen guten Sportunterricht Sorge zu tragen und gleichzeitig den größtmöglichen Schutz für die Schüler zu erreichen, kann von jedem engagierten Lehrer verantwortlich geleistet werden.

Die folgenden Ausführungen sind dabei als allgemeine und spezielle Hilfen für den Lehrer gedacht, der sich um eine qualifizierte und abgesicherte Unterrichtsgestaltung bemüht.

1.6.1 Allgemeine Maßnahmen zur Unfallverhütung

Jene Maßnahmen, die im Sportunterricht der Grundschule bei der Verwirklichung vielfältiger Bewegungshandlungen und spielerisch-sportlicher Betätigung von grundsätzlicher Bedeutung sind, werden als allgemeine bezeichnet. Auf die wesentlichen soll kurz eingegangen werden.

Ordnung und Disziplin:

Als erste und grundlegende Voraussetzung für die Verhütung von Unfällen ist ein sachlich bestimmter Ordnungsrahmen zu nennen.

Der „Sache", d. h. zunächst einmal den verschiedenen möglichen Räumen gemäß, werden Maßnahmen der Organisation und damit der äußeren Ordnung zu treffen sein.

In einer Turnhalle z. B. als einem relativ kleinen und überschaubaren Bewegungsraum mit z. T. festgelegten Orten für Geräte (Sprossenwand, Leiter, Barren, Reck) sehen solche Überlegungen anders aus als in einem Lehrschwimmbecken, wo durch nasse Böden (Rutschgefahr), die Aktustik (Wassergeräusche, verstopfte Ohren, Schwimmen unter Wasser), bestimmte Bewegungsformen (Wassertiefe) und eine spezifische Belastung der Kinder (Kältereiz, Angst vor dem Wasser) ganz andere Verhältnisse gegeben sind. Entsprechendes gilt auch bei der Benützung von Klein- und Großgeräten. Die Verwendung eines (harten) Schlagballes beim Ballweitwurf im Freien wird sach- und d. h. hier auch gerätebezogen eine andere Organisation notwendig machen als das Spielen mit Gymnastikbällen in der Turnhalle (viele Schüler gleichzeitig, jeder hat einen Ball, enger Bewegungsraum). Sachlich begründet bzw. sachbezogen bedeutet grundsätzlich, Anordnungen nicht in formaler und sinnleerer Disziplinierung der Schüler zu treffen, sondern didaktische Maßnahmen in dieser Hinsicht immer zu beziehen auf Gegebenheiten von Räumen, Geräten, Aufgaben, Situationen, Personen (Alter, Verständnis, Reife einer Klasse), um so grundlegende Aspekte der Unfallverhütung zu berücksichtigen. Das Einsichtigmachen der sachlich begründeten Maßnahmen soll versuchen, die Schüler selbstverantwortlich in Denken und Handeln mit einzubeziehen (innere Ordnung).

Methodisch gesicherte Unterrichtsplanung und -durchführung:

Methodische Überlegungen werden im erörterten Zusammenhang zwei Fragen zu beantworten haben.

Einmal die nach dem „Was", wobei die Übungsauswahl gewissenhaft an den Leistungsstand der Klasse anzupassen ist.

Zum anderen die nach dem „Wie", wo besonders über Maßnahmen der inneren Differenzierung dem individuellen Können des einzelnen Schülers entsprochen werden soll.

Dabei sind situations- bzw. lernzielgemäß auch die Wahl der Geräte, der einzelnen Lernhilfen und evtl. der Medien zu bedenken.

Auf drei wesentliche Aspekte im Zusammenhang mit methodischen Überlegungen, nämlich das richtige Aufwärmen, die Belastungsdosierung (Über-, Unterforderung) und die Ermüdung sei noch verwiesen.

Sportkleidung:

Das Tragen einer sportgerechten Kleidung gemäß der jeweiligen Sportart, z. B. dem Turnen, Schwimmen, Skifahren, Laufen im Freien u. a., ist für Schüler und Lehrer eine weitere sachliche Notwendigkeit.
Dabei sind die drei Gesichtspunkte der Zweckmäßigkeit, der Hygiene und der Sicherheit wesentlich. Rutschige Schuhe, falsche, zu enge Hosen oder unzweckmäßig weite Jacken sind nicht sachgemäß.
Uhren, Ketten, Ringe, Halsbänder u. ä. sind natürlich vor dem Sporttreiben abzulegen. Die zweckmäßige, ja vorbildliche Sportkleidung des Lehrers sowie sein konsequentes Verhalten bei unsachgemäßer Kleidung der Schüler sind zwei im Grunde selbstverständliche Voraussetzungen.

Sicherung der Geräte und Übungsstätten:

Ein weiterer wesentlicher Gesichtspunkt für einen unfallfreien Sportunterricht ist das In-Ordnung-sein bzw. In-Ordnung-halten von Geräten und Übungsstätten. Unfallverhütung beginnt mit der sachgemäßen Lagerung aller Geräte im Geräteraum (Plan!).
Stellt ein Lehrer fest, daß die Funktionssicherheit eines Gerätes nicht mehr gegeben ist, so ist dieses Gerät, z. B. ein angebrochener Barrenholm, nicht mehr fest sitzende Kastenteile, zu rutschige Matten zu sperren. Die Schulleitung bzw. die Kollegen sind davon unverzüglich zu unterrichten. Zur Sicherung der Geräte gehört auch der richtige Transport und das geordnete Auf-, Um-, Abbauen der Geräte durch einen eingespielten Gerätedienst innerhalb einer Sportklasse. Der Lehrer informiert, hilft, gibt notwendige Anweisungen (Platz, Zahl, Höhe eines Gerätes) und überprüft insgesamt die Sicherheit eines Gerätes, bevor die Klasse daran turnt.
Die gesetzlich vorgeschriebene jährliche Überprüfung der Turnhalle und ihrer Geräte ist für den Sachaufwandsträger eine unbedingt zu beachtende Verpflichtung.
In veralteten Übungsstätten bei einer unzweckmäßigen, manchmal gefährlichen Anbringung einzelner Geräte (z. B. in die Halle hineinragende Sprossenwände) sind besondere Überlegungen für eine gute Organisation (Aufstellung der Gruppen, Bestimmung der Laufwege, Hinweise an die Schüler) anzustellen.
Freisportanlagen, die evtl. auch für die öffentliche Nutzung bereitstehen, sind vor dem unterrichtlichen Gebrauch nach verletzenden Gegenständen (Flaschen, Glasscherben, Blechdosen) kurz abzusuchen. Durch Witterungseinflüsse bedingte Gefährdungen (z. B. eine zu hart gewordene Sprunggrube beim Weitsprung) sind aufmerksam zu beachten und durch entsprechende Maßnahmen als Unfallquellen auszuschließen.

Organisatorischer Rahmen:

Auf die Bedeutung gerade organisatorischer Maßnahmen im Hinblick auf die Verhütung von Unfällen kann nicht oft und eindringlich genug hingewiesen werden.
Die richtige und zweckmäßige Aufstellung der einzelnen Gruppen, der geordnete und gekonnte Gerätetransport, klare Arbeitsaufträge, aber auch der eigenverantwortliche Umgang der Schüler mit Situationen und Aufgaben sind wesentliche Aspekte dabei.
Grundsätzlich wird die gewählte Organisation von den benutzten Bewegungsräumen, ihren raumspezifischen Möglichkeiten bzw. Anforderungen, der intendierten Aufgabe, der Größe der Klasse, der Handlungsfähigkeit der Schüler bestimmt.
Die zu Grunde gelegte Unterrichtskonzeption, ein mehr fertigkeitsorientierter Lernprozeß im Nacheinander bestimmter Lernschritte oder eine mehr situativ-offene Unterrichtsgestaltung im Bereitstellen verschiedener Bewegungsangebote, wird dabei jeweils auch die Organisation beeinflussen, im abgestimmten Zusammenhang mit den anderen wesentlichen didaktischen Kategorien (Ziele, Inhalte, Methoden u. a.).

Verhalten bei Unfällen:

Dieser Punkt spricht Maßnahmen an, die nach einem Unfall zu treffen sind. Der Lehrer ist zunächst verpflichtet, Erste Hilfe zu leisten. Bei einem schwereren Unfall ist unverzüglich der Arzt (Notarzt) zuzuziehen. Die Voraussetzungen für die Erste-Hilfe-Leistung des Lehrers, Erste-Hilfe-Kasten, Trage, Verzeichnis der wichtigen Telefonnummern, müssen vorhanden und jederzeit zugänglich sein. Über jeden Unfallvorgang mit Konsultation eines Arztes hat der Lehrer eine Unfallmeldung auf Formblatt zu erstellen und über die Schulleitung an den entsprechenden Unfallversicherungsverband zu leiten.

1.6.2 Besondere Maßnahmen zur Unfallverhütung

Zu den allgemeinen Maßnahmen kommen ergänzend die besonderen dazu, die spezifisch bei einzelnen Sportarten von wesentlicher Bedeutung sind. Hier sind unbedingt die entsprechenden Bekanntmachungen des Kultusministeriums zur Unfallverhütung in den einzelnen Sportarten zu beachten, z. B. im Schwimmen, Turnen (vgl. auch BayBSVK).

Gerätturnen:

- Lagerung, Transport, Auf-, Um-, Abbau der Geräte in sachgemäßer Weise und bei klarer Aufgabenstellung für die Schüler/Schülergruppen organisieren;
- vor der Überprüfung der aufgebauten Geräte durch den Lehrer turnt kein Schüler an einem Gerät;
- Matten richtig, d. h. mit der rutschfesten Unterlage nach unten und entsprechend der vorgesehenen Übung entweder der Breite oder der Länge nach legen;
- die erforderlichen Helfergriffe werden von allen Schülern gründlich und sicher mitgelernt, z. B. Handstandschwingen in der Dreiergruppe, zwei Schüler helfen mit Klammergriff am Oberschenkel;
- bei Sprüngen (Kasten) bzw. Niedersprüngen von Geräten müssen immer Matten gelegt werden;
- bei einer Gruppenaufstellung wenn möglich das Nebeneinander (Linie) bzw. den Halbkreis gegenüber dem Hintereinander (Reihe) bevorzugen (besseres Beteiligtsein aller Schüler, Beobachten der Turnenden, Wegfall der ,,Rangordnungskämpfe", Beobachten durch den Lehrer);
- sicherheitsbewußte Regelung des Rückweges nach Vollzug einer Übung. Auf keinen Fall dürfen sich beim ,,Üben im Strom" die Wege von an- und rücklaufenden Schülern kreuzen;
- während das Helfen durch Schüler schon in der 1. und 2. Jgst. möglich ist, kann das Sichern durch Schüler erst ab der 3. Jgst. erfolgreich praktiziert werden.

Leichtathletik:

- Freisportanlagen regelmäßig auf besondere Gefahrenquellen (Sprunganlage – Steine, Holzteile, harter Sand, Laufbahnen – Gegenstände, Unebenheiten, Rasenplatz – zu langes Gras, Glas, Blech u. a.) überprüfen;
- Transport und Ablage von Hilfsgeräten (Fähnchen, Medizinbälle, Reifen, Rechen, Spaten u. a.) so durchführen, daß keine Gefährdung der Schüler oder anderer Personen eintreten kann;
- das Werfen grundsätzlich nicht in Gegenüberstellung durchführen. Für einen nötigen Sicherheitsabstand Sorge tragen, Bälle gemeinsam werfen und gemeinsam holen;
- andere übende bzw. spielende Gruppen müssen bei Wurfübungen so weit entfernt sein, daß auch bei unkontrollierten Fehlwürfen keine Gefährdung eintreten kann;
- bei nassem Boden (Rasen, Sand, Kunststoff) auf Rutschgefahr achten;
- keine Lauf- oder Anlaufbahnen kreuzen lassen.

Schwimmen:
- Lehrer darf Schwimmunterricht nur dann erteilen, wenn er die vorgeschriebene Ausbildung nachweisen kann;
- vor Beginn und am Ende der Unterrichtsstunde die Vollzähligkeit der Schwimmgruppe überprüfen;
- auf einen straffen Ordnungsrahmen achten, d. h. zum Beispiel mit der Schwimmgruppe geschlossen vom Umkleideraum zur Schwimmhalle und zurück gehen, am Schwimmbecken das Laufen, Fangen, seitliche Einspringen unterbinden u. a.;
- Schwimmunterricht nur in Schwimmkleidung (bei übergezogenem Trainingsanzug) erteilen;
- Kopfsprünge/Startsprünge nur in sprungtiefes Wasser durchführen, nicht im Lehrschwimmbecken;
- Lehrer und Schüler sind nie gleichzeitig im Wasser (außer zur Demonstration mit einem Schüler);
- Einzelunterricht nur dann, wenn eine zweite Aufsichtsperson anwesend ist;
- bei Mithilfe eines Bademeisters dürfen keine zeitlichen Lücken in der Aufsichtsführung auftreten;
- entsprechende Rettungsgeräte müssen bereit liegen;
- Abgrenzung zwischen Schwimmer- und Nichtschwimmerteil muß deutlich sichtbar sein.

1.6.3 Anleitung der Schüler zu einem sicherheitsbewußten Verhalten

Zur Verhütung von Unfällen im Sportunterricht genügt es nicht, über allgemeine und spezielle Maßnahmen des Lehrers für einen absichernden unterrichtlichen Rahmen Sorge zu tragen. Zu diesen sozusagen von außen gesetzten Bedingungen gehört wesentlich die „Innenperspektive" des Schülers dazu. Die Schüler selbst sind aktiv in diesen komplexen Aufgabenbereich miteinzubeziehen.
Die Forderung des Lehrplans, die Schüler „im gesamten Unterricht zu sicherheitsbewußtem Verhalten"[70] anzuleiten, kann konkret im Sportunterricht durch folgende Maßnahmen verwirklicht werden:
- Ein erster wesentlicher Gesichtspunkt ist hier die Förderung der Selbständigkeit der Schüler. Über die vielfältigen möglichen Formen gerade dieses Faches wird selbständiges Handeln initiiert, vorangebracht, weiter gesteigert. Die Kinder bekommen z. B. Gelegenheit
   ○ selbst eine bestimmte Bewegungsausführung zu wählen, sich beim nächstenmal für eine schwierigere Form zu entscheiden;

- eigene Unsicherheiten und Ängste besser wahrzunehmen und sich entsprechend vorsichtig zu verhalten;
- die eigene Könnensgrenze einsichtig selbst immer wieder festzustellen und auf diese Weise (auch im Spiegel der anderen) eine realistische Selbsteinschätzung aufzubauen;
- leichtsinniges und übermütiges Verhalten zu vermeiden, Folgen zu überlegen;
- mit dem Partner mögliche Lösungen und Schwierigkeiten zu besprechen und umzusetzen bzw. zu meistern;
- in der Gruppe eine geordnete Reihenfolge selbst zu arrangieren und aufrechtzuerhalten;
- Probleme, Konflikte zu besprechen und geeignete Lösungen zu finden;
- sich helfen zu lassen und Hilfen zu geben.

— Einzelnen Schülern bzw. Schülergruppen werden gezielte Teilaufgaben und damit entsprechende Teilverantwortlichkeiten übertragen. Das beginnt beim gemeinsamen Gerätetransport (Bank, Matten) durch die Kinder selbst und führt über die vielfältigen Formen gegenseitigen Helfens bis hin zur Gruppenführer- und Schiesrichtertätigkeit. Die Schüler sollen grundsätzlich (im Rahmen ihrer Fähigkeiten) mit in die Verantwortung für den gemeinsamen Unterricht einbezogen werden.

— In Gesprächen, die vor aber auch nach einer Bewegungshandlung erfolgen, werden die Schüler auf- und herausgefordert, sich selbst Gedanken zu machen über mögliche Gefährdungen und ein entsprechendes sachbezogenes Verhalten (Vorwegnahme!). Dabei geht es sowohl um das Bewußtmachen von Gefahren, als auch um die Einsicht, wie man sich raum-, situations-, aufgaben- und personenbezogen richtig verhält und um die sachliche Notwendigkeit solcher Verhaltensweisen.

— Handelnde Auseinandersetzungen führen über den motorischen Aspekt hinaus immer auch zum Aufbau eines entsprechenden Sachwissens, schließen kognitive Lernprozesse mit ein. Im Schwimmen werden z. B. auch die Baderegeln erarbeitet, in der Leichtathletik Gesichtspunkte der richtigen Belastung (Über-, Unterforderung) erörtert, im Gerätturnen Aspekte der Gerätekunde und eines sachgemäßen Umgangs angesprochen und verwirklicht. Die richtigen Helfergriffe sind den Schülern nicht nur bekannt, sondern sie können sie auch anwenden.

Dieses erworbene Sachwissen hat gerade auch außerhalb der Schule im Freizeitbereich der Kinder als Handlungswissen seine große Bedeutung. Fragen, die ein solches Wissen herausfordern und vertiefen sind z. B.:
- Warum muß ich beim Rollen am Boden rund sein?
- Warum ist es notwendig, sich vor einer sportlichen Betätigung anzuwärmen?

- Warum schlägt beim Dauerlaufen mein Herz so schnell, warum schwitze ich? Wie kontrolliere ich richtig meinen Puls?
- Weshalb trägt mich das Wasser, gehe ich nicht unter?

Die Anleitung zu einem sicherheitsbewußten Verhalten der Schüler ist dabei als erzieherischer Prozeß zu verstehen, der sich über alle vier Jahre der Grundschule erstreckt, der über viele kleine Schritte oft mühevoll vorangebracht werden muß und stetes Bemühen voraussetzt, Rückschläge nicht ausschließt und immer auf der Grundlage entsprechender Hilfen des Lehrers verwirklicht wird.[71] Die Schüler sollen viele Gelegenheiten bekommen, in denen sie herausgefordert werden und Kompetenzen entwickeln können. Sie können oft mehr, als man ihnen zutraut.

Anmerkungen:

1 vgl. *Haupt, U.:* Themen sportdidaktischer Theorie und ihre Bedeutung für die unterrichtliche Praxis. In: Pädagogische Welt /1986, S. 214–217
2 vgl. Hinweise S. 67 ff. in diesem Buch
3 *v. Hentig, H.:* Als die Reckstange noch ein Ast und Jogging noch Jagd war. In: Sportpädagogik/5/1983, S. 6–9
4 vgl. auch *Ehni, H.:* Spiel und Sport mit Kindern – ein Wissensangebot. In: *Ehni, H./Kretschmer, J./Scherler, K.-H.:* Spiel und Sport mit Kindern. Reinbek bei Hamburg 1985, S. 11–96
5 vgl. *Haupt, U.:* „Orientierung am Kind" – eine bestimmende Intention auch für den Sportunterricht der Grundschule. In: Grundschulmagazin 10/1985, S. 3–6
6 *Kretschmer, J.* (Hrsg.): Sport und Bewegungsunterricht 1–4. München–Wien–Baltimore 1981, S. 19–25
7 *Ehni, H.*, a.a.O., S. 35
8 *Kretschmer, J.*, a.a.O., S. 22
9 vgl. *Scherler, K.-H.:* Sensomotorische Entwicklung und materiale Erfahrung. Schorndorf 1975
10 *Kretschmer, J.*, a.a.O., S. 23–25
11 vgl. auch *Ehni, H.*, a.a.O., S. 71–74
12 vgl. *Lange, J.:* Der Sporlehrer im Schulalltag. In: Sportpädagogik 6/1981, S. 10–17
13 vgl. Grundschullehrplan. KMBl Sondernummer 20, München 1981, S. 550
14 ebd. S. 668
15 vgl. *Kretschmer, J.*, a.a.O., S. 41 ff.
16 vgl. *Brodtmann, D.:* Kommunikation und Kooperation im Sportunterricht. In: Die Grundschule 10/1977, S. 452–457
17 vgl. *Brodtmann, D.:* Sportunterricht und Schulsport. Bad Heilbrunn 1979, S. 40/41
18 vgl. zum Thema Gesundheit Sportpädagogik 6/1984
19 vgl. *Haupt, U.:* Der Unterrichtsgrundsatz der Sachgemäßheit im Sportunterricht. In: Pädagogische Welt 6/1985, S. 243–247
20 vgl. Literatur Anmerkung 19
21 vgl. Literatur Anmerkung 17

22 vgl. *Schrenk, H.* u. a.: Praxis-Handbuch. Band A. Sport mit Grundschulkindern. Gammertingen 1984, S. 28
23 *Hildebrandt, R./Laging, R.:* Offene Konzepte im Sportunterricht. Bad Homburg 1981, S. 54
24 vgl. *Schrenk, H.*, a. a. O., S. 30
25 *Hildebrandt, R./Laging, R.*, a. a. O., S. 54
26 ebd.
27 ebd.
28 vgl. *Laging, R.:* Lernziele und Handlungsziele im Sportunterricht. In: Sportunterricht 9/1979, S. 325–330
29 vgl. *Schrenk, H.*, a. a. O., S. 30
30 *Hildebrandt, R./Laging, R.*, a. a. O., S. 32
31 vgl. *Hildebrandt, R./Laging, R.*, a. a. O., S. 41
32 vgl. *Ehni, H.*, a. a. O., S. 93
33 vgl. *Kretschmer, J.*, a. a. O., S. 54 ff.
34 vgl. *Hildebrandt, R./Laging, R.*, a. a. O., S. 42/43
35 vgl. *Größing, St.:* Einführung in die Sportdidaktik. Bad Homburg 1981³, S. 219–222
36 vgl. Lehrerkolleg „Sport in der Hauptschule", Bd. 1, S. 41–43
37 Lehrerkolleg, S. 38/39
38 vgl. *Kretschmer, J.*, a. a. O., S. 60
39 vgl. *Schrenk, H.*, a. a. O., S. 34
40 vgl. dazu auch Literatur von Anmerkung 5
41 Lehrplan, a. a. O., S. 668
42 ebd.
43 vgl. Literatur von Anmerkung 16
44 *Scherler, K.-H.:* Geräte und Objekte. In: Sportpädagogik 1/1985, S. 5–16
45 vgl. *Trebels, H.* (Hg.): Spielen und Bewegen an Geräten. Reinbek bei Hamburg 1983
46 vgl. *Trebels, H.* (Hg.), a. a. O., S. 24 ff.
47 vgl. *Brodtmann, D.:* Der Schnellste kann der Letzte sein! In: *Brodtmann, D./Landau, G.* (Hg.): Wettkämpfe, Sportfeste, Spielfeste. Reinbek bei Hamburg 1983, S. 39–43
48 vgl. *Herbold, Ch.:* Wir gestalten unsere Spielpause. In: *Kretschmer, J.* (Hrsg.), a. a. O., S. 190–206
49 vgl. *Brodtmann, D./Landau, G.* (Hg.): Wettkämpfe, Sportfeste, Spielfeste. Reinbek bei Hamburg 1983
50 vgl. *Schrenk, H.*, a. a. O., S. 31–35
51 Lehrplan, a. a. O., S. 668; vgl. auch Schulreport 1981/5
52 *Seybold, A.:* Didaktische Prinzipien der Leibeserziehung. Schorndorf 1972, S. 74/75
53 *Baumann, S.:* Die pädagogische Dimension der Leistung in der Schule. In: Die Scholle 1981, Heft 9, S. 576
54 *Seybold, A.:* Zum Leisten im Sportunterricht. In: Pädagogische Welt, Heft 5/1982, S. 268
55 *Baumann, S.*, a. a. O., S. 576
56 vgl. Literatur von Anmerkung 54
57 vgl. *Frey, G./Hildenbrandt, E./Kurz, D.:* Laufen, Springen, Werfen. Reinbek bei Hamburg 1984

58 vgl. *Seybold, A.:* Wettkämpfe pädagogisch variieren. In: *Brodtmann, D./Landau, G.* (Hg.), a. a. O., S. 19–30
59 Lehrplan, S. 668
60 Lehrplan, S. 550
61 Lehrplan, S. 551
62 Lehrplan, S. 550
63 ebd.
64 *Zöpfl, H.:* Erziehung in der Grundschule. In: Schulsport 1/1982, S. 6
65 vgl. Literatur von Anmerkung 48
66 vgl. Literatur von Anmerkung 49
67 vgl. *Schrenk, H.*, a. a. O., S. 53–91
68 vgl. z. B. *Lehmann, F.:* Rechtskunde für Lehrer. München 1984
69 vgl. *Haupt, U.:* Helfen und Sichern im Sportunterricht. In: Ehrenwirth Grundschulmagazin 9/1977, S. 9–12
70 Lehrplan, S. 668
71 vgl. *Bach, F./Haupt, U.:* Lernbereich Sport. Bewegungserziehung der 4- bis 6jährigen. München 1977^2, S. 31–33

2. Stoffverteilungsplan

Hinweise zum Stoffverteilungsplan

Der nachfolgende Stoffverteilungsplan für das Fach Sport bezieht sich auf alle verbindlichen Lerninhalte des amtlichen Lehrplans für bayerische Grundschulen. Für jede Jahrgangsstufe ist ein eigener Jahresplan ausgearbeitet. Die entsprechenden Unterrichtsbeispiele dieses Buches sind in den jeweiligen Jahresplänen enthalten. In einer eigenen Spalte des Stoffverteilungsplans wird auf die Nummern dieser UB verwiesen.

Der Jahresplan ist ein Vorschlag, wie die verbindlichen Lerninhalte einer Jahrgangsstufe auf die Monate des Schuljahres verteilt werden können. Natürlich wird dadurch der Lehrer nicht von seiner Aufgabe entbunden, einen klassen- und situationsbezogenen Stoffverteilungsplan zu erstellen. In einem klassenbezogenen Plan wird der Lehrer besonders den Entwicklungsstand seiner Schüler und die ihm zur Verfügung stehenden Übungsstätten und Unterrichtsmittel zu berücksichtigen haben. Der in den amtlichen Lehrplänen vorgesehene Freiraum gibt Gelegenheit, den Interessen und Neigungen der jeweiligen Klasse Rechnung zu tragen.

Die Lerninhalte der Sportart Schwimmen sind in der folgenden Aufstellung nicht enthalten. Sie werden gesondert behandelt (siehe S. 198 ff.). Die Lerninhalte der Wintersportarten wurden nicht berücksichtigt.

Stoffverteilungsplan für die 1. Jahrgangsstufe

		Nr. des UB
September		
Unfallursachen vermeiden:	– Der erste Tag in der Turnhalle – Freiraum	(1)
Bewegungsmöglichkeiten des Körpers:	– Nachahmungsspiele, z. B. Tiere nachahmen	
Spielen ohne Partner:	– Raumwege darstellen, z. B. vorwärts, rückwärts laufen	
	– Reaktionsspiele, z. B. „Feuer, Wasser, Sturm"	

Oktober
Anstreben einer guten Haltung:	– Bewegungsmöglichkeiten mit dem Sandsäckchen	(2)
Sich geschickt bewegen:	– Rollen des Balles	
	– Umkehrstaffeln mit dem Ball	
Gehen und Stützen:	– Vielfältige Bewegungsmöglichkeiten an der Langbank	(9)
Klettern und Hangeln:	– Klettern und Hangeln an der Sprossenwand	(13)
Sich auf einen Partner einstellen:	– Einfache Fangspiele, z. B. „Verzaubert"	
	– Freiraum	

November
Sich gewandt und geschickt bewegen:	– Erfahrungen mit verschiedenen Bällen	(5)
Gehen:	– Bewegungsgeschichte darstellen, z. B. „Die sieben Geißlein"	
Laufen:	– Hindernissen ausweichen	
Schaukeln und Schwingen:	– Schaukeltaue	(16)
	– Freiraum	
Spielen:	– Spiel- und Bewegungsmöglichkeiten mit dem Gymnastikball	
Spielregeln einhalten:	– Umkehrstaffeln	
	– Freiraum	

Dezember
Laufen:	– Laufspiele mit Bewegungsaufgaben, z. B. Bälle tragen	
	– Laufen zur Musik	
Springen:	– Spielerische Formen des Hüpfens, z. B Tiere nachahmen	
Rollen:	– Rückenschaukel am Boden	(18)
	– Freiraum	
Spielen:	– Spiel- und Bewegungsmöglichkeiten mit den Turnmatten, z. B. von Matte zu Matte springen	

Januar

Sich geschickt bewegen:	– Spielen mit dem Ball (Werfen)	
	– Einfache Zielwurfspiele mit Ball und Sandsäckchen	
Klettern und Hangeln:	– Turnen an der schrägen Leiter	(14)
	– Freiraum	
Spielen:	– Spiel und Bewegungsmöglichkeiten mit Tennisringen	
Sich auf einen Partner einstellen:	– Kleine Spiele (Platzsuchspiele)	(24)

Februar

Sich geschickt bewegen:	– Spielen mit dem Luftballon	(4)
Gehen und Klettern:	– Turnen an einer Gerätekombination	(15)
	– Freiraum	
Springen:	– Hüpfen und Springen mit Reifen und Stab	(10)
Die Gruppe als Spielgemeinschaft:	– Einfaches Tanzlied gestalten, z. B. ,,Brüderchen, komm tanz mit mir''	
	– Einfache Spiele in der Gruppe, z. B. ,,Wettwanderball''	
Den Spielgedanken erkennen:	– Pendelstaffeln	

März

Verbessern der Beweglichkeit:	– Kräftigung der Bein- und Fußmuskulatur mit der Zeitung	(3)
Fangen:	– Den bewegten Ball aufnehmen, Fangen	
Hangeln und Schwingen:	– Hangeln und Schwingen am Reck	(17)
	– Freiraum	
Sich auf einen Partner einstellen:	– Spiel- und Bewegungsmöglichkeiten mit dem Stab	
	– Ballspielen mit dem Partner	

April

Sich geschickt bewegen:	– Spielen mit Objekten	(6)
Laufen:	– Laufen nach vorgegebenem Rhythmus	
Werfen:	– Weitwerfen mit Tennisbällen und Sandsäckchen	

Schaukeln:	– Schaukeltaue	(16)
	– Freiraum	
Sich auf den Partner einstellen:	– Laufspiele mit dem Partner, z. B. Transportstaffeln	

Mai

Sich schnell bewegen:	– Starten auf verschiedene Zeichen	
	– Gruppenläufe im Freien	
Sich geschickt bewegen:	– Bewegen mit dem Springseil	(7)
Fangen:	– Den Ball prellen und fangen	
	– Freiraum	
Drehen und Stützen:	– Bewegungsgrundformen am brusthohen Reck	(20)

Juni

Sich ausdauernd bewegen:	– Übungen zur Entwicklung der Laufausdauer, z. B. Minutenläufe	
	– Nummernwettläufe	
Springen:	– Vielfältiges Springen im Freien	(11)
	– Freiraum	
Spielen:	– Spiel- und Bewegungsmöglichkeiten mit dem Reifen	
Die Gruppe als Spielgemeinschaft:	– Gruppenwettläufe, z. B. ,,Verkehrspolizei"	

Juli

Anstreben einer guten Haltung, Kräftigung:	– Zieh- und Schiebekämpfe mit dem Partner	
Sich ausdauernd bewegen:	– Laufen im Gelände	
	– Wettläufe über kurze Strecken	
Springen:	– Freiraum	
Werfen:	– Weitwerfen mit dem Schlagball	
Sich auf einen Partner einstellen:	– Kleine Spiele (Platzsuchspiele)	(24)
Spielregeln anerkennen:	– Staffeln	(23)
	– Freiraum	

Stoffverteilungsplan für die 2. Jahrgangsstufe

		Nr. des UB
September		
Sich ausdauernd bewegen:	– Entwicklung der Laufausdauer durch Laufspiele und Minutenläufe	
Anstreben einer guten Haltung:	– Bewegungsmöglichkeiten mit dem Sandsäckchen	(2)
Springen:	– Hüpfen und Springen mit Reifen und Stab	(10)
Klettern und Hangeln:	– Klettern und Hangeln an der Sprossenwand	(13)
Rollen:	– Rückenschaukel am Boden	(18)
Spielen:	– Freiraum	
Oktober		
Gehen:	– Turnen an einer Gerätekombination	(15)
Rollen:	– Rolle vorwärts an der schiefen Ebene	
	– Freiraum	
Stützen:	– Hockwende an der Langbank	
Spielen mit dem Partner:	– Nachahmungsspiele, z. B. „Die Königin befiehlt den Dienern"	
	– Fangspiele, z. B. „Schwester hilf"	
Die Gruppe als Spielgemeinschaft:	– Kleine Spiele (Platzsuchspiele)	(24)
	– Freiraum	
November		
Sich geschickt bewegen:	– Bewegen mit dem Springseil	(7)
Laufen:	– Laufen nach vorgegebenem Rhythmus	
Stützen:	– Bewegungserfahrungen am brusthohen Reck	(20)
	– Freiraum	

Spielen ohne Partner:	– Raumwege erkunden, z. B. Fahrzeuge darstellen	
	– Spiel- und Bewegungsmöglichkeiten mit dem Reifen	
Die Gruppe als Spielgemeinschaft:	– Bewegungsgeschichten darstellen, z. B. „Die Bremer Stadtmusikanten"	
	– Umkehr- und Pendelstaffeln	

Dezember

Bewegungsmöglichkeiten des Körpers:	– Spiegelspiele mit dem Partner und in der Gruppe	
Sich geschickt bewegen:	– Erfahrungen mit verschiedenen Bällen	(5)
Gehen:	– Balancieren an der Langbank	
Schaukeln und Drehen:	– Schaukeln und Drehen an den Ringen	(19)
	– Freiraum	
Spielen:	– Spielen mit dem Gymnastikball	(22)

Januar

Kräftigung des Körpers:	– Zieh- und Schiebekämpfe mit dem Partner	
Werfen:	– Vielseitiges Werfen	(12)
Klettern und Hangeln:	– Bewegungsmöglichkeiten am Stufenbarren	
Schaukeln und Schwingen:	– Schaukeltaue	(16)
Spielen mit dem Partner:	– Partnersuchspiele, z. B. „Freunde suchen"	
	– Freiraum	

Februar

Sich geschickt bewegen:	– Spielen mit dem Luftballon	(4)
Laufen und Springen:	– Steigesprünge an der Kastentreppe	
	– Grundtätigkeiten am zerlegten Kasten	(8)
Klettern und Hangeln:	– Turnen an der schrägen Leiter	(14)
	– Freiraum	
Fangen:	– Ballaufnehmen und Fangen	
Die Gruppe als Spielgemeinschaft:	– Kleine Spiele mit dem Ball Ballstaffeln	(25)

März

Anstreben einer guten Haltung:	– Beweglichkeit der Wirbelsäule erproben	
	– Kräftigung der Bein- und Fußmuskulatur mit der Zeitung	(3)
Sich geschickt bewegen:	– Spielen mit Objekten	(6)
Springen:	– Streck- und Hocksprünge über kleine Hindernisse	
Die Gruppe als Spielgemeinschaft:	– Gruppenläufe, z. B. Dreiecksläufe	
	– Spiele in der Kleingruppe, z. B. „Henne und Habicht"	

April

Sich schnell bewegen:	– Starten aus verschiedenen Ausgangsstellungen	
Sich geschickt bewegen:	– Spiel- und Übungsformen mit dem Reifen	
Hangeln und Schwingen:	– Hangeln und Schwingen am Reck	(17)
Stützen:	– Bewegungserfahrungen am Stützbarren	(21)
	– Freiraum	
Spielen:	– Staffelspiele mit dem Medizinball	

Mai

Sich schnell bewegen:	– Staffeln	(23)
Sich geschickt bewegen:	– Springen, Laufen, Kriechen an der schräg gespannten Zauberschnur	
Springen:	– Hüpfen und Springen mit Reifen und Stab	(10)
Laufen:	– Formen des Laufens, z. B. „Hopserlauf", Wechsel des Lauftempos	
Werfen:	– Zielwürfe mit dem Sandsäckchen	
Die Gruppe als Spielgemeinschaft:	– Einfache Spiele mit dem Ball, z. B. „Ball unter die Schnur"	

Juni

Sich schnell bewegen:	– Verfolgungsrennen in Gruppen, z. B. ,,Schwarz und Weiß''
Laufen:	– Übungen zur Lauftechnik, z. B. auf richtiges Atmen achten
Springen:	– Vielfältiges Springen im Freien (11)
	– Freiraum
Werfen:	– Verbessern der Wurftechnik durch Wurfspiele
Spielen:	– Geschicklichkeitsspiele mit dem Gymnastikstab, z. B. mit dem Ball einen Stab führen

Juli

Sich ausdauernd bewegen:	– Geländelauf und Laufspiele
Laufen:	– Tempoläufe über kurze Strecken
Springen:	– Vielfältiges Springen im Freien (11)
	– Freiraum
Werfen:	– Mit Schlagbällen weitwerfen
Die Gruppe als Spielgemeinschaft:	– Kleine Spiele mit dem Ball (25) Staffeln
	– (23)
	– Fangspiele, z. B. Nummernwettläufe

Stoffverteilungsplan für die 3. Jahrgangsstufe

		Nr. des UB
September		
Gerätturnen:	– Rolle vorwärts	(26)
	– Strecksprung und Nackenstand	
	– Freiraum	
Spiele:	– Reifen und Medizinball als Bewegungsanregungen	
	– Prellen des Balles	(54)

Oktober

Gerätturnen:	– Rolle rückwärts	(28)
	– Einsprung und Absprung am Sprungbrett	
	– Aufknien und Aufhocken am Kasten	(32)
Gymnastik/Tanz:	– Bewegen zur Musik	
	– Das Seil als Bewegungsanregung	
Spiele:	– Den Ball mit Hand und Fuß führen	
	– Staffeln mit dem Medizinball	
	– Fangspiele	

November

Gerätturnen:	– Strecksprung vom Kasten	
	– Hindernisturnen am Stufenbarren	(34)
	– Bewegen mit dem (Rund-)Tau	
Leichtathletik:	– Reaktions- und Startspiele	
Gymnastik/Tanz:	– Rollen mit Reifen und Ball	
Spiele:	– Zuspielen des Balles zum Partner	
	– Fangen verschieden hoher Bälle	
	– Freiraum	

Dezember

Gerätturnen:	– Hockwende an der Langbank	
	– Hindernisturnen am Stützbarren	
Gymnastik/Tanz:	– Rollen und Prellen des Balles	(39)
	– Freiraum	
Spiele:	– Wurf- und Fangspiele	(55)
	– Freiraum	

Januar

Gerätturnen:	– Klettern und Balancieren an einer Gerätebahn	(38)
	– Hanglaufen, Sprung in den Stütz am schulterhohen Reck	
	– Freiraum	
Gymnastik/Tanz:	– Bewegungsgestaltung zu einem Sprechvers	
Spiele:	– Würfe und Stöße auf ein Ziel	
	– Treff- und Zielballspiele – Tigerball	(56)

Februar

Gerätturnen:	– Wiederholung der Rolle vorwärts	
	– Felgabzug vorwärts und Drehungen im Hocksturzhang	(35)

Gymnastik/Tanz:	– Erlernen eines Bändertanzes	(43)
	– Freiraum	
Leichtathletik:	– Verbessern der Laufschnelligkeit durch Laufspiele	
Spiele:	– Beidhändiger Bogenwurf über eine Schnur	
	– Ballspiele in der Gruppe	(59)
	– Freiraum	

März

Gerätturnen:	– Zirkeltraining als Konditionsschulung	(37)
	– Freiraum	
Leichtathletik:	– Laufsprünge über niedrige Hindernisse	
	– Steigesprünge über eine Kastentreppe	
Spiele:	– Ballführen: Dribbeln	
	– Dribbeln in einfachen Staffeln	

April

Leichtathletik:	– Vielfältiges Hochspringen	(52)
	– Hindernisläufe über Kleingeräte	
	– Freiraum	
Gymnastik/Tanz:	– Bewegungsformen mit dem Reifen	(41)
Spiele:	– Staffeln mit Ball und Reifen	
	– Fangspiele	

Mai

Leichtathletik:	– Schulung des Zeitgefühls beim Lauf	
	– Dauerlaufen (Viereckslauf)	(45)
	– Weitwerfen aus dem Stand mit Kernwurf	(53)
Gerätturnen:	– Zirkeltraining als Konditionsschulung	(37)
Spiele:	– Jägerball mit Variationen	(57)
	– Weitwurf- und Zielwurfspiele	

Juni

Leichtathletik:	– Absprung und Landung beim Weitsprung	(50)
	– Weitsprung (Pädagogische Wettkampfformen)	(51)
	– Der Hochstart beim Laufen	(48)
	– Freiraum	
Spiele:	– Stören der Ballannahme in kleinen Spielen (Tratzball)	
	– Kleine Mannschaftsspiele (Völkerball, Kastenball)	

Juli
Gymnastik/Tanz: — Bewegen am fremdbewegten Seil
Leichtathletik: — Gruppenwettläufe im Freien (47)
— Fähigkeit im Springen verbessern
— Fähigkeiten im Werfen verbessern
— Freiraum
Spiele: — Kleine Spiele mit dem Reifen
— Laufspiele
— Kleine Mannschaftsspiele („Ball über die Schnur", „Wer den Ball hat, wird gefangen")

Stoffverteilungsplan für die 4. Jahrgangsstufe

		Nr. des UB

September
Gerätturnen: — Rolle vorwärts in Übungsverbindungen (27)
— Judorolle
Gymnastik/Tanz: — Aufnehmen des rollenden Balles
— Werfen und Fangen des Balles (40)
Spiele: — Verschiedene Wurfformen mit dem Ball (Kernwurf, Druckwurf, indirekter Wurf)

Oktober
Gerätturnen: — Rolle vorwärts in Übungsverbindungen (29)
— Absprung vom Sprungbett
— Streck- und Hocksprung vom Kasten
— Freiraum
Gymnastik/Tanz: — Werfen und Fangen des Balles in der Fortbewegung
— Bewegungsformen mit dem Springseil (42)
Leichtathletik: — Lauf- und Fangspiele
Spiele: — Wurf- und Fangspiele (55)

November
Gerätturnen: — Aufknien, Aufhocken am Bock
— Hockwenden über verschiedene Geräte (33)

Gymnastik/Tanz:	– Prellen des Balles mit Partner, auch in ein Ziel	
Leichtathletik:	– Rhythmische Laufschulung	
Spiele:	– Werfen des Balles in ein Ziel	
	– Treff- und Zielballspiele – Tigerball	(56)
	– Freiraum	

Dezember

Gerätturnen:	– Klettern und Balancieren an einer Gerätebahn	(38)
	– Hockwende am Stützbarren	
Spiele:	– Dribbeln mit dem Ball in der Fortbewegung	
	– Dribbeln um Hindernisse	
	– Pendelstaffeln mit dem Ball	
	– Handball mit stark vereinfachten Regeln	

Januar

Gerätturnen:	– Kehre am Stützbarren	
	– Hanglaufen am Reck und Stützbarren	
	– Zirkeltraining als Konditionsschulung	(37)
Gymnastik/Tanz:	– Bewegen mit Handgeräten zur Musik (z. B. Tücher, Seile)	
Spiele:	– Werfen und Fangen in der Bewegung	
	– Ball über die Schnur mit erschwerten Regeln	

Februar

Gerätturnen:	– Stütz am schulterhohen Reck, Niedersprung mit Rückschwung	
	– Felgaufschwung am Reck	(36)
	– Freiraum	
Gymnastik/Tanz:	– Bewegungsgestaltung eines Tanzliedes	
	– Freiraum	
Spiele:	– Ballspiele in der Gruppe	(59)
	– Führen des Balles mit dem Fuß	
	– Staffeln	

März

Gerätturnen:	– Zirkeltraining als Konditionsschulung	(37)
	– Felgaufschwung am Stufenbarren	
Gymnastik/Tanz:	– Springen mit dem Springseil	(42)
Leichtathletik:	– Vorbereitende Hochsprungformen: Hüpfstaffeln	
	– Hindernisläufe	
Spiele:	– Stoppen des Balles mit dem Fuß	

April
Leichtathletik: — Zielwürfe mit dem Schlagball
— Spielformen zur Schulung der Reaktionsfähigkeit beim Start
— Vielfältiges Hochspringen (52)
— Freiraum
Spiele: — Ballspiele mit dem Fuß (Torschuß) (58)
— Stören des Gegners bei der Ballannahme (Tratzballspiele)

Mai
Leichtathletik: — Weitwerfen mit dem Schlagball aus dem Anlauf
— Dauerlaufen (Viereckslauf) (45)
— Pendelstaffeln (49)
— Spielformen zur Verbesserung der Sprungkraft
Spiele: — Jägerball mit Variationen (57)
— Taktik des Freilaufens kennenlernen (Dreiecksspiel oder 3 : 1)

Juni
Leichtathletik: — Weitsprung (Pädagogische Wettkampfformen) (51)
— Geländelauf (46)
Gerätturnen: — Aussprung aus dem Absprungtrampolin (30)
— Einsprung in das Absprungtrampolin (31)
Gymnastik/Tanz: — Übungen am fremdgeschwungenen Seil
Spiele: — Stören und Freilaufen in einfachen Parteispielen

Juli
Gymnastik/Tanz: — Erlernen eines Kontratanzes (44)
— Freiraum
Leichtathletik: — Gruppenwettläufe im Freien (47)
— Weitsprung aus einem Absprungraum mit Anlauf
— Weitwerfen in Mannschaftswettbewerben
— Freiraum
Spiele: — Staffelspiele
— Reaktionsspiele, z. B. ,,Schwarz und Weiß" mit Abwerfen

3. Unterrichtsbeispiele

Allgemeine Hinweise zur Benutzung der Unterrichtsbeispiele

Die Unterrichtsbeispiele (UB) sind im Kern der Stundengestaltung in zwei Spalten gegliedert. Die linke Spalte zeigt den Unterrichtsverlauf in der Reihenfolge der einzelnen Lernschritte. In der rechten Spalte werden ergänzende didaktische Überlegungen dazu angestellt.
In den einzelnen UB konnten schon aus Platzgründen wesentliche didaktische Gesichtspunkte für die Gestaltung des Sportunterrichts nicht angesprochen werden. Diese sind daher als allgemeine Grundlage und umfassende Rahmenüberlegungen in Punkt 1 den einzelnen UB vorangestellt. Nur im gegenseitigen Bezug beider Bereiche, dem einzelnen UB und den allgemeinen Überlegungen, ist ein Sportunterricht verantwortlich zu leisten.
Konkretes unterrichtliches Handeln und reflektierende und d. h. besonders auch begründende didaktische Theorie sind in einen gedanklichen Zusammenhang zu bringen.
Die Reihenfolge der UB entspricht der Struktur des Bayerischen Grundschullehrplans, der in den Jahrgangsstufen 1 und 2 die Inhalte nach den drei Bereichen ,,Grundeigenschaften der Bewegung", ,,Grundfertigkeiten und -kenntnisse", ,,Spielen und Spielverhalten" aufgliedert.
In der 3. und 4. Jahrgangsstufe sind die Lerninhalte nach sechs Sportarten geordnet: Gerätturnen, Gymnastik/Tanz, Leichtathletik, Schwimmen, Spiele, Wintersportarten.
Die Inhalte des Schwimmens werden in Punkt 3.3 gesondert behandelt, weil die entsprechenden UB sowohl in den Jahrgangsstufen 1/2 als auch 3/4 durchgeführt werden können, je nach räumlichen Voraussetzungen und Leistungsstand der einzelnen Klasse.
Für die Wintersportarten wurden keine UB ausgearbeitet.
Die UB stellen in ihrer Gliederung von Einstimmen/Erwärmen, Hauptteil und Ausklang und der Reihenfolge der einzelnen Lernschritte einen thematischen Zusammenhang dar.
Dabei wurde eine tatsächliche Unterrichtszeit von etwa 35 Minuten zu Grunde gelegt.
Die einzelnen UB sind als Vorschläge zu betrachten, die vom Lehrer nicht einfach zu übernehmen, sondern an seine spezifische Unterrichtssituation anzupassen sind. Dabei werden besonders die Klassenstärke, die räumlichen Voraussetzungen, der Leistungsstand und die spezifische Eigenart der Klasse zu berücksichtigen sein. Entsprechend dieser wesentlichen Unterrichtsfaktoren sind die Inhalte eines UB auszuwählen, zu verändern oder zu erweitern.

Grundsätzlich geht es also um die flexible Anpassung ausgearbeiteter UB an je verschieden gegebene Verhältnisse einzelner Klassen, ist die verantwortliche Entscheidung jedes einzelnen Lehrers in seiner konkreten Unterrichtsituation notwendig herausgefordert.

Die für die Schüler so wichtigen Übungsphasen wurden in den meisten UB nicht ausdrücklich angesprochen, um den zur Verfügung stehenden Platz für ein möglichst vielfältiges Angebot an Spiel- und Übungsformen zu nutzen. Dadurch enthält manches UB mehr Inhalte, als evtl. in einer Unterrichtszeiteinheit umgesetzt werden können. Die weiteren Lernschritte sind in einem solchen Fall als Anregung für Anschlußstunden zu betrachten. Dies betrifft besonders die beiden UB 43 und 44 (Gymnastik/Tanz). Dazu ist folgendes zu sagen: Beide Tänze, die als UB angeboten werden, können nicht in einer Unterrichtszeiteinheit erlernt werden, sondern sind auf 2 oder 3 Sportstunden zu verteilen. Der Vollständigkeit halber wurde im UB 43 der Tanz mit vier verschiedenen Tanzfiguren ausgearbeitet, die jedoch nach Belieben variiert werden können. Das Bänderflechten wurde bewußt ausgelassen, da es im Hüpfen sehr schwer auszuführen ist. Die Musik zum Bändertanz muß selbst erstellt werden, entweder durch ein eigenes Instrument wie Ziehharmonika oder Klavier (was den Vorteil der Tempobestimmung je nach Klasse mit sich bringt), oder durch eigene Kasettenaufnahme von Gesangsgruppen oder Instrumentalbegleitung.

Für den Kontratanz im UB 44 wurden nur drei Tanzfiguren ausgearbeitet, damit der Lehrer die Möglichkeit hat, mit den Kindern zusammen selbst noch zwei neue Figuren zu überlegen. Statt dessen können natürlich auch zwei von den drei angebotenen Tanzfiguren wiederholt werden.

Abkürzungen / Symbole /Fachbegriffe

In den UB verwendete Abkürzungen:

Absprungtrampolin	= At
Barren	= B
Kasten	= K
Kastenteile	= Kt
Kleiner Kasten	= kK
Kletterstangen	= Kst
Langbank	= Lb
Lehrer	= L

Leiter	= Le
links	= li
Markierungskegel	= Mk
Matte	= M
Medizinball	= Mb
Partner	= P
Punkt	= Pt
rechts	= re
Reck	= R
Reifen	= Re
Ringe	= Ri
rückwärts	= rw
Schüler, einer	= S
Schüler, mehrere	= SS
Seil (Springseil)	= Se
Sprossenwand	= Sw
Sprungbrett	= Sb
Stab	= St
Stufenbarren	= Stb
Unterrichtsbeispiel	= UB
vorwärts	= vw
Weichboden	= Wb

Benutzte Symbole:

Schüler in Ruhestellung	= △ ↑
Schüler in Bewegung	= ▲ ↑
Laufweg	= ⟶
Ballweg	= ------⟶
Fähnchen	= ⚑

Fachbegriffe:

Verschiedene Aufstellungsformen:

Linie: = ▽▽▽▽▽▽ ↓   die Schüler stehen nebeneinander

Gasse: = ▽▽▽▽▽▽
       L ↕
       △△△△△△   die Schüler stehen sich in zwei Linien gegenüber und schauen sich an

Reihe: = L ↔ ◁◁◁◁◁   die Schüler stehen hintereinander

Innenstirnkreis: = die Schüler stehen in Kreisaufstellung und schauen nach innen

Außenstirnkreis: = die Schüler stehen in Kreisaufstellung und schauen nach außen

Flankenkreis: = die Schüler stehen in Kreisaufstellung, dabei zeigt eine Körperseite (= Flanke) zur Kreismitte (also rechts oder links)

Positionen zum Gerät:

vorlings = die Vorderseite des Körpers zeigt zum Gerät, das Gerät ist vor mir

rücklings = die Rückseite des Körpers zeigt zum Gerät

seitlings = eine Körperseite (rechts oder links) zeigt zum Gerät

außen = der Turnende befindet sich außerhalb der Holmengasse des Barrens

innen = Der Turnende befindet sich innerhalb der Holmengasse

seit = die Schulterachse verläuft parallel zur Längsausdehnung des Geräts

quer = Die Schulterachse befindet sich im rechten Winkel zur Längsausdehnung des Geräts

schräg = Breitenachse (Schulter) des Körpers und Längsausdehnung des Geräts bilden etwa einen Winkel von 45 Grad

Angabe über die Bewegungsrichtung:

vorwärts = Drehungen um die Breitenachse (Schulter), bei denen die Vorderseite (Gesicht) in die Drehrichtung zeigt

rückwärts = Drehungen um die Breitenachse, bei denen die Rückseite (Hinterkopf) des Körpers in die Drehrichtung zeigt

seitwärts = Drehungen um die Tiefenachse des Körpers, sie werden nach rechts oder links ausgeführt, je nachdem, welche Körperseite in die Drehrichtung geht

Griffarten:

Ristgriff: beim Fassen des Geräts (z. B. einer Reckstange) liegen die Daumen beisammen (der Handrücken zeigt nach oben bzw. zum Körper)

Kammgriff: beim Fassen des Gerätes liegen die Kleinfinger beisammen (die Handfläche zeigt nach oben bzw. zum Körper)

3.1 Unterrichtsbeispiele 1./2. Jahrgangsstufe

Unterrichtsbeispiel Nr. 1   1./2. Jgst.

Der erste Tag in der Turnhalle

LZ: – Die Turnhalle als Bewegungsraum kennen und benützen lernen
     – Wichtige Verhaltensregeln und Organisationsformen erfahren

1. Situationsanalyse

In der ersten Sportstunde stürmt auf die Schulanfänger sehr viel Neues ein. Sie lernen die Garderobe, die Waschräume und den Geräteraum kennen. Sie sollen sich zusammen mit vielen anderen in der großen Turnhalle bewegen und orientieren lernen und dabei neue Verhaltensregeln beachten können. In dieser Situation kann der Lehrer den Schülern helfen, indem er sich in der ersten Sportstunde auf die wesentlichen Regeln und Organisationsformen beschränkt und den Schülern viel Gelegenheit gibt, sich mit dem neuen Bewegungsraum vertraut zu machen. Die in der ersten Sportstunde eingeübten Organisationsformen sollten in den folgenden Sportstunden beibehalten und erst allmählich erweitert oder abgeändert werden.

2. Lernvoraussetzungen

Keine

3. Gerätebedarf

1 Reifen für jeden S – evtl. eine Handtrommel

4. Durchführung

Unterrichtsverlauf	Didaktische Überlegungen
4.1 Einstimmen/Erwärmen	
– L begleitet SS in die Garderobe, jeder S sucht sich einen Platz zum Umziehen. Hinweis: In der Garderobe warten, bis L die Klasse abholt	– Zugewiesene Plätze helfen, Streitigkeiten zu vermeiden. Die SS helfen sich beim Umziehen.
– L führt die SS in die Halle, alle setzen sich in den Kreis in der Hallenmitte oder auf die Langbänke an der Seite.	– Bevor die SS die Halle betreten, überprüft der L, ob der Schmuck (auch Ohrringe) abgelegt wurde

- Bewegen in der Halle, auf ein Zeichen des L zurückkehren zum vereinbarten Platz. Hinweis: Suche dir deinen Weg so, daß du kein anderes Kind anstößt.
- Farben suchen: SS laufen durch den Raum, L nennt eine Farbe, SS laufen zu einer Linie mit der entsprechenden Farbe und bleiben dort stehen, setzen sich ab u. a.

- L vereinbart Zeichen mit den SS, z. B. Armhochheben, Klatschen oder Pfiff
- Hinweis: Versuche leise zu laufen, damit du den L gut verstehst.

4.2 Hauptteil
- L geht mit den SS in den Geräteraum. Die SS lernen folgende Regeln kennen: Der Geräteraum darf nur mit Erlaubnis des L betreten werden.
- Austeilen von Reifen an alle SS: L holt jeweils mit ca. 8 SS die Reifen aus dem Geräteraum.
- Freies Bewegen mit den Reifen; Hinweis: Reifen nicht werfen!
- Bewegungsaufgaben mit dem Reifen: den Reifen als Lenkrad, als Hubschrauber (über den Kopf haltend) benützen, den Reifen wie ein Schornsteinfeger über die Schulter hängen, Reifen als Boot verwenden (S ist im Reifen und hält ihn in Hüfthöhe)
- Reifen im Raum verteilt auf den Boden legen, SS sitzen im Reifen („Häuser")
- Im Raum um die Reifen herumlaufen, auf ein Zeichen zum eigenen Reifen zurückkehren
- Besuche machen: Bewegen wie oben, auf ein Zeichen sich zu zweit, zu dritt in einem Reifen treffen, zum eigenen Reifen zurücklaufen
- Wo wohnt . . .? L stellt die Frage mit dem Namen eines S; die anderen SS laufen zum Reifen des Kindes hin und bilden einen Kreis um das Kind.

- L zeigt die Geräte und macht auf Gefahrenquellen aufmerksam.
- Die anderen SS warten sitzend im Kreis in der Halle.
- L regt zum vielfältigen Spielen an
- Den Raum erkunden mit dem Gerät, ein verabredetes Zeichen (Klatschen, Schlag auf die Handtrommel) beendet die Aufgabe
- SS orientieren sich, welche Nachbarn sie haben
- Bewegungsgeschichten motivieren das Herumlaufen; z. B. in die Schule gehen, den Hund spazieren führen usw.
- Mehrere Durchgänge; L regt zur Pantomime an, sich zu begrüßen, Kaffee zu trinken, sich zu verabschieden
- L hat die Möglichkeit, SS herauszustellen, die Kontaktschwierigkeiten haben. Auf ein Signal kehren alle SS zum eigenen Reifen zurück.

4.3 Ausklang
- Aufräumen der Geräte in Gruppen wie oben
- Gespräch im Kreis, Wiederholung der gelernten Regeln

- Die anderen SS warten sitzend am vereinbarten Platz
- L hört SS zu, gibt Ausblick auf die nächste Stunde

Unterrichtsbeispiel Nr. 2   1./2. Jgst.

Bewegungsmöglichkeiten mit dem Sandsäckchen

LZ: – Anstreben einer guten Haltung
      – Sich gewandt und geschickt bewegen
      – Schulung der optischen und taktilen Wahrnehmungsfähigkeit

1. Situationsanalyse

Sandsäckchen in verschiedenen Farben können im Sportunterricht für zahllose Spiel- und Bewegungsformen verwendet werden. Sie eignen sich sehr gut für optische und taktile Wahrnehmungserfahrungen und für Bewegungsexperimente. In diesem UB wird der S auf seine aufrechte Körperhaltung aufmerksam gemacht. Er soll die Funktionsfähigkeit seiner Muskeln und Bewegungsorgane bewußt erfahren und spielerisch erproben.

2. Lernvoraussetzungen

Keine

3. Gerätebedarf

Musik zum Laufen (z. B. ,,Querfeldein", Fidula-Cassette, Tanzspiele 2) – ein Sandsäckchen und ein Reifen für jeden S

4. Durchführung

Unterrichtsverlauf	Didaktische Überlegungen
4.1 Einstimmen/Erwärmen	
– Kennenlernen der Sandsäckchen als Gerät zum Balancieren, Werfen und Fangen	– Jedes Kind hat ein Sandsäckchen. Freie Aufstellung in der Halle, L beobachtet und lobt
– Farben suchen: Zur Musik um die am Boden liegenden Säckchen herumlaufen	– Laufmusik, wenn Musik stoppt, ruft L eine Farbe auf, SS laufen zu einem Säckchen dieser Farbe
– Freunde suchen: Zu zweit, zu dritt usw. an einem Säckchen treffen	– Wenn Musik stoppt, nennt L die Anzahl der SS, die zu einem Säckchen laufen sollen

4.2 Hauptteil

- Säckchen auf dem Kopf tragen, um einen Reifen herumgehen, auch rw, auch mit geschlossenen Augen
- Das Sandsäckchen auf anderen Körperteilen wie Schulter, Arm, Fuß tragen
- Auf allen vieren kriechen, dabei das Säckchen auf den Rücken legen
- Säckchen zwischen den Beinen festhalten, um den Reifen hüpfen
- Zur Musik mit dem Säckchen auf dem Kopf zwischen den Reifen herumgehen, zurück zum eigenen Reifen gehen, sich in einen anderen Reifen setzen
- Wurfspiele finden: Das Säckchen in den Reifen werfen, der am Boden liegt, durch den Reifen zielen, den der P hochhält
- „Schnipp-Schnapp": Zwei SS kriechen auf allen vieren um einen Reifen herum, in dem ein Säckchen liegt
- Aufräumen der Reifen
- Das Sandsäckchen mit dem P transportieren, lustige Möglichkeiten finden: Stirn an Stirn, Rücken an Rücken
- Körperteile fühlen: S liegt ausgestreckt am Bauch, P legt das Säckchen auf Kopf/Hand/Schulter usw.
- Hören und Finden: Säckchen über die Schulter nach hinten werfen, Augen schließen und versuchen, es wieder zu finden

4.3 Ausklang

- Wettwerfen: Jede Gruppe wirft mit den Säckchen auf einen Reifen. SS werfen aus einem vorgegebenen Abstand gleichzeitig oder nacheinander
- Laufspiel: Ein oder zwei SS versuchen, mit einem Sandsäckchen einen S abzuwerfen. Wer getroffen wird, nimmt das Säckchen und versucht, den nächsten abzuwerfen.

- Jeder S steht mit einem Säckchen bei einem Reifen und probiert. L nennt den Begriff Haltung und spricht über die Bedeutung einer guten Haltung.
- Verschiedene Haltungen bewußt erproben
- Das Sandsäckchen soll dabei nicht herunterfallen
- Das Säckchen wird zwischen den Knien gehalten
- Wenn L die Musik stoppt, versuchen die SS, sich schnell zu orientieren und zu reagieren

- SS arbeiten paarweise, besprechen sich, stimmen sich ab; freie Aufstellung in der Halle.
- Wenn die Musik stoppt, versucht jeder S das Säckchen im Reifen zu greifen
- SS sammeln die Reifen ein
- Aufstellung der Paare an der Längsseite der Halle, Bewegungsweg zur gegenüberliegenden Seite
- S versucht, nur den Körperteil zu heben, auf dem er das Säckchen spürt
- P beobachtet und paßt auf, sichert den Suchenden vor Zusammenstößen mit anderen SS

- SS spielen in Gruppen, jeder S hat ein Sandsäckchen, Aufstellung der Gruppen an der Hallenlängsseite; Sieger ist die Gruppe, die zuerst alle Säckchen im Reifen hat
- Spielfeld klein halten. Hinweis: Nicht auf den Kopf zielen, nicht scharf werfen!

Unterrichtsbeispiel Nr. 3   1./2. Jgst.

Kräftigung der Bein- und Fußmuskulatur mit der Zeitung

LZ: – Springen und Laufen zur Kräftigung der Bein- und Fußmuskulatur
   – Verbessern der Beweglichkeit der Fußmuskulatur
   – Den Wert gesunder Füße erkennen und schätzen lernen

1. Situationsanalyse

Gesunde Füße sind die Voraussetzung für eine aufrechte Körperhaltung, für Gehen und Laufen. Die Kinder sollen die vielfältigen Bewegungsmöglichkeiten ihrer Füße bewußt wahrnehmen und in Aufgaben anwenden. Bei Übungen mit bloßen Füßen sollte der Hallenboden nicht zu kalt sein.

2. Lernvoraussetzungen

Keine

3. Gerätebedarf

Für jeden S eine Doppelseite einer Zeitung – vier Farbstifte – ein Papierkorb

4. Durchführung

Unterrichtsverlauf	Didaktische Überlegungen
4.1 Einstimmen/Erwärmen	
– Laufen zwischen den am Boden liegenden Zeitungen Hinweis: Nicht auf die Zeitungen treten! Rutschgefahr!	– Für jedes Kind liegt eine Doppelseite einer Zeitung bereit. Die Seite ist zweimal gefaltet (ca. DIN A 4)
– Platzsuchspiel: Jede auf dem Boden liegende Zeitung ist ein Parkplatz, die „Autos" fahren herum und suchen auf ein Zeichen einen „Parkplatz"	– SS laufen um die Zeitungen. Auf ein Zeichen des L sucht sich jeder S eine Zeitung
– Auto mit Anhänger: Paarweise zwischen den Zeitungen bewegen, Parkplatzsuche wie oben	– Wie oben, SS finden Möglichkeiten, gemeinsam zu laufen
– Mit dem Zeitungsblatt kannst du Flieger spielen. Probiere es aus!	– Jedes Kind nimmt ein Zeitungsblatt und läßt es im Lauf über dem Kopf flattern.

- Es gibt laute und leise Fluggeräte: Segelflugzeug, Drachenflieger, Spielzeugdrachen, Hubschrauber usw.
- SS nennen verschiedene Flugobjekte und stellen sie im Lauf dar. Die Bewegungen werden mit passenden Geräuschen untermalt.

4.2 Hauptteil

- Schuhe und Strümpfe ausziehen
- Betrachten, Beschreiben der eigenen Füße
- Kräftiges Massieren der Füße

- SS sitzen mit dem L im Kreis
- L regt die SS an, über die Bedeutung gesunder Füße nachzudenken.
- L zeigt und benennt Ferse, Sohle, Ballen usw.

- Die Füße „begrüßen" sich
- Die Füße verbeugen sich, auch zum Nachbarn
- Die Füße fahren Karussell
- Die Füße klatschen Beifall

- Füße, Zehen gegeneinanderdrücken
- Bewegen der Zehen und Fußgelenke
- Füße kreisen einwärts, auswärts
- Die Fußsohlen gegeneinanderpatschen

- Hüpfen um die Zeitung herum vw und rw, auf einem Bein, wie ein Hase, wie ein Känguruh
- Hüpfen über die Zeitung vw, rw, über die lange Seite und die kurze Seite.
- Im Stehen, nur mit Hilfe der Füße die Zeitung zusammenfalten, so klein, wie es geht
- Füße ausschütteln
- Ausbreiten und Glattstreichen der Zeitung mit den Füßen
- Im Sitzen aus dem Papier mit den Füßen einen Ball formen
- Papierfußball durch die Halle spielen

- Freie Aufstellung in der Halle, jeder S hat eine Zeitung vor sich liegen
- Hinweis: Falte die Zeitung so klein, daß du sicher darüberhüpfen kannst.
- L geht herum und hilft, wenn ein Kind ungeduldig wird.
- Lockerung der Fußmuskulatur
- Im Stand oder im Sitzen
- Zwischen den Fußsohlen wird das Papier zu einem Ball gedrückt
- Hinweis: Vorsichtig beim Schießen, die Füße sind nicht durch Schuhe geschützt.

- Zerreißen der Zeitung in Teile, aber nur mit den Füßen
- SS probieren das Zerreißen im Stehen und im Sitzen

4.3 Ausklang

- Aufräumen der Papierfetzen ohne Hilfe der Hände, jedes Kind transportiert mindestens drei Fetzen
- Buchstabenstaffel: Am Ende einer Laufstrecke liegt für jede Gruppe ein Stück Zeitung und ein Stift bereit. Jeder Läufer der Gruppe kreist einen bestimmten Buchstaben im Zeitungstext ein.

- Papier mit den Zehen greifen, auf einem Bein hüpfend zum Papierkorb bringen und hineinwerfen
- SS bilden 4 Gruppen, L nennt einen Buchstaben, der nacheinander von den Läufern der Gruppen im Zeitungstext gefunden und eingekreist werden muß. Der nächste Läufer startet, sobald der Vorläufer zurück ist.

Unterrichtsbeispiel Nr. 4   1./2. Jgst.

Spielen mit dem Luftballon

LZ: – Sich auf das Spielgerät einstellen
    – Mit dem Partner zusammenspielen
    – Freude an der Bewegung und am Spiel mit dem Luftballon erfahren

1. Situationsanalyse

Der spezifische Aufforderungscharakter des Luftballons regt die Kinder zu dauerndem Spiel an. Das unberechenbare Flugverhalten des Luftballons verlangt von den Schülern eine gute Anpassungsfähigkeit. Das langsame Fliegen des Luftballons ermöglicht es jedem S, diesen „Ball" zu spielen. Doch werden keine normierten Bewegungsfähigkeiten gefordert, es gibt keinen direkten Leistungsvergleich. Alle SS haben die Möglichkeit, Erfolg und Freude zu erleben.

2. Lernvoraussetzung

Keine

3. Gerätebedarf

Für jeden S einen runden Luftballon (einige in Reserve) – 6 Gymnastikstäbe

4. Durchführung

Unterrichtsverlauf	Didaktische Überlegungen
4.1 Erwärmen/Einstimmen	
– Jeder S bekommt einen Luftballon und beginnt, in freier Weise damit zu spielen.	– Die Luftballons sind bereits aufgeblasen (geschickte SS blasen die Ballons selbst auf)
– Zwischen den am Boden liegenden Ballons hindurchlaufen	– SS laufen leise, damit sich die Ballons nicht bewegen
– Farben suchen: Laufen wie oben, auf Zuruf eine bestimmte Farbe anlaufen	– L ruft eine Farbe auf, SS laufen zu einem entsprechenden Ballon hin
4.2 Hauptteil	
– Wir spielen den Ballon im Stand oder in der Bewegung mit der Hand re und li, mit dem Knie, mit dem Fuß, mit dem Kopf	– Freie Aufstellung in der Halle, der Ballon soll nicht auf den Boden kommen

– Wir schlagen den Ballon weg und fangen ihn wieder auf, bevor er den Boden berührt	– L macht mit
– Wir spielen den Ballon in der Hocke, im Sitzen, in Rückenlage	– L läßt Aufgabe offen, SS-Vorschläge werden übernommen
– Im „Spinnengang" den Ballon abwechselnd mit den Händen und den Füßen schlagen	– Sich mit dem Rücken zum Boden auf allen vieren bewegen
– Wir treiben den Ballon über eine Ziellinie mit der Hand, mit dem Fuß, mit dem Kopf	– Aufstellung in eine Linie an der Hallenlängsseite, den Ballon bis zur gegenüberliegenden Linie treiben
– Wir blasen den Ballon vorwärts im Vierfüßlergang, krabbelnd, robbend in der Bauchlage	– Bewegen in der ganzen Halle, SS probieren aus, wie der Ball sich am besten bewegen läßt
– Wettspiel: Mit den Händen den Ballon in die Luft schlagen, er darf nicht den Boden berühren.	– SS, deren Ballon den Boden berührt, setzen sich mit ihrem Ballon hin. Wer sind die fünf SS, die es am längsten schaffen?
– Mit dem P den Ballon hin- und herspielen, mit der Hand, mit den Füßen	– SS üben paarweise mit je einem Ballon, freie Aufstellung in der Halle. Die überzähligen Ballons werden hinter eine Langbank gelegt.
– Den Ballon mit dem P zusammen transportieren, Bauch an Bauch, Kopf an Kopf, Schulter an Schulter. Wer findet die lustigste Transportmöglichkeit?	– Aufstellung an der Hallenlängsseite. Zuerst freies Probieren, dann als Wettbewerb: Wer erreicht zuerst die gegenüberliegende Ziellinie?
– Welche Gruppe kann alle 3 oder 4 Ballons gleichzeitig in der Luft halten?	– Aufteilen in 6 Gruppen. Im Kreis spielt jede Gruppe gleichzeitig mit drei oder vier Ballons.

4.3 Ausklang

Umkehrstaffeln:

– Den Ballon mit den Füßen bis zur Umkehrlinie treiben und zurück. Ballon dem nächsten Läufer übergeben.	– Aufstellen der 6 Gruppen an der Hallenlängsseite, jede Gruppe hat einen Ballon, über eine kurze Strecke den Ballon treiben
– Ballon mit dem Stab bis zur Umkehrlinie und zurück treiben	– Jede Gruppe erhält einen Gymnastikstab.
– Sprechen über die vergangene Unterrichtsstunde	– Zusammenkommen im Sitzkreis
– SS wählen, ob sie ihren Ballon zerplatzen lassen oder ihn mit nach Hause nehmen wollen.	– Aufräumen der zerplatzten Ballonteile beachten!

Unterrichtsbeispiel Nr. 5   1./2. Jgst.

Erfahrungen mit verschiedenen Bällen

LZ: – Spiel- und Bewegungsmöglichkeiten mit verschiedenen Bällen erkunden
      – Sich auf die Spielgeräte einstellen

1. Situationsanalyse

Bälle aus verschiedenen Materialien, von unterschiedlichem Umfang und Gewicht verlangen ein differenziertes Verhalten vom Spieler beim Tragen, Rollen, beim Werfen und Fangen. Das Spiel mit verschiedenartigen Bällen gibt Gelegenheit, das Reaktionsvermögen und die Feinmotorik zu üben. Wenn möglich, sollten nicht nur Bälle verwendet werden, die in der Turnhalle zu finden sind. Gerade ungewöhnliche Bälle, z. B. ein Ball aus zusammengeknülltem Zeitungspapier, eine Styroporkugel, ein Stoffball, ein bunter Wasserball fordern das Ausprobierenwollen heraus.

2. Lernvoraussetzungen

Keine

3. Gerätebedarf

Kassette zum Liederbuch „Die Liederkutsche" – verschiedene Bälle, z. B. 1 bunter Wasserball, 1 Tischtennisball, 1 Softball, 1 Papierball, 1 Basketball, 1 Handball usw. – 4 kleine Medizinbälle – pro S ein Tennisball – 1 Tau oder ein Kastenteil

4. Durchführung

Unterrichtsverlauf	Didaktische Überlegungen
4.1 Einstimmen/Erwärmen	
– Lied: „Ging ein Weiblein Nüsse schütteln", Bewegen zur Musik	– Freies Bewegen oder Bewegungsgestaltung durch L-Vorgabe
– Betrachten, vergleichen verschiedener Bälle: Schwere und leichte, kleine und große, springende, nichtspringende Bälle; L nennt den fachlich richtigen Namen der Bälle.	– SS sitzen im Kreis. In der Kreismitte liegen verschiedene Bälle. Ein um den Kreis gelegtes Taus oder ein Kastenteil verhindert, daß die Bälle wegrollen.

4.2 Hauptteil

- Jeder S nimmt einen Ball aus dem Kreis und spielt damit. Auf ein Zeichen des L den Ball zurückbringen, einen anderen nehmen
- Ballspielen in der Gruppe: Jede Gruppe erhält einen anderen Ball, z. B. einen Wasserball, einen kleinen Medizinball, einen Tischtennisball, einen Tennisball, einen Basketball, einen Schaumstoffball, Wechsel der Spielgeräte auf ein Zeichen des L; Hinweis: nur werfen, wenn der Fänger aufpaßt und den Ball anschaut
- Aufräumen aller Bälle
- Fließband: Aufstellen in Gruppen von 6 bis 8 Schüler in einer Reihe, jede Gruppe hat einen kleinen Medizinball. Der Medizinball wird durch eine seitliche Drehbewegung nach hinten zum nächsten S weitergereicht. Der letzte S der Gruppe trägt den Ball wieder nach vorn und beginnt erneut.
- Tunnelball: Aufstellung wie oben, der Ball wird durch die gegrätschten Beine gerollt. Der jeweils letzte S der Gruppe erwartet den Ball hockend, trägt ihn nach vorn, beginnt erneut
- Aufräumen der Medizinbälle
- Freie Aufstellung in der Halle, jeder S erhält einen Tennisball
- SS schlagen Bewegungsmöglichkeiten vor, z. B. Ball auf den Boden prellen, wieder auffangen, den rollenden Ball mit der Hand, dem Fuß führen
- Weitwerfen mit dem Tennisball: Aufstellung aller SS an der Hallenlängsseite nebeneinander. Erreicht dein Ball die gegenüberliegende Wand?

4.3 Ausklang

- Aufräumstaffel: Den Ball in ein Ziel (Kastenteil, Schachtel, Korb) tragen. Der nächste Läufer startet, wenn er vom Zurückkehrenden abgeschlagen wird.

- Die Anzahl der Bälle im Kreis entspricht der Anzahl der SS. SS probieren verschiedene Bälle aus, freies Bewegen in der Halle
- SS bilden Gruppen (2 bis 4 SS), die Gruppen stehen in Kreisanordnung in der Halle. SS werfen, rollen, prellen sich den Ball in der Gruppe zu. Auf ein Signal des L gibt jede Gruppe ihren Ball nach rechts zur nächsten Gruppe weiter und erhält ein anderes Spielgerät von der linken benachbarten Gruppe.
- Aufräumen des Taus/Kastenteils
- Aufstellung der Gruppen nebeneinander mit Sicherheitsabstand; das Spiel ist beendet, wenn die Gruppe wieder in ihrer anfänglichen Aufstellung steht. Variation: Alle SS bleiben stehen, der Ball wird li zurück und re wieder nach vorn gereicht, einmal, zweimal herum

- Die gegrätschten Beine der SS bilden das Tunnel, durch das der Ball vom ersten S der Gruppe gerollt wird.

- L erteilt die Arbeitsaufträge
- Spielen mit dem Ball. Hinweis: Weitwürfe sind verboten!
- Freies Bewegen in der Halle, L greift SS-Vorschläge auf, die von den anderen SS nachgeahmt werden

- SS werfen gleichzeitig, Einsammeln der Bälle gemeinsam, auf Zeichen des Lehrers; mehrere Wiederholungen

- Aufstellung in 4 Reihen an der Hallenlängsseite. Das Ziel steht auf der gegenüberliegenden Hallenseite. SS legen ihren Tennisball darin ab.

Unterrichtsbeispiel Nr. 6   1./2. Jgst.

Spielen mit Objekten

LZ: – Spiel- und Bewegungsmöglichkeiten mit Gegenständen herausfinden
- Sich ausdauernd und geschickt bewegen
- Beim Spiel mit dem Partner und in der Gruppe Spielregeln einhalten

1. Situationsanalyse

Alltagsobjekte bieten kreative Spielanlässe für ein Experimentieren im Sportunterricht. Verwendete Objekte sollen sicher sein, sie sollen vieldeutig verwendbar sein, zum Werfen, Fangen usw. Für die Unterrichtsrealisation ist es wichtig, daß der Lehrer die Gegenstände leicht beschaffen kann. Für das folgende UB wurden Tischdecken, Kartons, Kopftücher und Bierdeckel ausgewählt.

2. Lernvoraussetzungen – Keine

3. Gerätebedarf

Für je 2 Kinder ein Tuch (Halstuch) – 4 Tischdecken – Softtennisbälle oder andere leichte Gegenstände (Stofftier, Handschuh usw.) – einige kleinere Pappkartons – einige Tennisbälle – Bierdeckel (ca. 100 Stück)

4. Durchführung

Unterrichtsverlauf	Didaktische Überlegungen
4.1 Einstimmen/Erwärmen	
– L und SS schauen sich alle Objekte an, es wird besprochen, wozu man sie im Alltag verwendet und wie man damit spielen kann.	– In drei Feldern der Halle liegen die Tischdecken mit den Softbällen, die Pappkartons mit einigen Tennisbällen, einige Bierdeckel
– SS erfinden Bewegungs- und Spielformen mit den Objekten in Gruppen. Auf ein Zeichen wechseln die Gruppen den Spielplatz.	– L geht von Gruppe zu Gruppe und regt zu Spielen an, verhindert gefährliche Übungen.
– Einsammeln der ausgelegten Objekte	– Bereithalten der Gegenstände am Spielfeldrand

4.2 Haupteil

- Paarweise versuchen, mit einem Kopftuch einen leichten Gegenstand (Stofftier) hochzuschleudern und wieder aufzufangen
- Eine Tischdecke wird von 4 bis 6 SS an den Ecken straff gehalten, ein kleiner Softball/Stofftier/Mütze liegt auf dem Tuch, wird damit hochgeschleudert und wieder aufgefangen
- Zwei Gruppen spielen zusammen: Den Gegenstand von einer Tischdecke in die andere fliegen lassen
- Einsammeln der Tücher und Gegenstände
- Mit den Kartons einen Laufparcours aufbauen, Kartons werden umlaufen, übersprungen
- In Gruppen spielen: Einen Tennisball in den Karton hineinrollen, hineinwerfen
- Gruppenaufstellung wie oben, ein S der Gruppe hält den Karton, die anderen versuchen nacheinander, den Ball hineinzuwerfen
- Einsammeln der Kartons und Bälle, Austeilen der Bierdeckel an die SS
- Werfen der Bierdeckel über eine Linie. Wie viele bleiben hinter der Linie liegen? Gemeinsames Werfen und Einsammeln
- Rollen der Bierdeckel
- Auslegen der Bierdeckel in der Hallenmitte. Welche Mannschaft sammelt die meisten Bierdeckel? Pro Lauf darf von jedem S nur ein Bierdeckel geholt werden; Variation: Es werden nur runde oder Bierdeckel einer bestimmten Farbe gesammelt.

- Freie Aufstellung der Paare im Raum, Sicherheitsabstände beachten
- Um die Aufgabe zu lösen, müssen die SS gut kooperieren und ihre Bewegungen aufeinander abstimmen

- Die Gruppen versuchen, die Aufgabe zu lösen, Gruppen spielen abwechselnd miteinander
- L und SS räumen auf
- SS laufen allein, paarweise

- Die Anzahl der Kartons bestimmt die Gruppengröße, 2 bis 3 Bälle pro Gruppe
- Der S, der den Karton hält, hilft mit, den Ball aufzufangen

- Jeder S erhält 3 bis 4 Bierdeckel, Hinweis: Bierdeckel nicht auf Kinder werfen
- Aufstellung der SS nebeneinander an der Hallenlängsseite, Werfen zur gegenüberliegenden Seite
- Aufstellung wie oben
- SS bilden zwei Mannschaften, die sich an den Schmalseiten gegenüberstehen. Die SS der Gruppen laufen gleichzeitig oder nacheinander, Variation: Wie viele Bierdeckel werden in einer Minute eingesammelt?

4.3 Ausklang

- Wer ist versteckt? SS sitzen in einem Kreis, zwei SS gehen aus der Halle, ein Kind wird mit einem Tischtuch zugedeckt. Beide SS raten, wer darunter ist.

- Die SS im Kreis wechseln ihre Plätze, um das Raten zu erschweren.

Unterrichtsbeispiel Nr. 7   1./2. Jgst.

Bewegungsmöglichkeiten mit dem Springseil

LZ: – Sich mit dem Seil gewandt und geschickt bewegen
      – Die eigene Beweglichkeit erproben, auch in selbsterdachten Bewegungsformen
      – Sich mit dem Partner ein Spielgerät teilen können

1. Situationsanalyse

In diesem UB werden Bewegungsmöglichkeiten mit dem Seil vorgeschlagen, die die Beweglichkeit und Ausdauer fördern. Offene Unterrichtssituationen sollen die Schüler anregen, allein oder zusammen mit dem Partner Bewegungsformen zu finden, zu erproben und den Mitschülern vorzuzeigen. Dieses UB kann auch im Freien durchgeführt werden.

2. Lernvoraussetzungen

Keine

3. Gerätebedarf

Musik zum Laufen (geeignet ist jede Art rhythmischer Musik im ¾- und ¼-Takt) – für jeden S ein Springseil

4. Durchführung

Unterrichtsverlauf	Didaktische Überlegungen
4.1 Einstimmen/Erwärmen	
– Seile liegen am Boden, zwischen den Seiten laufen, in großen Schritten über die Seile laufen. Bewegungsaufgaben am eigenen Seil: Schlußsprünge vw, rw über das Seil, auf dem Seil entlang balancieren, Wedelsprünge über das Seil, mit den Füßen aus dem Seil Ziffern legen.	– Freie Aufstellung in der Halle, Laufen im Raum zur Musik. Wenn die Musik stoppt, zum eigenen Seil zurückkehren und Bewegungsaufgaben ausführen.
4.2 Hauptteil	
– Seil an einem Ende fassen, Arm so bewegen, daß das Seil sich wie eine Schlange am Boden bewegt	– Freie Aufstellung in der Halle, SS bewegen sich im Kreis am Platz oder rw gehend im Raum.

- Vierfaches Seil gespannt vor dem Körper halten, darübersteigen, hinten hoch führen, weiter über den Kopf nach vorne führen
- Aufstehen aus der Rückenlage/ Bauchlage zum Stand und zurück, dabei wird das vierfache Seil mit gestreckten Armen gehalten
- Seilspringen: SS versuchen es je nach Können mit und ohne Zwischenfedern, im Stand und im Lauf. L zeigt, wie das Seil gehalten werden muß. Hinweis: Genügend Abstand zum Nachbarn halten
- Zu zweit ein Seil halten und damit im Kreis eine Runde bis zum alten Platz laufen. Der L gibt Bewegungsaufgaben für jede Runde: Seil hoch halten, tief halten, locker oder gespannt
- Abzählen der Paare nach Hoch-Tief: Wenn der L „Hoch" ruft, bleibt die Hoch-Gruppe am Platz stehen und hält das Seil hoch, die Tief-Gruppe läuft eine Runde unter den Seilen durch. Beim Kommando „Tief" werden die Seile der Tief-Gruppe in Knöchelhöhe locker gehalten, die andere Gruppe läuft eine Runde über die Seile.
- Figuren legen: Ein S hat die Augen geschlossen, der P legt mit dem Seil eine Figur oder Ziffer, die der andere abtasten und erraten muß
- Jeder der Partner hält ein Seilende, gemeinsam darüber steigen, darunter durchdrehen, sich gemeinsam ins Seil eindrehen
- Pferd und Kutscher: Das Pferd hat die Seile in den Händen, der Kutscher bestimmt die Richtung

4.3 Ausklang

- Die SS bekommen Gelegenheit, allein oder mit P Übungen selbständig auszusuchen und zu erweitern
- Spiel: „Seilsammeln"

- SS, denen die Übung Schwierigkeiten macht, nehmen das Seil nur zweifach gelegt.
- Die Übung wird mehrere Male wiederholt.
- Fassen des Seils in der richtigen Länge: Die Arme sind angewinkelt, die Unterarme zeigen waagrecht nach vorn. Die Hände fassen das Seil so, daß das herunterhängende Seil fast den Boden berührt.
- Paarweise zusammengehen, jedes Paar hat ein Seil. Aufstellen in einem großen Kreis. Abstand zum nächsten Paar einhalten
- Aufstellung im großen Kreis wie oben. Hinweis: Die knöchelhoch gespannten Seile werden nur locker mit der Hand gehalten und sofort losgelassen, wenn ein S hängenbleibt. Variationen: Unter den tiefgehaltenen Seilen durchkriechen; Wechsel der Rollen

- Paarweise verteilt im Raum sitzen. L nennt Figuren und Zahlen, die leicht zu legen sind: Herz, Kreis, 1, 3, 6 usw.
- Freie Aufstellung im Raum paarweise

- Bewegen im Raum zur Musik, passende Geräusche untermalen die Bewegung, Rollenwechsel

- Freie Aufstellung im Raum, Bewegung zur Musik
- Vergleiche UB 42

Unterrichtsbeispiel Nr. 8   1./2. Jgst.

Grundtätigkeiten am zerlegten Kasten

LZ: – Vielseitige Bewegungsschulung in einem herausfordernden Bewegungsraum
– Spiel- bzw. Bewegungsfreude erleben
– Sachliche Gefahren erkennen und vermeiden

1. Situationsanalyse

Der zerlegte fünfteilige große Kasten bietet in Verbindung mit Matten und anderen Geräten (Zusatzaufgaben) einen vielfältig herausfordernden Spiel- bzw. Bewegungsraum. Die Grundtätigkeiten Gehen, Steigen, Laufen, Hüpfen, Springen, Kriechen, Rollen und ihre Verbindung bilden in gerätespezifischer Weise den inhaltlichen Schwerpunkt. Die Vielzahl der Kombinationsmöglichkeiten mit den einzelnen Kastenzwischenteilen (Kt) läßt immer wieder neue Bewegungsaufgaben zu, fordert wieder anders heraus.

2. Lernvoraussetzungen

Normal entwickelte Grundtätigkeiten – Rolle vorw. in der Grobform

3. Gerätebedarf

2 Kästen (K) – 2 Matten (M) – 2 große Medizinbälle (Mb)

4. Durchführung

Unterrichtsverlauf	Didaktische Überlegungen
4.1 Einstimmen/Erwärmen	
– Aufbau des Gerätes, vgl. Abb. 1	– 2 Kästen werden herausgefahren. Beim Abheben des schweren Kastenoberteils hilft dem L ein Kollege, ein älterer S. Die Kt werden von je 2 (4) SS gehoben und transportiert (Anweisungen des L). Das Kastenoberteil wird wieder auf das Kastenunterteil aufgesetzt.
Abb. 1	
– Freies Herumlaufen der SS um die in der Halle aufgestellten Teile. Auf ein Zeichen sucht sich jeder S einen Platz in einem „Haus".	– Bewegungsbetonter Stundenbeginn. Die SS achten auf die ausgelegten Teile (nicht drüberspringen!) und die Mitschüler.

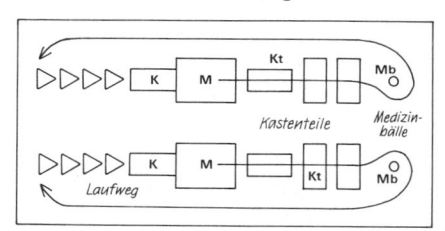

- Platzsuchspiel: Auf ein Zeichen wechseln alls SS ihre Plätze und suchen sich ein neues „Haus".

4.2 Hauptteil

- Laufen über den Kasten, Springen auf die Matte, Überwinden der Kt. Der Medizinball am Ende wird als Wendepunkt für den Laufweg benutzt.
- Wie oben, die Kt können aufgestellt sein:
  ○ der Länge nach, flach
  ○ der Länge nach, hochkant
  ○ der Breite nach, flach
  ○ der Breite nach, hochkant
  ○ evtl. schräggestellt in beiden Möglichkeiten
- Knien am Kastenende, die Hände stützen auf die Matte, abrollen nach vorne auf die Matte und weiter über die KZT in verschiedenen Aufgaben
- Hockstand auf dem Kasten, Rolle vorw. auf dem Kastenoberteil
- Weitere Aufgaben durch eine andere Position der 3 Kt. Vorsicht bei der Kombination Laufen-Kriechen, d. h. beim Wechsel von schnell und langsam (unten durch)
- Innere Differenzierung: In einer Bahn werden alle Kt z. B. hochkant aufgestellt und damit die Anforderungen erhöht.
- Zusatzaufgaben auf dem Rückweg, z. B. an Sprossenwänden, Bänken

4.3 Ausklang

- Einfaches Fangspiel um die ausgelegten Teile. Fänger mit Band oder Mütze kennzeichnen. Der Abgeschlagene ist der neue Fänger.
- Das aufgebaute Gerät bleibt für die nächste Klasse stehen. Abgestimmte Zusammenarbeit mehrerer Klassen bzw. Lehrer

- Bei diesem Spiel kann es auch mehr SS als festgelegte Plätze geben.

- Nach Möglichkeit immer in der Organisationsform „Im-Strom" üben lassen, d. h. alle SS einer Gruppe im gleichzeitigen Bewegen hintereinander, festgelegte Laufwege
- Allein durch diese verschiedenen Möglichkeiten, besonders auch in der Kombination der 3 Kt (z. B. alle 3 der Länge, der Breite nach, in der Kombination längs und breit) ergeben sich differenzierte Herausforderungen und ein entsprechendes Bewegen
- Die Kombination Kasten (zweiteilig) und Matte längs ist hier eine gute Lernhilfe für das Üben der Rolle vorwärts.
- Zwei SS helfen, sichern dabei an beiden Seiten stehend
- Der längsgestellte Kasten und die Matte bleiben die ganze Stunde unverändert, um ein zeitraubendes und schwieriges Umbauen zu vermeiden.
- Eine Bahn ist die schwierigere. Die SS suchen sich die ihrem Können gemäße aus (richtige Selbsteinschätzung!).
- Bei nur zwei Gruppen wird durch Zusatzaufgaben die Wartezeit der SS am Beginn der Gerätebahn verkürzt, eine größere Intensität erreicht.

- Es darf nur um die Teile herumgelaufen werden, die Teile dienen als Hindernis, um sich vor dem Fänger zu schützen.
- Die nächste Klasse findet ein bereits aufgebautes Gerät und einen differenziert herausfordernden Bewegungsraum vor. Sie baut ihrerseits dann das Gerät ab und räumt auf.

Unterrichtsbeispiel Nr. 9   1./2. Jgst.

Vielfältige Bewegungsmöglichkeiten an der Langbank

LZ: − Verschiedene Grundfertigkeiten in ihrer Kombination erproben
  − Schulung der Sprung- und Stützkräfte
  − Kooperatives Handeln beim Geräteaufbau verwirklichen

1. Situationsanalyse

Die Langbank ist in jeder Halle vierfach vorhanden, kann von den SS leicht aufgebaut werden und ermöglicht vielfältige Bewegungsformen wie Gehen, Springen, Laufen, Kriechen, Balancieren. Bei großen Gruppen wird durch Zusatzaufgaben bei den Rückwegen die Bewegungsintensität erhöht.

2. Lernvoraussetzungen

Gemeinsam eine Bank transportieren können

3. Gerätebedarf

4 Langbänke (Lb) − 4 Parteibänder oder Chiffontücher − 4 kleine Medizinbälle − 4 Gymnastikstäbe − 4 Sandsäckchen − Musik zum Laufen

4. Durchführung

Unterrichtsverlauf	Didaktische Überlegungen
4.1 Einstimmen/Erwärmen	
− Geräteaufbau, vgl. Abb. 1	− Eine Lb wird von 6 SS transportiert, auf jeder Längsseite 3 SS. Alle SS gehen an den Seiten vorwärts.
Abb. 1	
− 4 „Fahnenträger" führen ihre Gruppe auf verschiedenen Laufwegen zwischen den Bänken durch, Laufen zur Musik	− Die Fahne kann ein Chiffontuch oder ein Band sein. Stoppt die Musik, wird die Fahne an einen anderen S weitergegeben.

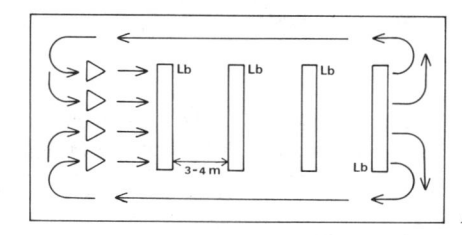

- SS laufen einzeln um die Bänke. Stoppt die Musik, werden verschiedene Aufgaben erfüllt.

4.2 Hauptteil

- Die Bänke überlaufen, nicht als Wettbewerb durchführen
- SS überqueren alle 4 Lb hintereinander mit Fußaufsetzen auf der Bank, rechts und links außen zurücklaufen
- Wie oben, aber unter der 1. und 3. Bank unten durchkriechen
- Wechsel der Aufstellung, SS gehen über die Bank vw, rw, dabei einen Ball, Stab tragen, mit einem Sandsäckchen auf dem Kopf, über einen kleinen Medizinball steigen
- SS halten 2 Stäbe im Abstand von 2 Metern quer über die Bank, etwa 20–25 cm hoch. Die anderen SS steigen vorsichtig darüber
- Sich in der Bauchlage mit beiden Händen über die Bank vw ziehen
- 2 SS versuchen auf der Bank aneinander vorbeizukommen, ohne dabei abzusteigen.
- Aus dem Stand neben der Bank aufhocken, zur anderen Seite abhocken und zurück (beidbeiniger Abdruck)
- Stand wie oben, hocken über die Bank
- Balancieren auf der schmalen Schwebekante vw, rw gehen
- Geräteabbau: Die Bänke an die Hallenlängsseite stellen

4.3 Ausklang

- ,,Krokodilsjagd": Eine Hallenhälfte ist der Spielraum (,,Wasser"). Zwei SS sind Fänger (,,Krokodile"). Wird ein S von einem Fänger berührt, ruft der Gefangene ,,Hilfe, Krokodile". Auf diesen Ruf retten sich alle SS auf die beiden Bänke an der Seite. Die beiden SS, die als letzte die Bank erreichen, sind die neuen Fänger.

- Aufgaben können z. B. sein: Sich auf die Bank stellen, mit dem Bauch quer darüberlegen, darunterkriechen usw.

- Zwei SS sichern, an den Enden der Lb sitzend (Grätschsitz), die Bank gegen das Umkippen.
- SS stehen an der Hallenschmalseite, die Bänke der Breite vor sich (vgl. Abb. 1). Je 4 SS laufen gleichzeitig nebeneinander.
- Vorsicht beim Durchkriechen, nicht zu schnell!
- 4 Gruppen stehen an der Schmalseite der Bank. Jede Gruppe turnt an einer Bank. Auf der anderen Seite absetzen, mit der nächsten Aufgabe wieder zurück
- Die Stäbe müssen von den haltenden SS ruhig gehalten werden. Wenn nötig, hilft, sichert ein P den Übenden.

- Die beiden Hände greifen dabei um die Kanten der Bank
- Oder diese Aufgabe wird von den beiden Gruppenhälften im Nacheinander aller versucht
- Beide Hände werden flach auf die Bankoberseite gestützt. Nicht um die Kanten greifen! (Hockwenden)
- L turnt vor und benennt die Übung: Hockwende an der Bank
- Die Bank auf die Sitzfläche umdrehen. Der P hilft den Übenden
- L verteilt klare Arbeitsaufträge an die einzelnen Gruppen.

- Anzahl der Fänger nach der Klassenstärke bestimmen, in der Regel nicht mehr als 2, die Fänger deutlich mit Parteibändern kennzeichnen, diese werden an die neuen Fänger übergeben. Vor jedem neuen Fangen zählen die Fänger bis 5, um den anderen Zeit zum Weglaufen zu geben.

Unterrichtsbeispiel Nr. 10   1./2. Jgst.

Hüpfen und Springen mit Reifen und Stab

LZ: – Die Bewegungsgrundformen des Springens und Hüpfens unter wechselnden Bedingungen ausführen
– Zur Mitarbeit in der Gruppe bereit sein

1. Situationsanalyse

Hüpfen und Springen entsprechen dem elementaren Bewegungsbedürfnis der Kinder. Es kräftigt die Bein- und Fußmuskulatur und trainiert das Herz-Kreislaufsystem. Durch Bewegungsaufträge wird aus dem spielerischen Hüpfen und Springen gezieltes Bewegen, das Körperbeherrschung verlangt.

2. Lernvoraussetzungen – Keine

3. Gerätebedarf – Reifen (Re) – Gymnastikstäbe (St) – 6 kleine Medizinbälle (Mb) – 2 Langbänke (Lb) – Handtrommel

4. Durchführung

Unterrichtsverlauf	Didaktische Überlegungen
4.1 Einstimmen/Erwärmen	
– Auf den Linien laufen, die am Hallenboden zu sehen sind	– SS, die sich auf einer Linie entgegenkommen, weichen sich aus
– Über die Linien hüpfen, vw, rw, auf beiden Beinen, einbeinig, aus dem Stand vor den Linien, aus dem Stand seitlich neben der Linie	– Freie Aufstellung in der Halle auf einer Linie. Auf möglichst verschiedene Weise über die Linien hüpfen. Hinweis: Wir versuchen, leise auf den Fußballen zu landen
– Springen und Hüpfen zu rhythmischen Vorgaben: Laute und leise Sprünge, hohe und niedrige Sprünge	– L gibt den Rhythmus mit der Handtrommel vor
– Hüpfen zu rhythmischen Sätzen: z. B. ,,Das Känguruh springt ohne Schuh!" ,,Es springt der Hase über eine Vase!" ,,Alle kleinen Flöhe springen in die Höhe!"	– SS nennen Tiere, die springen können. L oder S bilden Sätze, SS setzen die Satzmelodie in Schritte und Sprünge um

4.2 Hauptteil

- Mit dem P Sprung- und Hüpfformen am Reifen ausprobieren: In den am Boden liegenden Reifen springen, durch den senkrecht gehaltenen Reifen durchhocken
- Schlußsprünge mit dem P in den Reifen nach vorgegebenen Rhythmus mit und ohne Zwischenhüpfer, gleichzeitig oder abwechselnd springen
- Mit dem P zwischen den am Boden liegenden Reifen gehen, laufen, schleichen
- In der Gruppe mit 3 Reifen und 3 Gymnastikstäben verschiedene Sprungmöglichkeiten schaffen, z. B. abwechselnd über einen Stab springen, durch einen senkrecht gehaltenen Reifen steigen, durch am Boden liegende Reifen laufen, im Schlußsprung über einen Stab springen
- Aus den Geräten zwei Lauf- und Hüpfstrecken gestalten (Abb. 1)

- SS bilden Paare, freie Aufstellung in der Halle. Jedes Paar hat einen Reifen. Der L geht herum und lobt die erdachten Übungen.
- SS stehen mit gefaßten Händen am Reifen, L gibt den Rhythmus mit der Handtrommel vor

- Gehen und Laufen zur Lockerung der Fußmuskulatur, auf Zeichen zum eigenen Reifen zurückkommen
- Jedes Paar erhält einen Gymnastikstab. Die Paare bilden Gruppen von sechs oder acht SS. Die Stäbe werden als Hindernisse von den SS in den Laufweg gehalten, die SS wechseln sich dabei ab.

- SS teilen sich in zwei Gruppen, Aufstellung vor der Gerätebahn

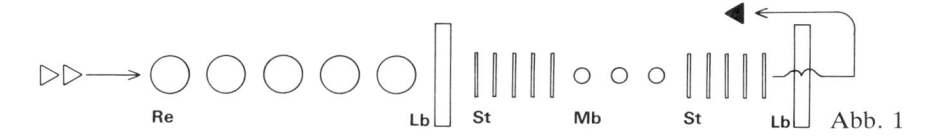

Abb. 1

- Slalom durch die Bahn laufen
- In großen Schritten durch die Bahn über die Geräte laufen
- Laufen, Hüpfen, Springen in der Bahn, z. B. Schlußsprünge über die Stäbe, eine Hockwende über die Langbank
- Geräteabbau

4.3 Ausklang

- Vertrauensspaziergang: Paarweise zusammengehen, 1 P schließt die Augen und läßt sich vom anderen durch die Halle führen

- Kennenlernen der Laufstrecke
- Hinweis: Vorsichtig bei den Stäben, sie können wegrollen
- L gibt jeweils nur für bestimmte Strecken die Bewegungsart vor und läßt sonst auswählen

- SS helfen mit

- Der Führende gibt acht, daß es keine Zusammenstöße gibt. Auf Zeichen des L Rollenwechsel, dann Partnerwechsel

Unterrichtsbeispiel Nr. 11 1./2. Jgst.

Vielfältiges Springen im Freien

LZ: – Sprünge unter verschiedenen Bedingungen ausführen
– Freude an der Bewegung empfinden
– Anstrengungsbereitschaft zeigen

1. Situationsanalyse

Springen kann aus dem Stand, aus dem Lauf, über ein Hindernis, in ein Ziel, von oben nach unten, von Punkt zu Punkt erfolgen. Sechs- bis achtjährigen Kindern fallen dabei beidbeinige Sprünge, Niedersprünge und das Überspringen von Hindernissen leichter als hohe und weite Sprünge aus dem Anlauf. Differenzierte Leistungsaufforderungen geben allen Schülern Erfolgserlebnisse und regen sie an, die eigenen Leistungen zu steigern.

2. Lernvoraussetzungen

An grundlegende Organisationsformen gewöhnt sein

3. Gerätebedarf

1 Zauberschnur – 4 kleine Medizinbälle – 8 Reifen – 2 Kastendeckel – 1 Kastenteil – 4 Parteibänder – Handtrommel – 2 Markierungskegel

4. Durchführung

Unterrichtsverlauf	Didaktische Überlegungen
4.1 Einstimmen/Erwärmen	
– Transport der verschiedenen Geräte ins Freie mit den SS	– Geräteaufbau siehe Anmerkung im Hauptteil 4.2
– Ein schwingendes Seil durchlaufen. Hinweis: Du läufst dann los, wenn das Seil gerade an dir vorbei ist, du läufst hinter dem Seil her	– Der L schwingt das Seil (Zauberschnur). Das andere Ende ist an einem Pfosten festgebunden oder wird von einem zuverlässigen S gehalten
– Nach vorgegebenem Rhythmus hüpfen, z. B. rechts-rechts, links-links, hüpfen-hüpfen (mit beiden Beinen)	– SS hüpfen im großen Kreis. Abstand zum Vordermann beachten, mit Handtrommel rhythmisieren

4.2 Hauptteil

- Sprung von der Rasenkante in die Sprunggrube:
  ○ Aus dem Stand
  ○ Aus dem Anlauf
  ○ Über ein Parteiband, das im kleinen Abstand zum Grubenrand liegt
  ○ Über einen kleinen Medizinball, der in der Grube liegt
  ○ Über Linien, die in verschiedenen Abständen zum Grubenrand in den Sand gezogen sind
- Springen über die schräg in den Sand gelegte Zauberschnur, verschiedene Sprungweiten ausprobieren

- Geräteaufbau: Zwei Kastendeckel werden an den Rand der Sprunggrube gelegt. Für den Rückweg werden die Markierungskegel, kleine Medizinbälle und Reifen bereitgelegt.
- Zielspringen: Aus dem Stand am Kastendeckel in einen Kreis hineinspringen, der in den Sand gemalt wird

- Kurzer Anlauf, Überlaufen des Kastendeckels mit anschließendem hohen Sprung in die Grube
- Wie oben, aber über eine gehaltene Zauberschnur springen

- Tiefsprünge: Ein Kastendeckel wird durch das Kastenteil erhöht. Tiefsprünge aus dem Stand in die Sprunggrube

4.3 Ausklang

- Ruhiger Ausklang: Schließe die Augen und lausche. Kannst du dein Herz hören, einen Vogel, ein Auto usw.
- Aufräumen der Geräte

- Aufstellen der SS in vier Gruppen hintereinander, die Startlinie vor der Grube wird an 4 abgelegten Parteibändern markiert. Zwei Gruppen laufen nach dem Sprung rechts außen um die Grube herum zurück, die anderen zwei links außen. Am Ende der Grube stehen zwei Markierungskegel, die umlaufen werden.

- Je nach Selbsteinschätzung wählen die SS ihre Sprungweite und stellen sich in den entsprechenden Reihen auf.

- Transport eines Kastendeckels durch 6 SS, kein SS sollte dabei rückwärts gehen, das Kastenteil wird von 4 SS getragen.

- Rückweg: Nach vorn durch die Grube laufen, um einen Markierungskegel herum, über Reifen und Medizinbälle laufend, hüpfend, springend zurück zur Gruppe.
- Aufgaben beim Rückweg variieren

- L und ein S halten die Zauberschnur. In mehreren Durchgängen wird die Höhe und der Abstand der Schnur variiert.
- Aufstellen in einer Gruppe, zwei SS springen gleichzeitig, Variieren der Zusatzaufgaben

- Sitzen am Rasenplatz im Kreis mit dem L

- Rücktransport in die Turnhalle

Unterrichtsbeispiel Nr. 12   1./2. Jgst.

Vielseitiges Werfen

LZ: – Erfahrungen mit verschiedenen Wurfgeräten sammeln
 – Verschiedene Wurfmöglichkeiten anwenden
 – In der Gruppe rücksichtsvoll miteinander werfen

1. Situationsanalyse

In diesem UB wird den Schülern Gelegenheit gegeben, mit verschiedenen Wurfgeräten zu werfen, dabei unterschiedliche Wurfbewegungen anzuwenden und allmählich die eigene Geschicklichkeit zu steigern.

2. Lernvoraussetzungen

An allgemeine Organisationsformen gewöhnt sein

3. Gerätebedarf

6 Schachteln (Körbe) zum Aufbewahren der Wurfgeräte – 4 Tennisringe – ca. 15 Tennisbälle – ca. 10 Sandsäckchen – ca. 6 Gymnastikbälle – 8 bis 12 Keulen – 4 Wollknäuel – 2 Federbälle – Klebeband – 2 Springseile – 2 Parteibänder

4. Durchführung

Unterrichtsverlauf	**Didaktische Überlegungen**
4.1 Einstimmen/Erwärmen	
– In Schachteln liegen Wurfgeräte bereit, Besprechen der Geräte	– Anzahl der Wurfgeräte entspricht der Anzahl der SS
– Jeder S sucht sich ein Wurfgerät aus, Aufstellung an der Hallenlängsseite nebeneinander, gemeinsames Werfen und Einsammeln der Geräte auf ein Zeichen	– Nach dem gemeinsamen Einsammeln können die Geräte getauscht werden; SS kommen zurück zur Abwurflinie; mehrere Wiederholungen
– Einsammeln der Wurfgeräte	– SS helfen mit
4.2 Hauptteil	
– Werfen an Wurfstationen in Gruppen (4 bis 6 SS): Die Stationen sind mit Nummern gekennzeichnet. Der L bespricht mit den SS die Wurfmöglich-	– Aufbau der Station so, daß gefahrloses Werfen möglich ist (Wurfrichtung zur Wand); Hinweis: Nicht auf andere SS werfen, Wurfgeräte so aufbe-

keiten an den einzelnen Stationen und wie nacheinander geworfen wird. SS verteilen sich in Gruppen von 4 bis 6 SS an den Stationen
- Station 1: Mit einem Tennisring in einen großen Kreis treffen, der aus Seilen gelegt ist, die Abwurflinien sind markiert (mit Parteibändern oder Klebeband)
- Station 2: Im aufgestellten Handballtor sind in verschiedener Höhe mit einem Springseil zwei Reifen festgebunden, SS werfen mit Tennisbällen durch die Reifen, am Boden sind verschiedene Entfernungen markiert, von denen abgeworfen werden kann
- Station 3: Mit Sandsäckchen auf Markierungen an der Wand zielen; L hat mit Klebeband Kreise und Kreuze in verschiedenen Höhen markiert
- Station 4: Mit verschiedenen Geräten (z. B. Gymnastikball, Sandsäckchen, Stoßball) auf Keulen zielen, die auf der Langbank stehen. SS versuchen gleichzeitig, möglichst alle Keulen mit den vorhandenen Wurfgeräten von der Bank zu schießen. Die Abwurflinie ist markiert.
- Station 5: Mit einem Federball durch einen Reifen zielen, der von 2 SS der Gruppe gehalten wird. Die SS helfen mit, das Ziel zu treffen, indem sie den Reifen dem Wurf anpassen; Wechsel der Werfer und Reifenhalter
- Station 6: Mit einem Wollknäuel in einen am Boden stehenden Papierkorb (Schachtel) zielen. Zwei SS werfen gleichzeitig auf zwei Papierkörbe.
- Abbau der Stationen

4.3 Ausklang

- Fangspiel: Zwei mit Parteibändern gekennzeichnete Fänger beginnen, wer gefangen wird, bekommt das Parteiband und wird Fänger

wahren, daß niemand darüberstolpert. Die Gruppen üben an den Stationen. Auf ein Zeichen des L wechseln sie zur nächsten Station
- An der Station liegen 4 bis 6 Tennisringe bereit, die SS werfen nacheinander, nach einem Durchgang werden die Tennisringe gemeinsam geholt

- An der Station liegen in einer Schachtel je 2 Tennisbälle für jeden SS einer Gruppe. SS werfen nacheinander, Bälle werden nach jedem Durchgang gemeinsam eingesammelt.

- An der Station liegt für jeden S der Gruppe ein Sandsäckchen bereit. Die SS werfen nacheinander und heben die Wurfgeräte gemeinsam auf

- Die Langbank steht in einer Ecke der Halle quer von Wand zu Wand. An der Station liegen in einer Schachtel 2 oder 3 unterschiedliche Wurfgeräte für jeden S der Gruppe bereit. SS werfen gleichzeitig, bis alle Wurfgeräte verwendet wurden. Gemeinsames Aufstellen der Keulen und Einsammeln der Wurfgeräte

- An der Station liegen 2 Federbälle bereit, 1 S wirft, die anderen SS halten den Reifen oder sorgen dafür, daß der geworfene Federball möglichst schnell zur Abwurflinie zurückkommt

- An der Station sind zwei Papierkörbe (Schachteln) und 4 bis 6 Wollknäuel. Eine Abwurflinie ist markiert.

- L gibt gezielte Arbeitsaufträge

- Je nach Klassengröße wird die Anzahl der Fänger erhöht.

Unterrichtsbeispiel Nr. 13   1./2. Jgst.

Klettern und Hangeln an der Sprossenwand

LZ: – Steigern der Griff- und Hangsicherheit
 – Steigern der Griff- und Hangsicherheit
 – Entfalten von Kraft und Geschicklichkeit
 – Kräftigung der Bauch- und Armmuskulatur
 – Überwinden von Hemmungen und Angst

1. Situationsanalyse

Ristgriff = die Hand umgreift die Sprosse so, daß der Daumen unter der Stange liegt. Beim Affengriff liegt der Daumen neben dem Zeigefinger auf der Sprosse. Diese Griffart sollte nur verwendet werden, wenn die Hände für den Klammergriff noch zu klein sind (Abrutschgefahr!). Streckhang = Hängen mit gestreckten Armen.

2. Lernvoraussetzungen – Fähigkeit, Matten zu transportieren

3. Gerätebedarf

4 herausgeschwenkte Sprossenwände – 8 Bodenmatten – Tamburin

4. Durchführung

Unterrichtsverlauf	Didaktische Überlegungen
4.1 Einstimmen/Erwärmen	
– Nachahmungsübungen: Verschiedene Lauf- und Gangarten Wir sind ,,Hunde" – Frösche, Spatzen, Spinnen, Hasen, Elefanten, Känguruh	– Die SS sitzen in 4 gleich großen Gruppen in den 4 Ecken, der L steht in der Mitte der Turnhalle im Kreis. Auf Zuruf bewegen sich die Kinder zum Kreis hin, ,,Wir sind Pferde!" Wenn der letzte S im Kreis sitzt, Schlag auf das Tamburin, und die Kinder laufen in ihre Ecke zurück.
– Partnerübung: Ziehkampf über eine Linie	– 2 Partner fassen sich mit den rechten Händen und versuchen sich gegenseitig über eine Linie zu ziehen.
– Geräteaufbau: Auf jeder Seite der Sprossenwand liegt eine Matte parallel zum Gerät.	– Während der L die Sprossenwände ausschwenkt und fixiert, holt die Klasse die Matten.

4.2 Hauptteil

- Auf- und Abklettern mit dem Gesicht zur Sprossenwand (vorlings)
- Auf- und Abklettern mit dem Rücken zur Sprossenwand (= rücklings)
- Aufklettern im linken Sprossenfeld vorlings, hinüberklettern zum rechten Sprossenfeld und dort abklettern
- Aufklettern vorlings, oben umdrehen und rücklings abklettern
- Aufklettern vorlings, ganze Drehung, vorlings abklettern
- Aufklettern bis etwa zur halben Höhe, durch das „Fenster" steigen und auf der anderen Seite abklettern
- Überklettern der Sprossenwand
- Aufklettern, indem man durch mehrere Fenster kriecht (sich durch die Sprossenwand schlängeln), dann absteigen
- Hangeln vorlings im Sprossenfeld hin und her im ruhigen Streckhang
- Hangeln rücklings wie oben
- Hangeln vorlings von einem Sprossenfeld ins andere
- Versuche, im Hang vorlings eine Sprosse höher zu greifen

- Die 4 Gruppen sitzen in Zweierreihe vor den Sprossenwänden. 2 SS von jeder Gruppe üben an einer Wand.
- Jedes Kind klettert, so hoch es ohne Angst klettern kann. (Niemals um die Wette klettern!)
- Üben im Strom, d. h. alle SS einer Gruppe im Nacheinander
- Nicht abspringen lassen! (Siehe Lehrplan Sport S. 159!)
- Auch mit 4 Kindern pro Sprossenwand gleichzeitig möglich (versetzte Aufstellung)
- Jedes Kind bestimmt die Höhe des Durchsteigens selbst. Sitzordnung wie oben
- Nur wer den Mut dazu aufbringt!
- Die SS selbst Möglichkeiten des Durchkriechens finden lassen. Die beste Lösung wird noch einmal gezeigt und von allen probiert.
- Auf gestreckte Haltung achten. Jedes Kind bestimmt seine Höhe selbst.
- Wenn nötig, Füße auf einer Sprosse aufstützen
- Üben im Strom

- Versetzte Aufstellung möglich

4.3 Ausklang

- Freudvolles Spiel: „Komm mit!" Aus Sicherheitsgründen ist in Jgst 1/2 die entgegengesetzte Laufrichtung („lauf weg") nicht zu empfehlen. – Der L muß darauf achten, daß jede Gruppe an die Reihe kommt. – Der Fänger kann auch irgendeine andere Fortbewegungsart wählen, die alle nachahmen.

- Aufstellung in dreifachem oder vierfachem Stirnkreis (je nach Klassenstärke) im Stehen, Sitzen oder Liegen. Außen herum läuft ein Fänger, der eine der Gruppen durch Antippen des Hintermanns auffordert, mitzukommen. Alle Kinder dieser Gruppe laufen dem Fänger nach, einmal um den Kreis herum bis zu ihrem Ausgangspunkt. Der zuletzt ankommende Läufer wird der neue Fänger.

Unterrichtsbeispiel Nr. 14   1./2. Jgst.

Turnen an der schrägen Leiter

LZ: – Grunderfahrungen im Steigen, Klettern, Hängen, Hangeln machen
– Die Koordination (Hände-Beine) durch verschiedene Aufgaben verbessern
– Das eigene Können und damit Bewegungssicherheit steigern bzw. Grenzen der eigenen Möglichkeiten erfahren
– Freude am Gelingen von Aufgaben erleben

1. Situationsanalyse

Die schräge Leiter (ganz heruntergelassen) ist ein (allein) vom L schnell aufzubauendes Großgerät, das die Kinder in vielfältiger Weise herausfordert. Zwei Leitern bilden außerdem einen Bewegungsraum, in dem in der Regel immer mehr als nur zwei Kinder gleichzeitig turnen können, d. h. an diesem Gerät ist eine hohe Intensität zu erreichen. Die Sicherheit ist durch die geringe Höhe und darunter gelegte Matten in hohem Maße gegeben. In der Kombination Leiter-Kasten ergeben sich weitere, neue Aufgaben.

2. Lernvoraussetzungen

Normal entwickelte Grundtätigkeiten

3. Gerätebedarf

2 Leitern (Le) – 2 bis 4 Matten (M) – 2 Kästen, vier- bis fünfteilig (K)

4. Durchführung

Unterrichtsverlauf	Didaktische Überlegungen
4.1 Einstimmen/Erwärmen	
– Aufbau von 2 schrägen Leitern, je eine (zwei) Matten unter eine Leiter. Zwei Gruppen einteilen (vgl. Abb. 1)	– Der L holt alleine die 2 Leitern herunter. Die SS tragen die Matten und legen sie unter die Leiter (nahe an die Wand/Leiterverankerung)
– Spielaufgabe: Die ganze Gruppe an, auf das Gerät. Füße weg vom Boden!	– Die Gruppen (evtl. 4 einteilen) versuchen gleichzeitig, sich an, auf das Gerät zu setzen, stellen, hängen.

- Wie oben, aber aus verschiedenen Ausgangspositionen starten. (Nicht um die Wette)

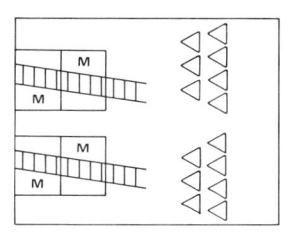

Abb. 1

4.2 Hauptteil

- Steigen von Zwischenraum zu Zwischenraum über die Sprossen, dann nach der Seite weg und zurück
- Kriechen auf der Leiter auf allen vieren nach oben, nach der Seite auf die Matte absteigen
- Wie oben, aber etwa in der Mitte durch ein „Fenster" nach unten auf die Matte kriechen.
- Kriechen auf der Leiter nach oben und zurück nach unten, aber mit dem Rücken zum Gerät
- Kriechen („wie ein Affe") an der Unterseite der Leiter bis nach oben

- Am höchsten Punkt oben auf die Leiter steigen und mit den Füßen voraus nach unten kriechen.
- Aufgreifen weiterer, anderer Bewegungseinfälle der SS
- Mit je einem ⅗teiligen Kasten wird eine (etwa) waagrechte Leiter aufgebaut.
- Hängen an Holmen, Sprossen, möglichst viele SS sind am Gerät
- Hangeln von Sprosse zu Sprosse greifend oder mit Griff an den Holmen
- Überklettern der Leiter von einer Seite auf die andere
- Sich mit Händen und Füßen an die Unterseite der Leiter hängen. L gibt Zeichen zum Wechsel
- Abbau der Geräte

4.3 Ausklang

- Einfaches Fangspiel, der Fänger wird jeweils gekennzeichnet

- Möglichst viele SS sind gleichzeitig und hintereinander am Gerät (Sicherheitsabstände beachten!)
- Die Hände greifen dabei gut an den Holmen, Füße auf den Sprossen. Begriffe klären!
- Die SS können dabei mit dem Kopf oder mit den Füßen voraus diese Aufgabe lösen, nach freier Wahl
- Im „Spinnengang" auf der Leiter kriechen, hier allerdings nur ein Kind nach dem anderen.
- Verschiedene Möglichkeiten herausfinden lassen. Kurz besprechen, was geht einfacher, schneller, sicherer
- Jedes Kind sucht sich zum Aufsteigen auf die Leiter seine Höhe selbst. Der P sichert evtl. seitlich mitgehend.
- Der L schließt dabei zu gefährliche Übungen aus.
- Die Leiter wird mit dem freien Ende einfach auf den breitgestellten Kasten aufgelegt.
- Die Füße sollen dabei möglichst vom Boden weggehoben werden
- Dabei die Beine etwas anziehen

- Mindestens 2 SS sind gleichzeitig am Gerät. Die Lösung ist freigestellt.
- Mehrere SS gleichzeitig am Gerät, Sicherheitsabstände beachten!

- Klare Arbeitsaufträge an die SS

- Spielerisch entspanntes Bewegen der ganzen Klasse im Miteinander

Unterrichtsbeispiel Nr. 15   1./2. Jgst.

Turnen an einer Gerätekombination

LZ: – Kräftigung der Arm- und Schultermuskulatur
– Trittsicherheit und Griffsicherheit üben
– Bewegungsangebote annehmen und erweitern können

1. Situationsanalyse

Die Gerätekombination Langbank, Sprossenwand und Matten ist schnell aufgebaut und bietet Bewegungsanreize, ohne Unfallgefahren zu enthalten. Ängstlichen Schülern wird beim Balancieren und Klettern Hilfe angeboten und viel Zeit gelassen, Bewegungssicherheit zu erlangen. Bei großen Erfahrungsunterschieden in der Klasse kann der Lehrer in zwei Gruppen arbeiten, differenziert nach Häufigkeit und Schwierigkeit der Übungsausführung.

2. Lernvoraussetzungen

Turnmatten und Langbänken transportieren können

3. Gerätebedarf

Musik: Tiere in Wald und Feld (Fidula Fon 1213) – 2 Sprossenwände – 4 Langbänke – 2 kleine Kästen – 4 Matten – 2 Markierungskegel

4. Durchführung

Unterrichtsverlauf	Didaktische Überlegungen
4.1 Einstimmen/Erwärmen	
– Zur Musik bestimmte Bewegungsvorbilder nachahmen: Hasen, Rehe, Vögel, den Fuchs	– L sagt an, welches Tier die Musik darstellt. Freies Bewegen im Raum
– Einteilen der SS in 4 Gruppen nach Tiernamen. Es bewegt sich nur die Gruppe, deren Musikthema gerade erklingt.	– Zuordnen der Tierarten zu den verschiedenen Musikthemen. Die SS der anderen Gruppen stehen als „Waldbäume" im Raum.
4.2 Hauptteil	
– Geräteaufbau: Es werden zwei Sprossenwände benützt. Vor jeder Sprossenwand liegen 2 Matten, in	– Einteilung der SS in 2 Gruppen. Die Gruppen sitzen nebeneinander hinter einer vom L gekennzeichneten Linie

jede Sprossenwand wird eine Langbank als schiefe Ebene eingehängt (ca. 60 cm hoch).
- Die Langbank auf allen vieren oder aufrecht hinaufgehen, die Sprossenwand heruntersteigen
- Die Langbank hinaufgehen, an der Sprossenwand soweit wie möglich hinauf- und wieder herabklettern
- An der Sprossenwand hinaufklettern zur Langbank, daraufsetzen und abrutschen
- Mit dem Rücken zur Sprossenwand hinaufklettern, abrutschen von der Langbank
- Die Sprossenwand hinaufklettern, die Langbank hinabgehen

- Sich bäuchlings die Langbank mit den Armen hinaufziehen, über die Sprossenwand absteigen
- Wie oben hinaufziehen, dann, mit dem Rücken zur Sprossenwand hängend, verschiedene Übungen ausführen, absteigen
- Ein Übungsdurchgang mit freier Wahl des Auf- und Absteigens

- Geräteumbau: In die Sprossenwand wird eine zweite Langbank eingehängt, die am anderen Ende auf einen kleinen Kasten aufliegt; beide Matten unter die Bänke schieben
- Von der Seite beide Langbänke überklettern/durchkriechen
- Paarweise über die Langbänke gehen bis zur Sprossenwand und wieder zurück
- Auf allen vieren über die waagrechte Langbank kriechen
- Einige Male von einer Bank auf die andere steigen, zurückgehen

4.3 Ausklang
- Freies Bewegen an den Geräten, SS turnen in selbständiger Weise
- Geräteabbau

vor den Langbänken. L erklärt für jede Gruppe den Rückweg um einen Markierungskegel herum.
- L oder S für jede Gruppe steht sichernd bereit

- Absprünge von der Sprossenwand sind nur ab einer bestimmten Sprosse erlaubt (Markierung mit Klebeband).
- Ängstliche SS werden von L oder einem S gesichert.
- Ausprobieren, welcher Stand zum Gerät besser gelingt

- L oder S sichert auf Verlangen den Übenden. Wiederholung der Übung bringt Sicherheit.
- Wenn die Armkraft nicht ausreicht, helfen die Füße nach.
- Im Hängen rücklings an der Sprossenwand die Beine anhocken, heben, seitlich pendeln.
- SS entscheiden selbst, wie sie die Übung gestalten wollen. Mutsprünge von großer Höhe sind verboten.
- Die Langbänke haben verschiedene Neigungen. Sie liegen so dicht nebeneinander, daß man mit einem Schritt von einer Bank zur anderen steigen kann.
- SS klettern paarweise, Rückweg um den Markierungskegel herum
- SS gehen zu zweit nebeneinander über die Bänke und helfen sich, Wechsel der Bänke beim Rückweg
- Rückweg über die schräge Bank oder die Sprossenwand
- Die Partner helfen sich gegenseitig beim Übersteigen, wenn nötig

- SS suchen sich die Übungen aus, die ihnen am meisten Freude bereiten, auch mit P
- Alle SS helfen zusammen

Unterrichtsbeispiel Nr. 16   1./2. Jgst.

Schaukeltaue

LZ: – Bewegungserfahrungen im Hängen, Schaukeln, Klettern machen
      – An den Schaukeltauen in Schwung kommen, den Schwung austragen, aus dem Schwung wieder landen können
      – Mit Partner, in der Gruppe gemeinsam Aufgaben lösen können

1. Situationsanalyse

Die (Schaukel-)Taue sind für Kinder eines der beliebtesten Turngeräte. Die gerätespezifischen Umgangsqualitäten des Hängens, Schwingens, Schaukelns, Kletterns, auch in Verbindung mit anderen Geräten (z. B. Ball, Matten, Bank), alleine oder mit dem Partner bzw. der Kleingruppe, fordern in vielfältiger, bewegungsintensiver und freudvoller Weise heraus.

2. Lernvoraussetzungen – Keine

3. Gerätebedarf – 2mal vier Taue – Matten – 2 Bänke

4. Durchführung

Unterrichtsverlauf

4.1 Einstimmen/Erwärmen

– Spiel: Feuer-Wasser-Sturm. Weitere Begriffe wie z. B. Sonne, Brücke u. a. differenzieren die Spielaufgabe weiter und fordern neu heraus.

4.2 Hauptteil

– Das Gerät wird aufgebaut. Die Kinder sitzen nebeneinander mit Sicherheitsabstand zum Gerät. Es gehen jeweils von außen die ersten 4 SS ans Gerät usw. Vgl. Abb. 1

Didaktische Überlegungen

– Für jeden Begriff wird ein bestimmter Ort bzw. ein Verhalten vereinbart, der bzw. das von den herumlaufenden Kindern schnell beim Rufen des Begriffs erreicht, verwirklicht wird.

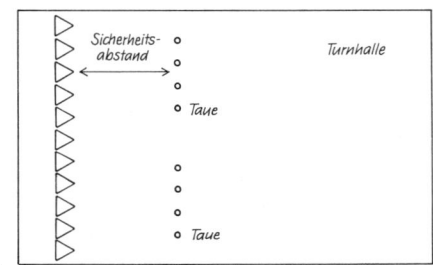

Abb. 1

- Spielaufgabe: Auf ein Zeichen hängen alle SS an den Tauen.
- Wie oben, aber die SS starten aus verschiedenen Ausgangspositionen
- Hangstandlaufen, d. h. der turnende S nimmt das Tau ganz unten (über dem Knoten) und läuft mit gestreckten Armen hängend bei möglichst tiefem Gesäß vorw. auf die andere Seite, steht auf, dreht um, Hangstandlaufen zurück. Abb. 2

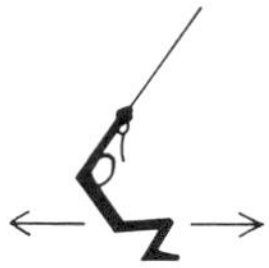

  Abb. 2

- Hangstandlaufen, aber vorw. und rückw. im Vor und Zurück des Schwungs ohne Stand bzw. Drehung dazwischen.
- Hangstandlaufen vorw., am Schwungende ½ Drehung nach re oder li zum Stand, das losgelassene Tau pendelt hin und zurück, Fassen des Taues und Hangstandlaufen zurück
- Schaukeln mit dem Tau im Sitzen, Stehen auf dem Knoten, im Hängen auch mit dem P zusammen
- Über einen „Graben" (Linie, Matten) schaukeln, auf der anderen Seite umdrehen und wieder zurück
- Wie oben, aber auf der anderen Seite nach der Drehung das Tau loslassen, es pendelt einmal hin und her, dann Griff fassen und zurück
- Vorsichtige, erste Kletterversuche am ruhig hängenden Tau
- Von einer Bank herunterschaukeln zum Stand auf die andere Seite

4.3 Ausklang

- Schaukelstaffel zwischen 4 Gruppen. Welche Gruppe ist die schnellste, hat die Aufgabe am besten gelöst?

- An jedem Tau mehrere SS gleichzeitig
- Auch im Wettkampf zweier Gruppen (re und li Hälfte der SS)
- Beim Hangstandlaufen ist die Belastung in Händen, Armen, Oberkörper noch nicht so groß und deshalb gut zum Gewöhnen ans Gerät geeignet. Vorschlag zur Organisation: Jeweils von außen re und li gehen 4 SS ans Gerät, die nächsten 4 stehen auf und sind bereit. Gewechselt wird auf ein Zeichen des L.
- Beim Hinschwung ganz nach vorne laufen, beim Zurück rückw. laufend gleich wieder zurück.
- Während des pendelnden Taues gibt es eine kleine Ruhepause für den Turnenden, dann wieder fester Griff und zurück

- Bei Wiederholungen auf die Anzahl (bzw. die Zeit), also die Belastung achten, Griffsicherheit!
- Beim Umdrehen auf der anderen Seite wird das Tau festgehalten, die Drehung erfolgt im Stand.
- Für das Pendeln das Tau nicht antauchen, sondern nur einfach loslassen, um ein „ruhiges" Tau zu haben.
- Hinweis: Kräfte einteilen beim Hinauf- und Herunterklettern! Nicht rutschen!
- Auf den richtigen Abstand zwischen Bank und Tau achten. Taue möglichst hochgreifen

- Jede Gruppe steht vor ihrem Tau. Auf ein Startzeichen schaukelt der erste S auf die andere Seite, läßt das Tau los, das zurückpendelt, der 2. S greift zu und setzt die Übung fort.

Unterrichtsbeispiel Nr. 17   1./2. Jgst.

Hangeln und Schwingen am Reck

LZ: — Die Bewegungsgrundformen des Hangelns und Schwingens üben
  — Ristgriff und Kammgriff am Reck kennen und anwenden
  — Grundlegende Raum- und Bewegungserfahrungen machen

1. Situationsanalyse

Das Reck ist ein Großgerät, das ohne Schwierigkeiten aufgebaut werden kann. Die Reckstange ist für die Schüler dieser Altersstufe gut zu greifen. Am Reck kann die für das spätere Geräteturnen nötige Griffestigkeit gefahrlos geschult werden. In diesem UB erproben und üben die Schüler die Fähigkeit, ihr Körpergewicht allein durch die Kraft ihrer Arme und Hände zu halten.

2. Lernvoraussetzungen — An allgemeine Organisationsformen gewöhnt sein

3. Gerätebedarf

2 Reckanlagen (R) — 5 Matten (M) — 2 Markierungskegel (Mk) — Bänder

4. Durchführung

Unterrichtsverlauf	Didaktische Überlegungen
4.1 Einstimmen/Erwärmen	
— Kettenfangen: Zwei SS laufen mit Handfassung und fangen. Wer gefangen wird, reiht sich in die Kette ein. Sobald vier SS zusammen sind, teilen sich die vier Fänger in zwei Paare	— Das Spiel endet, wenn alle SS zu Fängerketten geworden sind.
4.2 Hauptteil	
— Geräteaufbau durch L und SS (vgl. Abb. 1)	— SS warten an einem vom L festgelegten Platz. Wer seinen Arbeitsauftrag ausgeführt hat, geht zurück zum Platz. Transport der Reckstange: Drei SS tragen die Stange waagrecht neben sich in Hüfthöhe. Reck 1: Höhe der Reckstange so, daß sie mit ausgestreckten Armen leicht gegriffen werden kann. Reck 2: Reckstange kniehoch

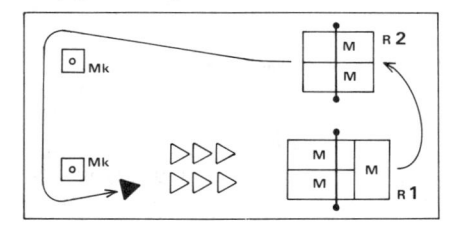

Abb. 1

- L erklärt den Laufweg von Reck 1 zu Reck 2 und um die Markierungen. Vor jedem Durchgang werden die Übungen erklärt, die an Reck 1 und Reck 2 auszuführen sind.
- Reck 1: Fassen der Reckstange im Ristgriff, am Reck hängend verschiedene Beinbewegungen ausführen: Strampeln, Radfahren, Grätschen, Beine hochziehen, mit den Beinen hin- und herpendeln
  Reck 2: Unter der kniehohen Reckstange durchkriechen
- Reck 1: Zwei SS hängen mit Ristgriff am Reck und hangeln aufeinander zu.
  Reck 2: wie oben
- Reck 1: Ristgriff, versuchen, den gestreckten Körper vorsichtig vor- und zurückzuschwingen.
  Reck 2: Die kniehohe Reckstange übersteigen mit Aufsetzen eines Fußes auf der Stange
- Reck 1: Reck im Kammgriff fassen, einen Klimmzug versuchen; versuchen, über die Stange zu schauen, Kinn nicht auf die Stange legen.
  Reck 2: Auf den Rücken unter die Reckstange legen, die Stange im Kammgriff fassen, sich mit den Armen zur Reckstange hochziehen
- Reck 1 und Reck 2: Übung nach eigener Wahl

4.3 Ausklang

- Umkehrstaffel: Nach einer festgelegten Laufstrecke unter dem kniehohen Reck durchkriechen, um die Reckstützen herum zur Gruppe zurücklaufen; nun startet der nächste Läufer
- „Wäsche einsammeln": Jeder Läufer holt ein Parteiband von der greifhohen Reckstange und kehrt damit zur Gruppe zurück, der nächste Läufer startet.
- Geräteabbau

- Der Laufweg um die Markierungskegel bleibt für alle Übungsdurchgänge gleich. Auf ein Zeichen, z. B. Klatschen, verlassen SS das Reck 1
- Arbeiten im Strom, Aufstellung vor dem Reck in zwei Gruppen, d. h. zwei SS sind gleichzeitig am Reck. L steht bei Reck 1
  Ristgriff: S faßt die Reckstange so, daß die Fingerspitzen von ihm wegzeigen. Die Daumen umschließen die Reckstange.
- Die SS hangeln von außen zur Mitte hin

- Hinweis: Die Reckstange erst loslassen, wenn der Körper wieder ruhig hängt;
  Reck 2: Ängstliche SS nehmen den seitlichen Reckpfosten zu Hilfe.

- Kammgriff: Der Übende greift von unten so um die Stange, daß Fingerspitzen auf ihn zeigen, die kleinen Finger liegen nebeneinander.
  Hinweis für die Übung am Reck 2: Mach dich steif wie ein Brett, die Arme ziehen dich zur Stange

- L lobt und gibt Einzelkorrektur

- Aufstellung in zwei Gruppen hinter einer vom L festgelegten Startlinie. Die Laufstrecke bis zum kniehohen Reck wird um so kürzer gewählt, je größer die Gruppe ist.
- Für jeden S wird vom L ein Parteiband über das hohe Reck 2 gehängt. Aufstellung der SS in zwei Gruppen hinter der Startlinie im Abstand zum Reck 2
- Geräteabbau nach Arbeitsaufträgen

105

Unterrichtsbeispiel Nr. 18   1./2. Jgst.

Rückenschaukel am Boden

LZ: – Weiterentwickeln der Grundeigenschaften Gewandtheit und Geschicklichkeit
   – Kennenlernen der richtigen Körper- bzw. Handhaltung für die nachfolgende Rolle rückwärts
   – Bewegungssicherheit steigern und Bewegungsfreude vergrößern

1. Sachanalyse

Die Ausgangsstellung für die Rückenschaukel ist der Hockstand, die Hände umfassen die Unterschenkel, das Kinn wird bei rundem Rücken auf die Brust genommen. Während der gesamten Bewegung wird der Körper so klein wie möglich gehalten. Kommt die richtige Handhaltung für die Rolle rückwärts dazu, werden die Hände neben dem Kopf gehalten (die Handflächen zeigen dabei nach oben, beide Ellbogen nach vorne). Beim Rückwärtsschaukeln werden in dieser Position die Hände auf den Boden gelegt (schulterbreit). Das Zurückschaukeln durch kräftiges Abdrücken mit den Händen vom Boden unterstützen.

2. Lernvoraussetzungen – Keine

3. Gerätebedarf

6–8 Matten (M) (keine Weichböden) – oder eine Wiese, die frei von Unebenheiten, Steinen und dergleichen ist – Tamburin

4. Durchführung

Unterrichtsverlauf	Didaktische Überlegungen
4.1 Einstimmen/Erwärmen	
– Bewegungsaufgabe zur Konzentration und Reaktion, spielerische Bewegung für alle. Die SS laufen in freier Weise durcheinander.	– 1 Tamburinschlag bedeutet: Sitzen in der Hocke, die Hände umfassen die Unterschenkel, Kopf gebeugt auf die Knie. 2 Schläge bedeuten: Knie, Arme, Beine ganz eng zusammenziehen; usw.
– Geräteaufbau: 2 Mattenreihen mit je 4 Matten der Länge nach aneinander.	– Richtiger Mattentransport; d. h. je 6 SS tragen eine Matte. Abb. 1

4.2 Hauptteil

- Rollen um die Körperlängsachse – Wälzen (vgl. Abb. 2)

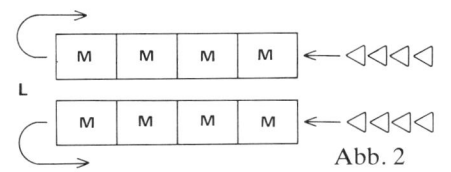

Abb. 2

- In gestreckter Lage, Arme in Verlängerung des Körpers, über die Länge der Mattenbahn wälzen. Arme und Unterschenkel sollten dabei den Boden nicht berühren. Nach beiden Seiten drehen lassen. Organisationsform: ,,Im Strom-üben"

- Mit dem Partner zusammen wälzen

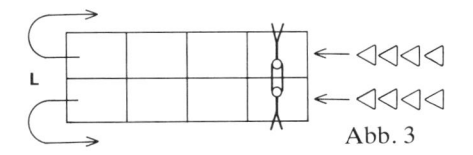

Abb. 3

- Die Partner liegen sich in Bauchlage gegenüber, Arme in Verlängerung des Körpers, Handfassung. Nach beiden Seiten üben lassen (Abb. 3)

- Wälzen und dabei einen Ball hochhalten
- Rückenschaukel

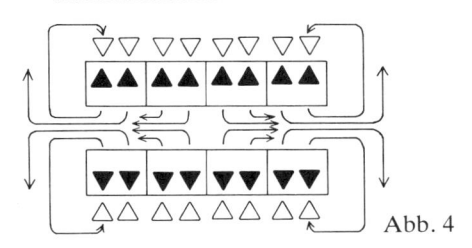

Abb. 4

- In den gestreckten Armen einen leichten oder schwereren Ball halten
- Hockstand auf der Matte, mehrfaches Vor- und Rückschaukeln. Je 2 SS üben auf einer Matte (vgl. Abb. 3). Der Hinterkopf soll beim Zurückschaukeln nicht auf dem Boden aufkommen. Laufwege beim Rückweg angeben. (Vgl. Abb. 4)

- Rückenschaukel im Rhythmus

- Rückenschaukel aus dem Federn

- Rückenschaukel mit richtiger Handhaltung für die Rolle rw.
  Gesamtkorrektur – Einzelkorrektur
- Rückenschaukel mit anschließendem Strecksprung

- Im gleichen Rhythmus (Tamburinschläge) vor- und zurückschaukeln
- Auf die Matte laufen, tieffedern in den Hockstand, Rückenschaukel
- Beim Rückschaukeln immer die Hände richtig auf den Boden legen, beim Vorschaukeln kräftig abdrücken.
- Wie oben, aber so kräftig abdrücken und vorschaukeln, daß das Aufrichten und ein Strecksprung gelingt.

4.3 Ausklang

- ,,Transportband" – Matten wie in Abb. 3 zusammengeschoben. SS des ,,Transportbandes" wälzen sich in eine Richtung.

- Mehrere SS nebeneinander in der Bauchlage (,,Transportband"), ein S mit am Körper angelegten Armen und steifem Körper der Länge nach auf dem ,,Transportband" liegend.

Unterrichtsbeispiel Nr. 19　　　　　　　　　　　　1./2. Jgst.

Schaukeln und Drehen an den Ringen

LZ:　– Verschiedene Bewegungsformen an einem und an zwei Ringen ausführen
　　　– Drehen vom Stand vorlings in den Stand rücklings und umgekehrt
　　　– Bereit sein, dem Partner zu helfen

1. Situationsanalyse

Beim Turnen an den Ringen muß der Ordnungsrahmen genau eingehalten werden. Die Schüler müssen lernen, außerhalb des Schwungbereiches der Ringe in der Gruppe zu warten, bis sie an der Reihe sind. Das Abspringen von den sich bewegenden Ringen ist verboten. Die Ringe werden dem nachfolgenden Übenden ruhig hängend übergeben.

2. Lernvoraussetzung

Einen vorgegebenen Ordnungsrahmen einhalten können

3. Gerätebedarf

3 Ringpaare (Ri) mit je einer Mattenbahn aus 2 Matten (M) – 1 Rundtau – einige Keulen

4. Durchführung

Unterrichtsverlauf	Didaktische Überlegungen
4.1 Erwärmen/Einstimmen	
– Laufen am Rundtau, Reagieren auf Signale, z. B. beim Signal in die Gegenrichtung laufen, in die Hocke gehen	– Alle SS stehen im Flankenkreis außen am Tau, rechte Hand am Tau. Beim Wechsel der Laufrichtung faßt die andere Hand bei der halben Drehung das Tau.
4.2 Hauptteil	
– Geräteaufbau: 3 Ringpaare mit je einer Mattenbahn. L stellt die Ringe knie- bis hüfthoch ein (vgl. Abb. 1)	– Einteilen der SS in drei Gruppen, Aufstellen in genügend großem Abstand zu den Ringen, hinter einer vom L festgelegten Linie. Nach jeder Übung absitzen hinter der gegenüberliegenden Linie (siehe Abb. 1)

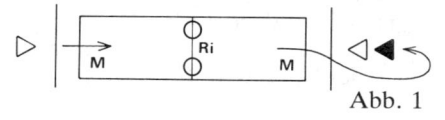

Abb. 1

- Mit beiden Händen hoher Griff an einem Seil, mit den Füßen in einen Ring steigen, 6 SS an 3 Ringpaaren

- Aufrecht in einem Ring stehen, mit den Händen am Seil hinuntergreifen soweit es geht und wieder hoch
- In jedem Ring steht ein S, der versucht, seitlich zum P zu greifen, den P herzuziehen, ihn wegzuschieben
- Als kleines Paket an beiden Ringen hängen, Beine und Arme werden angezogen (Klimmzug)
- Hang zu den Ringen wie oben, versuchen, die angehockten Knie bis zur Stirn zu bringen
- Hang an den Ringen wie oben, Beine mit Partnerhilfe über den Kopf nach hinten drehen bis zum Stand am Boden, Ringe erst loslassen, wenn der Stand am Boden erreicht ist
- Geräteumbau: Einstellen der Ringe auf Brusthöhe

- Übung wie oben, aber am höheren Gerät, L zeigt Helfergriff: Die eine Hand sichert das Handgelenk des Übenden, die andere Hand hilft bei der Drehbewegung
- Aus dem Stand überdrehen der Beine nach rückwärts wie oben und gleich wieder zurückdrehen zum Stand
- Geräteabbau

4.3 Ausklang
- Welcher Fisch schlüpft aus dem Netz? Die Klasse steht im Innenstirnkreis am Rundtau, zwei bis drei SS („Fische") befinden sich im Kreisinnern und versuchen, durch Lücken nach außen zu schlüpfen

- S versucht, in einem Ring stehend zu schaukeln. Die Übung ist beendet, wenn der L einmal klatscht. Die Ringe werden ruhig hängend dem nächsten S übergeben.
- Aus dem aufrechten Stand bis zum Hocken im Ring hinuntergreifen und zurück in den Stand
- Mit einer Hand am Seil halten, Rücksicht auf die Nachbarn

- Aus der Hocke von unten an beide Ringe greifen, die Beine vom Boden abheben
- Der Rücken zeigt bei dieser Übung etwa zu Boden, die Arme sind angezogen (Hocksturzhang)
- Üben in der Dreiergruppen. Die beiden Helfer knien seitlich neben dem Übenden. Eine Hand faßt das Handgelenk, die andere unterstützt an der Hüfte die Drehbewegung
- Innere Differenzierung: Für ängstliche Schüler kann eine Anlage hüfthoch bleiben.
- 2 SS stehen neben dem Übenden. Sie sichern mit Griff am Handgelenk und unterstützen die Drehbewegung am Oberschenkel bis zum Stand am Boden
- Die Beine drücken sich kräftig vom Boden weg. Hinweis: Die Hände erst von den Ringen lösen, wenn die Füße am Boden sind.
- Zuerst die Ringe, dann die Matten

- Die außenstehenden SS versuchen, durch Zusammengehen das Durchschlüpfen zu verhindern. „Fische" nach kurzer Zeit auswechseln

Unterrichtsbeispiel Nr. 20   1./2. Jgst.

Grundlegende Bewegungserfahrungen am brusthohen Reck

LZ: – Kennenlernen der Bewegungsformen Kniehang und Felgabschwung
     – Grundlegende Raum- und Körpererfahrungen erleben

1. Situationsanalyse

An drei verschieden hohen Reckanlagen bieten sich Übungsgelegenheiten für Hang-, Balancier- und Kletterübungen.

2. Lernvoraussetzungen – Stützkraft

3. Gerätebedarf – 3 Reckanlagen (R) – 4 Reckstangen – 5 Matten (M) – 2 Markierungskegel (Mk)

4. Durchführung

Unterrichtsverlauf	Didaktische Überlegungen
4.1 Einstimmen/Erwärmen	
– Geräteaufbau (Abb. 1)	– Organisation des Geräteaufbaus wie im UB Nr. 17 beschrieben Reck 1: brusthoch, 2 Matten Reck 2: kniehoch, 1 Matte Reck 3: Doppelreck, eine Stange kniehoch, die zweite schulterhoch, 2 Matten

Abb. 1

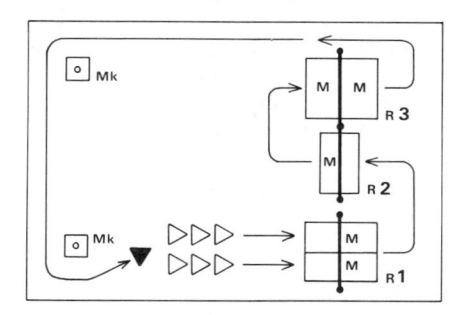

– Bewegungen zwischen den aufgebauten Geräten	– Freies Bewegen, L gibt Bewegungsimpulse: Laufen, Hüpfen usw.
4.2 Hauptteil	
– Aufstellung vor dem brusthohen Reck 1 (siehe Abb. 1) in zwei Gruppen	– L erklärt den Laufweg vom Reck 1 zu Reck 2 und 3, um die Markierungskegel, zurück zur Gruppe
– Reck 1: Sprung in den Stütz auf der Reckstange, leiser Niedersprung auf	– SS üben zu zweit am Reck 1 Hände im Ristgriff (die Fingerspitzen

die Matte, unter der Reckstange durchlaufen
Reck 2: Unter der Stange durchkriechen
Reck 3: Durch Reckfenster steigen
- Reck 1: Sprung in den Stütz wie oben, aus dem Stütz einen Felgabzug anschließen (Drehbewegung vw, ähnlich der Rolle vw)
Reck 2: Übersteigen der Reckstange
Reck 3: Auf der unteren Stange stehend seitlich entlang gehen

- Reck 1: Felgabzug wie oben
Reck 2: Überwinden der Reckstange auf andere Art
Reck 3: wie oben
- Reck 1: Felgabzug ohne Helfer
Reck 2: Balancieren mit Partnerhilfe über die kniehohe Stange
Reck 3: Die obere Reckstange überklettern
- Reck 1: Sich ,,wie ein Affe'' mit Händen und Füßen unten an die Reckstange hängen
Hinweis: Versuche dich mit den Armen zur Stange hochzuziehen, bis dein Bauch die Stange berührt
Reck 2 und 3: Die SS wählen bereits geübte Bewegungsformen aus
- Reck 1: Knieliegehang, dann die Hände von der Reckstange lösen, Arme und Oberkörper hängen senkrecht nach unten, die Hände berühren die Matte, Oberkörper wieder aufrichten und die Reckstange fassen. Beim Absteigen aus dem Knieliegehang sichert der L durch Griff an einem Handgelenk, bis die Füße des S am Boden sind.

4.3 Ausklang
- Geräteabbau
- Spinne: Zwei oder drei Fänger (Spinnen) bringen die gefangenen SS zum Spinnennetz (= Handballtorraum)

zeigen vom Übenden weg) aufstützen, die Reckstange liegt vor der Hüfte, ,,im Strom üben''

- SS üben einzeln, damit L sichern kann. L steht auf der anderen Seite des Recks, die gerätnahe Hand greift das Handgelenk des Übenden, die andere Hand sichert die Drehbewegung des Oberkörpers; Reck 3: die Hände greifen sichernd an die obere Reckstange
- L sichert nur noch die ängstlichen SS am Reck 1, Hinweis: Versuche leise auf der Matte zu landen

- Reck 1: Die SS üben zu zweit am Gerät; Reck 3: Der L steht sichernd dabei. Ängstliche SS werden nicht gezwungen, die hohe Stange zu übersteigen.
- SS üben einzeln am Gerät, S greift von unten mit beiden Händen an die Stange, ein Bein zur Stange hochführen, das andere nachziehen, Festhalten durch Überkreuzen der Beine über der Stange

- Knieliegehang: Die Hände fassen die Stange im schulterbreiten Abstand. Aus dem Hang unter der Stange nacheinander die Beine zwischen den Händen über die Reckstange bringen, Knie einhängen. Der L steht neben dem Übenden. Er sichert anfangs durch Griff am Handgelenk, dann die gebeugten Unterschenkel. Die Übung wird wiederholt.

- Organisation wie zum Stundenbeginn
- Die Gefangenen können von den anderen SS durch Berührung aus dem ,,Netz'' befreit werden

Unterrichtsbeispiel Nr. 21   1./2. Jgst.

Grundlegende Bewegungserfahrungen am Stützbarren

LZ: − Kräftigung der Arm- und Schultermuskulatur durch Klettern und Hangeln
       − Verschiedene Bewegungsaufgaben gewandt und geschickt ausführen

Situationsanalyse

Der Barren ist hervorragend geeignet, die Stützkraft zu schulen und regt zu einfallsreichen Bewegungsformen an. Der Schwierigkeit des Geräteaufbaus kann durch Absprache mit Kollegen begegnet werden. Es ist aber ebenso möglich, das Gerät mit den Schülern aufzustellen. In diesem UB sollen die Kinder erstmals mit dem Barren vertraut gemacht werden. Es genügt, einen Barren aufzustellen, wenn neben diesem Hauptgerät durch sogenannte Zusatzaufgaben weitere Bewegungsmöglichkeiten geschaffen und so lange Wartepausen in der Gruppe vermieden werden.

2. Lernvoraussetzungen

An grundlegende Ordnungs- und Organisationsformen gewöhnt sein.

3. Gerätebedarf

1 Barren (B) − 4 Matten (M) − 2 kleine Kästen (kK) − 3 Kastenteile (Kt) − 4 Reifen (Re) − ein Sandsäckchen − ein Tamburin − Kreide oder Klebeband zum Markieren − 2 Langbänke (Lb)

4. Durchführung

Unterrichtsverlauf	Didaktische Überlegungen
4.1 Einstimmen/Erwärmen	
− Geräteaufbau durch L und SS (vgl. Abb. 1)	− Alle SS sitzen an einem festgelegten Platz. Der L ruft auf und gibt Arbeitsaufträge. Wer seinen Auftrag ausgeführt hat, geht zurück zum Platz. Transport des Steckbarrens durch 5 SS: Drei SS tragen den Holm auf der Schulter, die zwei beweglichen Pfosten des Barrens werden von je einem S getragen.

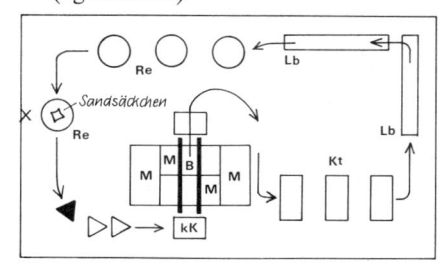

Abb. 1

- Laufen um die aufgebauten Geräte herum
- L nennt die Namen der aufgebauten Geräte
- Laufen wie oben, zu dem vom L genannten Gerät hinlaufen

4.2 Hauptteil

Stützbarren mit waagrechten Holmen
- L erklärt den Laufweg durch die aufgebaute Gerätebahn, L zeigt Übungen, die an den Zusatzgeräten durchgeführt werden können. L gibt für jeden Durchlauf die Übungen vor oder läßt die SS die Übungen selbst auswählen. Es gilt die Regel, daß ein Gerät verlassen werden muß, wenn der nachfolgende S es erreicht hat.
- Vom kleinen Kasten auf die Holme steigen, sitzend oder krabbelnd die Holme in Längsrichtung überwinden, die Bewegungsart selbst wählen
- Sich auf allen Vieren vorlings oder rücklings über die Holme vorwärts bewegen
- Sich wie eine „Krabbe" seitwärts über die Holme bewegen
- Ein „Faultier" hängt am Baum
- Vom kleinen Kasten auf den rechten oder linken Holm setzen

Barren mit gegengleich schräg gestellten Holmen
- SS überwinden den „Kreuz"-Barren probierend
- Anwenden einiger bereits geübter Bewegungsformen am „Kreuz"-Barren

4.3 Ausklang
- Geräteabbau durch L und SS
- Verabschiedungsrennen: Laufe herum und versuche, möglichst vielen Kindern zum Abschied die Hand zu geben

- Laufen zum Takt des Tamburins, freie Wahl des Weges
- Diese Begriffe sollten die SS kennenlernen: Barren, Holm
- L ruft den Namen eines im Raum befindlichen Gerätes.

- Zusatzaufgaben, z. B.: Slalom laufen um die Kastenteile, um die Reifen, Durchkriechen der aufgestellten Kastenteile, Balancieren auf der Langbank, bäuchlings über die Langbank ziehen, Sprünge von Reifen zu Reifen, Zielwürfe mit dem Sandsäckchen auf eine Markierung an der Wand

- SS stehen hintereinander vor der Holmengasse. L sichert seitlich neben der Holmengasse. Am Ende der Holmengasse steht ein weiterer kleiner Kasten als Abstiegshilfe.
- Jeder S probiert, wie er sich sicherer fühlt, in Bauch- oder Rückenlage zum Gerät.
- Die Füße nebeneinander auf einem Holm, beide Hände am anderen, nach der Seite bewegen
- Wie oben, jedoch unter den Holmen hängend, nach der Seite bewegen
- Abspringen nach der Seite

- L steht sichernd neben der Holmengasse
- Bewegungsformen, z. B. Krabbeln auf allen Vieren vorlings und rücklings, Krabbengang, Faultierhang

- Gezielte Arbeitsaufträge
- L gibt eine kurze Zeiteinheit vor, die die SS dazu anregt, sich möglichst schnell zubewegen.

Unterrichtsbeispiel Nr. 22   1./2. Jgst.

Spielen mit dem Gymnastikball

LZ: – Das Können im Umgang mit dem Ball steigern, besonders gezieltes Werfen und richtiges Fangen
 – Sich auf Partner bzw. die Gruppe einstellen, gemeinsam Spielaufgaben lösen
 – Spielfähigkeit steigern, Spielfreude erleben

1. Situationsanalyse

Der Ball ist wohl eines der beliebtesten Spielgeräte der Kinder. Alle genannten Spielanregungen sind im Rahmen der Gesamtaufgabe Spielerziehung zu sehen, die als oberstes Ziel die Spielfähigkeit der Kinder intendiert. Spielfähigkeit setzt ein differenziertes Können voraus. Das Einzelkönnen ist die Grundlage für weitere, schwierigere Formen mit Partner und Gruppe. Durch vielfältige Übungen wird der sachlich bestimmte Umgang mit dem Ball im Werfen, Fangen, Prellen, Stoßen (Fuß), Rollen ausgebaut und geschicktes Verhalten gesteigert. Auf dem so grundgelegten Können werden dann im Zusammenspielen mit Partner und Gruppe die Aufgaben erweitert und Spielfreude erlebt.

2. Lernvoraussetzungen

Grundlegende Erfahrungen mit dem Ball sind bereits gemacht worden – die SS sind in der Lage, vereinbarte Regeln (Ordnung, Sicherheit) einzuhalten.

3. Gerätebedarf – Jeder S hat einen Gymnastikball – ein Kastenzwischenteil

4. Durchführung

Unterrichtsverlauf	Didaktische Überlegungen
4.1 Einstimmen/Erwärmen	
– Freies Spielen der SS mit dem Ball, Verwirklichen eigener Spieleinfälle	– Unkontrolliertes und gefährliches Ballstoßen (Fuß) bzw. -werfen unterbinden
– Die Wände bzw. verschiedene andere Geräte, z. B. Basketballbretter bzw. -körbe mit einbeziehen	– Die Wand als vielfältig zu nutzenden „Spielpartner" in die Aufgabenstellungen mit einbeziehen

4.2 Hauptteil

- Geschicktes Verhalten mit dem Ball (Ballgymnastik). Wer kann
  o den Ball im Grätschstand in einem weiten Kreis um die Beine rollen, eine Acht rollen?
  o im Strecksitz den Ball um Körper und gestreckte Beine herumrollen?
  o im Sitz den Ball zwischen den Füßen halten, ihn rückw. rollend am Boden ablegen und wieder holen?
  o im Sitz den Ball zwischen den Füßen halten, ihn so hochwerfen und fangen?
- Aufgaben gemeinsam mit dem Partner lösen. Wer kann
  o mit dem P frei zusammenspielen?
  o den Ball schräg nach unten so auf den Boden werfen, daß ihn der P fangen kann?
  o den Ball in die Luft werfen, der P läßt ihn aufspringen und fängt ihn dann?
  o den Ball direkt zuwerfen und fangen?
  o den Ball im Sitzen, in der Bauchlage zuwerfen und fangen?
  o den Ball mit dem P zusammen prellen?
- Spielen in der Gruppe
  o (Wett-) Wanderball im Kreis (nach innen schauen) mit 2,3 Spielgruppen je nach Klassengröße
  o Variationen, z. B. im Kreis sitzen, liegen, knien; mit zwei Bällen im Kreis spielen, ein Ball jagt den anderen; den Ball um die Wette mit den anderen Gruppen spielen

4.3 Ausklang

- Spiel: ,,Haltet den Kasten voll". Der L versucht, das Kastenteil von Bällen freizubekommen, die SS holen die weggeworfenen Bälle und legen sie wieder in das Kastenteil.

- Jeder S hat bei diesen Aufgaben einen Ball. Die SS suchen sich in der Halle einen Platz (Sicherheitsabstände zu den anderen beachten). Auf ein Zeichen des L werden die Bälle gehalten, damit die nächste Spielaufgabe in Ruhe gestellt werden kann. Die Kinder werden aufgefordert, selbst Spielaufgaben zu finden. Der betreffende S macht seine Aufgabe kurz vor, die anderen machen sie nach. Der L hilft, wenn nötig, durch weitere Bewegungsimpulse.
- Auch hier bekommen die einzelnen Paare zunächst Gelegenheit, je nach Können und Bewegungseinfällen verschieden schwere Spielaufgaben selbst herauszufinden und gefundene Lösungen zu verwirklichen. Die Kinder können auch durch das Beobachten anderer Paare Spieleinfälle aufgreifen und selber probieren.
  Erst dann, wenn es nötig ist bzw. wenn gezielt einzelne Fertigkeiten geübt werden sollen, gibt der L weitere Bewegungsanregungen.

- Mehrere Spielgruppen bilden
  o Der Ball ,,wandert" möglichst schnell innerhalb des Kreises von S zu S, es darf niemand ausgelassen werden.
  o Die Grundform kann reizvoll und neu herausfordernd abgewandelt bzw. weitergeführt werden. Dabei gleich große Spielgruppen beachten

- Ein Kastenzwischenteil liegt in der Hallenmitte, mit etwa der Hälfte der Bälle gefüllt. Die anderen Bälle erhalten die in der Halle verteilten SS.

115

Unterrichtsbeispiel Nr. 23   1./2. Jgst.

Staffeln

LZ: – Sich ausdauernd und schnell bewegen
   – Staffeln mit wechselnden Grundformen kennenlernen

1. Situationsanalyse

In verschiedenen Staffelformen lernt der Schüler die Gruppe als Spielgemeinschaft kennen. Er erlebt Gewinnen und Verlieren und erkennt die Notwendigkeit, Spielregeln einzuhalten. Staffeln, die mehr Geschicklichkeit und Mitdenken verlangen als Schnelligkeit, bieten auch den SS Erfolgserlebnisse, die sonst oft als letzte ins Ziel gehen. Dieses UB kann auch im Freien stattfinden.

2. Lernvoraussetzungen

An grundlegende Ordnungs- und Organisationsformen gewöhnt sein

3. Gerätebedarf

4 kleine Medizinbälle – 4 Gymnastikstäbe – 4 Gymnastikbälle – 8 Blatt Papier – 4 Stifte – 8 Parteibänder (oder Schals, oder Mützen) – ca. 12 Markierungen für Slalomstrecken (Fähnchen oder Markierungskegel)

4. Durchführung

Unterrichtsverlauf	Didaktische Überlegungen
4.1 Einstimmen/Erwärmen	
– Runden gehen: Wie ein Indianer schleichen, wie eine Dame stolzieren, wie ein Verletzter hinken, wie eine Katze auf allen vieren gehen	– Aufstellen an der äußeren Spielfeldlinie, Abstand zum Vordermann beachten. L gibt Bewegungsimpulse
– Runden laufen, vw, rw, im Seitgalopp, Hopserlauf, Laufen mit gestrecktem Bein, beim Lauf Knie vorn hochziehen, Fersen an das Gesäß schlagen	– L läuft in gegengleicher Richtung mit, evtl. mit Handtrommel
– Bewegungsübungen zur Verbesserung der Atmung: Tief einatmen, dabei den Körper strecken, kräftig aus-	– Aufstellung im großen Kreis, mit Abstand zum Nebenmann. L macht Übungen vor, die mehrmals wieder-

atmen und dabei in die Hocke gehen. Vor und hinter dem Körper in die Hände klatschen, dabei aus- und einatmen.

holt werden. Hinweis: Vergiß das Atmen nicht!

4.2 Hauptteil

- Bereitstellen der benötigten Geräte am Rand des Spielfeldes
- Slalomstaffel: Einen kleinen Medizinball im Slalomlauf um die Markierungen bis zur Umkehrlinie tragen und ebenso zurück. Der Ball wird dem nächsten Läufer übergeben.
- Wie oben, doch wird der Ball an der Umkehrlinie abgelegt. Der nächste Läufer holt den Ball.

- Abbau der Slalom-Markierungen, neue Gruppen bilden
- Malstaffel: Am Ende der Laufstrecke muß von jedem Läufer etwas auf ein Papier gezeichnet werden (z. B. ein Herz, ein Stern). Es gibt zwei Sieger: Die schnellste Gruppe, die Gruppe mit den schönsten Bildern
- Bewegungsstaffel: Jeweils die ersten SS der sich gegenüberstehenden Gruppen laufen gleichzeitig aufeinander zu. Wenn sie sich erreicht haben, schütteln sie sich die Hände und kehren zu ihrer Gruppe zurück
- Kreisstaffel: Ein Spieler wird als erster Läufer bestimmt, er läuft einmal um den Kreis und zurück zu seinem Platz. Sobald er sitzt, darf der nächste Läufer starten

- Wie oben, doch rollt der Läufer einen Gymnastikball um den Kreis

- Bälle, Stäbe usw. in einem Kastenteil bereitlegen
- Aufstellung der SS in 4 Gruppen an der Hallenschmalseite, für jede Gruppe eine Slalomstrecke durch 4 Fähnchen markieren. Jede Gruppe hat einen kleinen Medizinball.
- Der nächste Läufer startet, wenn ihm der Ball übergeben wird, bzw. wenn ihn der zurückkommende S abschlägt.
- Neue Gruppen bringen neue Sieger bzw. Verlierer
- Am Ende der Laufstrecke liegt für jede Gruppe ein Blatt Papier und ein Stift. Der Stift wird nicht dem nächsten Läufer übergeben (Unfallgefahr), er bleibt beim Blatt liegen.

- 8 Gruppen bilden, jeweils 2 Gruppen arbeiten zusammen und stehen sich an der Laufstrecke gegenüber. Variationen am Begegnungspunkt: Parteibänder, Mützen oder Schals austauschen
- SS sitzen in drei gleich großen Innenstirnkreisen am günstigsten auf den vorgezeichneten Spielfeldkreisen. Hinweis: Nicht die Arme, die Beine aus dem Kreis strecken! Stolperfalle!
- Jeder Kreis erhält einen Gymnastikball

4.3 Ausklang

- Hörst du den Ton: SS bewegen sich mit geschlossenen Augen in der Halle. Wer den Summton hört, bewegt sich in die entsprechende Richtung. Wenn der Summende erreicht ist, stellt man sich dazu und summt mit.

- Sobald alle SS die Augen geschlossen haben, beginnt der L oder ein vom L bestimmter S, an einem Ort der Halle stehend, zu summen. Die Augen werden erst geöffnet, wenn alle SS sich beim Summenden eingefunden haben.

Unterrichtsbeispiel Nr. 24   1./2. Jgst.

Kleine Spiele (Platzsuchspiele)

LZ: – Sich auf wechselnde Spielformen und Mitspieler einstellen können
      – Spielfreude erleben und Spielfähigkeit entfalten

1. Situationsanalyse

Kleine Spiele schulen spielmotorische Fertigkeiten und verbessern die Koordination und die Reaktionsfähigkeit. In den vielfältigen Spielhandlungen der Kleinen Spiele kann der Schüler körperliche, geistige und soziale Fähigkeiten entwickeln und üben. Das UB kann auch im Freien durchgeführt werden.

2. Lernvoraussetzungen

An grundlegende Ordnungsformen gewöhnt sein

3. Gerätebedarf

1 Reifen pro S – 4 Blatt Papier (auf jedem Blatt sind 3–5 Gegenstände abgebildet)

4. Durchführung

Unterrichtsverlauf	Didaktische Überlegungen
4.1 Einstimmen/Erwärmen	
– Reaktionsspiel: Aufstellen der SS in 2 Gruppen an gegenüberliegenden Grundlinien eines Spielfeldes. L nennt verschiedene Bewegungsaufträge, die von der Gruppe gemeinsam und möglichst schnell ausgeführt werden	– Bewegungsaufträge können sein: Schneller Wechsel vom Stand in die Bauch- oder Rückenlage, Wechsel der Grundlinien mit der anderen Gruppe, Anlaufen eines bestimmten Ortes im Spielfeld (z. B. ein Kreis, eine rote Linie)
4.2 Hauptteil	
– Bäumchen wechsle dich: Im Raum werden Reifen ausgelegt (1 Reifen weniger als es SS sind). In jedem Reifen steht ein S, auf den Ruf des überzähligen S: „Bäumchen wechsle dich" tauschen alle SS die Plätze, auch der Rufer sucht einen Reifen auf	– Der S, der keinen Platz gefunden hat, wird der neue Rufer, und das Spiel beginnt erneut. Variation: Es werden zwei oder drei Reifen weniger als SS ausgelegt; d. h., 2 oder 3 SS sind gleichzeitig Rufer, suchen gleichzeitig einen Platz

- Hase im Nest: Es sind zwei Reifen weniger vorhanden als es SS sind. In jedem Reifen hockt ein S („Hase"). Ein Fänger („Jäger") fängt, zwischen den Reifen laufend, einen S („Hase"). Dieser S kann sich retten, indem er in ein „Nest" (Reifen) schlüpft. Nun muß der S weglaufen, der bis dahin im Reifen war.
- Die Katze schläft: Die Reifen liegen außen um das Spielfeld herum, zwei Reifen weniger als es SS sind, in der Spielfeldmitte bilden die SS einen Innenstirnkreis, in der Kreismitte sitzt ein S („Katze"), der Kreis bewegt sich zu einem Sprechvers um die „Katze" herum, die „Katze" wacht auf und versucht, die SS zu fangen, die sich in den Reifen am Spielfeldrand retten. Wer übrig bleibt oder gefangen wird, ist die nächste „Katze".
- Einsammeln der Reifen
- Hundehütte: Es wird ein doppelter Flankenkreis gebildet (der äußere Kreis ist zahlenmäßig größer). Beide Kreise bewegen sich gegenläufig, auf ein Zeichen des L stellen sich die SS des Innenkreises in Seitgrätschstellung als „Hundehütten" hin, der äußere Kreis, die „Hunde" bewegen sich weiter; auf ein zweites Zeichen kriechen die „Hunde" in eine „Hundehütte" im Innenkreis

4.3 Ausklang

- Gedächtnisspiel: In jeder Ecke des Spielfeldes liegt ein Blatt Papier, auf dem Gegenstände abgebildet sind. Die SS schauen sich die Zeichnungen an, danach werden sie verdeckt. Zu Beginn des Spiels sind die SS beim L in der Spielfeldmitte, L nennt einen Gegenstand, SS erinnern sich und laufen zur entsprechenden Zeichnung hin und setzen sich

- Rollenwechsel erfolgt, wenn der „Jäger" den „Hasen" fängt oder auf ein Zeichen des L; SS, deren Reifen noch nicht angelaufen wurde, heben die Hand, der „flüchtende Hase" darf dann nur noch zu diesen SS in den Reifen laufen

- Sprechvers: „Die Katze schläft, die Katze schläft! Wir Mäuse gehn zum Tanz! Wir drehen uns im Mäusetanz und wackeln mit dem Mäuseschwanz. Und wenn die Katz vom Schlaf erwacht, dann schlüpfen wir, das weiß man doch, husch, husch in unser Mauseloch!" Die Katze springt auf und ruft: „Das wollen wir malen sehen!" (nach O. Preußler in „So einfach ist Theater") Die SS bewegen sich passend zum Sprechtext.
- SS helfen mit
- Rollenwechsel: SS, die einen Platz gefunden haben, bleiben im Innenkreis als „Hundehütte"; SS, die keinen Platz gefunden haben, bleiben „Hunde" zusammen mit jenen SS, die zuvor die „Hütte" dargestellt haben. Das Spiel beginnt erneut mit Bewegen im Kreis; die Bewegungsart kann variiert werden.

- Die Zeichnungen zeigen leicht einzuprägende Dinge (Blume, Auto, Herz, Sonne usw.). Auf jedem Blatt befinden sich ca. 3–5 Abbildungen. Die SS raten/laufen allein oder in Gruppen. Wenn alle SS sitzen, werden die Zeichnungen aufgedeckt. L nennt bei jedem Durchgang einen anderen Gegenstand.

Unterrichtsbeispiel Nr. 25   1./2. Jgst.

Kleine Spiele mit dem Ball

LZ: – Sich auf einen Partner einstellen und auf ihn Rücksicht nehmen
       – Die Gruppe als Spielgemeinschaft erleben
       – Den Spielgedanken erkennen und bereit sein, die Spielregeln einzuhalten

1. Situationsanalyse

Kleine Spiele verlangen vom Schüler neben motorischen Fähigkeiten auch die Bereitschaft, Spielregeln einzuhalten, sich auf den Partner einzustellen und kooperativ in der Gruppe zu handeln. Das Spielverhalten der 6–8jährigen ist gekennzeichnet durch eine starke Hinwendung zum Spielobjekt, das die Aufmerksamkeit noch fast gänzlich beansprucht. Es fällt ihnen noch sehr schwer, den Mitspieler in die Spielhandlung einzubeziehen.

2. Lernvoraussetzungen

An grundlegende Organisationsformen gewöhnt sein.

3. Gerätebedarf

Musik: „Klapper Klatsch", Fidula Cassette, Tanzspiele 2 – 1 Gymnastikball pro S – ca. 10 Bälle zusätzlich – 1 Keule pro S – 2 Kastenteile

4. Durchführung

Unterrichtsverlauf

4.1 Einstimmen/Erwärmen

- Spiegelspiel: Laufen zur Musik, wenn die Musik stoppt, sich zu Paaren zusammenstellen, ein S macht eine Bewegung vor, die vom anderen S nachgeahmt wird
- Autoscooter: Paare bilden, Hände über Kreuz fassen (re-re, li-li), nebeneinander als Auto durch das Spielfeld gehen

Didaktische Überlegungen

- Freies Laufen im Raum während die Musik erklingt, SS einigen sich, wer die Bewegungen solange vormacht, bis die Musik wieder einsetzt

- Wenn ein anderes „Auto" entgegenkommt, weicht das Paar aus, indem es ohne die Hände zu lösen in die entgegengesetzte Richtung geht.

4.2 Hauptteil
- SS bilden 2 Gruppen, A und B, jeder S erhält einen Ball
- Haltet das Feld frei: Die beiden Gruppen stehen sich an den Grundlinien jeder Spielfeldhälfte gegenüber (vgl. Abb. 1). Auf Kommando werden die Bälle ins Spielfeld der anderen Gruppe gerollt. Jede Gruppe versucht, möglichst schnell die Bälle aus ihrem Spielfeld zur anderen Gruppe zurückzurollen. Nach einer bestimmten Spielzeit wird die Anzahl der in den Feldern liegenden Bälle verglichen.
- Bälle sammeln: Die Gruppen sitzen sich auf den Grundlinien gegenüber, zwischen den Gruppen liegen die Bälle im Spielfeld (mehr Bälle als SS), auf ein Kommando werden die Bälle eingesammelt und im Kastenteil der jeweiligen Mannschaft abgelegt.
- Bälle stoppen: Zwei Gruppen stehen sich in den Spielfeldhälften gegenüber, am Ende jeder Spielfeldhälfte steht ein Kastenteil, wie oben. Im Kastenteil der Gruppe A liegen alle Bälle. Auf ein Kommando rollt jeder S der Gruppe A einen Ball von der Grundlinie ab ins Spielfeld der Gruppe B. Die SS der Gruppe B versuchen, jeweils einen Ball aufzuhalten und tragen ihn in ihr Kastenteil.
- Aufräumen der Bälle und Kastenteile, Austeilen der Keulen

4.3 Ausklang
- Keulendiebstahl: SS sitzen mit dem Rücken zur Kreismitte, der Kopf liegt auf den angehockten Beinen, die Augen sind geschlossen, hinter jedem S steht eine Keule, ein S schleicht innen im Kreis herum und versucht die Keulen einzusammeln. Wer den Dieb hört, kann den Diebstahl verhindern, indem er kurz die Hand hebt.

- Austeilen der Bälle, Bereitstellen der zwei Kastenteile   Abb. 1

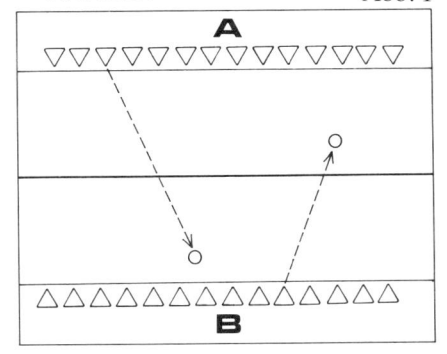

- Die Kastenteile werden an die hintere Begrenzungslinie außerhalb des Spielfeldes gestellt. Es darf jeweils von jedem S nur ein Ball zum Kastenteil getragen werden. In welchem Kastenteil liegen die meisten Bälle, welche Gruppe ist am schnellsten?

- Die Begrenzungslinien (auch seitliche) des Spielfeldes festlegen. Bälle, die über die Begrenzungslinien hinausrollen, dürfen nicht mehr eingesammelt werden. Es zählen nur die Bälle, die im Spielfeld eingesammelt und ins Kastenteil gelegt wurden. Wechsel der Rollen. Variation: Die Bälle so auf den Boden werfen, daß sie nach dem Bodenkontakt ins gegnerische Feld springen.
- Alle helfen mit

- L steht außen am Kreis and nimmt dem Spieler in der Kreismitte die eingesammelten Keulen ab. Der L beendet das Spiel, wenn fast alle Keulen eingesammelt sind. Mehrere Wiederholungen

3.2 Unterrichtsbeispiele 3./4. Jahrgangsstufe

Unterrichtsbeispiel Nr. 26   3./4. Jgst.

Gerätturnen: Rolle vorwärts

LZ: – Weiterentwickeln der motorischen Grundeigenschaften
       – Bewegungsfertigkeit steigern und Bewegungsfreude vergrößern
       – Sich vom Partner helfen lassen und selbst anderen helfen

1. Sachanalyse

Bewegungsablauf: Aus dem Hockstand greifen die Hände vor, beidbeiniger Abdruck vom Boden, Aufstützen der flachen Hände schulterbreit auf den Boden (Finger zeigen nach vorn); Kinn an die Brust, runde Körperhaltung; Beugen der Arme, Auflegen des Nackens auf den Boden; Rollbewegung mit gestreckten Beinen; wenn die Brustwirbelsäule den Boden berührt, werden die Beine zur Beschleunigung rasch angehockt; Bewegung führt in den Hockstand ohne Nachschieben der Hände.

2. Lernvoraussetzungen

Stützkraft der Arme und Hände – Fähigkeit, Langbänke und Matten fachgerecht zu transportieren – richtige Handhaltung beim Aufstützen: Hände werden auf die Bankfläche gelegt (nicht an die Kanten greifen!)

3. Gerätebedarf

4 Langbänke (Lb) – 8 Matten (M) od. 4 Langmatten (keine Weichbodenm.) – Tamburin – 4 Sprungbretter (Sb) – 4 Kastenteile (Kt) – 4 Bänder

4. Durchführung

Unterrichtsverlauf

4.1 Einstimmen/Erwärmen

– Richtungsgehen rechts um das Bankquadrat herum
– Richtungslaufen rechts
– Einbeiniges Hüpfen mit Wechsel
– Vierfüßlerlauf außen herum
– In Schlangenlinien unter den Bänken durchkriechen bis zum Ausgangspunkt
– Hockhüpfen auf der Bank, auch im Wechsel mit Grätschhupf auf den Boden

Didaktische Überlegungen

– Aufbau eines Bankquadrats
– Die SS werden in vier gleich große Gruppen eingeteilt

Abb. 1

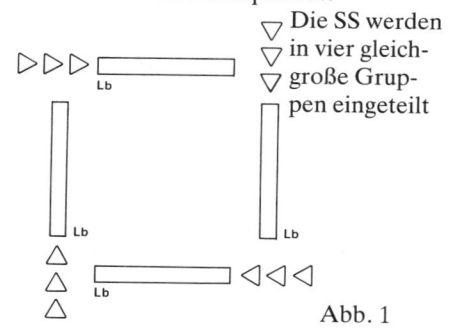

4.2. Hauptteil

- Rollen von der Bank
  Aus dem Kniestand auf der Bank, Hände dicht an der Bank auf die Matte setzen, die Bank von unten anschauen, Arme beugen, den Nacken auf die Matte legen, vorwärts abrollen. Dabei den Fußrist lange auf der Bank lassen, dann schnell klein werden und die Knie umfassen, bis der Hockstand erreicht ist.

- Rollen auf schiefer Ebene
  Sprungbrett an der Stirnseite unter die Matte schieben, Rollen aus dem Hockstand auf der Matte: Hockstand auf der erhöhten Matte, Hände schlagen auf die Matte, Abrollen auf der schiefen Ebene

- Rollen auf der ebenen Matte aus dem Hockstand
- Rollen aus der weiten Grätsche mit Aufstützen der Hände
- Rollen aus kurzem Anlauf, über ein Hindernis beidbeiniger Absprung
- Rollen über alle Matten des Bankquadrats; Üben im Strom; auf jeder Mattenbahn eine Rolle

4.3 Ausklang

- Wettspiel: „Autorennen" mit Kastenteil. Achtung: Wie können wir einen Unfall vermeiden? Rechts laufen, links überholen, beim Wechsel keine Laufbahn kreuzen! Das Kastenteil am Schluß nicht fallenlassen, sondern abstellen; notfalls ausweichen!

- Geräteabbau

- Mattentransport zu den Bänken
  Jede Gruppe übt an ihrer Bank. Nach innen rollen, um die Bank herum auf den Ausgangsplatz zurücklaufen (siehe Abb. 2)

  Abb. 2

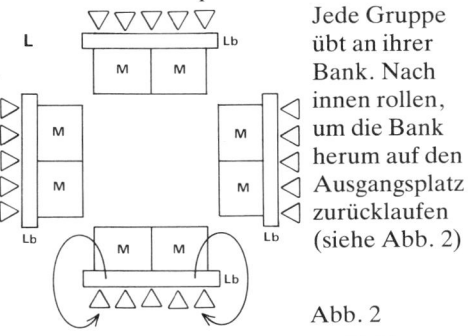

- Hilfe durch L oder S: Der Helfer kniet neben dem Übenden, er drückt mit einer Hand den Kopf des Übenden etwas zur Brust, mit der anderen Hand schiebt er an der Hüfte nach. Jeder „Helfer" wird der nächste Übende. Das Schlagen auf der Matte führt zur richtigen Handhaltung.

- Kräftiger beidbeiniger Abdruck vom Boden
- Wer kann durch die Beine nach rückwärts schauen? (Runder Rücken!)
- ½ m vor der Matte liegt ein Band quer. Der Sprung darüber führt zum beidbeinigen Abdruck.
- Jede Gruppe beginnt auf ihren Matten und läuft im Uhrzeigersinn weiter zur nächsten Mattenbahn

- Die vier Gruppen sitzen auf der Innenseite ihrer Bank (auf den Matten hintereinander). Zwei SS nehmen das neben der Bank bereitliegende Kastenteil auf, indem sie sich innen hineinstellen und die Arme außen um die Längsteile legen, gleiche Blickrichtung. Auf Zeichen fahren alle vier Autos um die Bänke herum bis zu ihrem Ausgangspunkt. Die SS stellen das Kastenteil ab und setzen sich hinter ihre Gruppe. Die nächsten zwei vorderen SS machen die Übung.

- Alle SS helfen zusammen

Unterrichtsbeispiel Nr. 27   3./4. Jgst.

Gerätturnen: Rolle vorwärts in Übungsverbindungen

LZ: — Weiterentwickeln der motorischen Grundeigenschaften Gewandtheit, Geschicklichkeit, Stützkraft, Sprungkraft
— Bewegungssicherheit steigern und Bewegungsfreude vergrößern
— Bereit und fähig sein, mit dem Partner Übungen auszuführen

1. Sachanalyse

Bewegungsbeschreibung der Rolle vorwärts siehe UB 26! Im Anschluß an die gelernte Grobform erfolgt eine Erweiterung durch Übungsverbindungen.

2. Lernvoraussetzungen

Ausreichende Armstützkraft, beidbeiniger Absprung, Beherrschen der Rolle vorwärts (UB 26), Stützgriff als Helfergriff, Strecksprünge

3. Gerätebedarf

8 Matten (M) oder 4 Langmatten — 4 Langbänke (Lb) — 4 Zauberschnüre — Kreide — Tamburin

4. Durchführung

Unterrichtsverlauf	Didaktische Überlegungen
4.1. Einstimmen/Erwärmen	
— Laufen im Kreis, Wechsel zwischen lockerem Laufen und Starten (auf Zeichen), ,,Spatzenhupf", ,,Häschenhüpfen", ,,Zwerg- und Riesengang"	— L läuft in entgegengesetzter Richtung, um die SS dabei im Auge behalten zu können
— Partnerübungen:	
○ ,,Züngelnde Schlange"	— Bauchlage, der Partner hält die Fußgelenke, Oberkörper mit gestreckten Armen heben und senken
○ ,,Schubkarren schieben"	— Fassen an den Oberschenkeln, Karren vorw. und rückw. schieben
○ Mit Partner in der Hocke hüpfen (Kosakentanz)	— Hocken, Hände fassen, nach der Seite im Wechsel hüpfen
— Geräteaufbau	— Je 2 Langbänke werden hintereinander der Länge nach aufgestellt. 2 Matten liegen außerhalb für die Zusatzaufgabe Rolle vorwärts.

- Stützübungen auf der Langbank: Hockwende mit Zwischenlandung, auf der Bank und ohne Zwischenlandung, Aufhocken und Abgrätschen im Wechsel, Rolle vw auf den Matten
- Geräteumbau

- Je eine Gruppe übt an 2 Langbänken und 2 Matten; Üben im Strom

- 4 Mattenbahnen zu je 2 Matten

4.2. Hauptteil

- Rolle vorw. aus dem Stand in den Stand: Tieffedern in den Hockstand, abrollen (siehe UB 26), zum Aufstehen Arme nach vorn strecken
- Zwei Rollen hintereinander aus dem Stand in den Stand
- Wie oben
- Rolle vorw. aus dem Stand mit anschließendem Strecksprung
- Rolle vorw. aus dem Angehen, anschließend Strecksprung
- Rolle vorw. aus dem Anlaufen, anschließender Strecksprung
- Rolle vorw. aus dem Anlaufen über ein Hindernis, z. B. eine gehaltene Zauberschnur, einen kleinen Medizinball, Strecksprung
- Rolle vorw. aus dem Anlaufen, Strecksprung mit halber Drehung und sofort zweite Rolle vorw.

- 4 Mattenlängsbahnen (je 2 Matten hintereinander oder 4 Langmatten), SS in vier Gruppen einteilen
- Nach der ersten Rolle aufstehen, dann die zweite Rolle anschließen
- Erst nach der 2. Rolle aufrichten.
- Kräftiger Armschwung unterstützt den Strecksprung
- Beim Strecksprung kein Hohlkreuz!
- Anlaufstrecke nicht zu lang wählen (etwa 3–4 m)!
- Absprunglinie mit Kreide markieren, Sicherung durch einen Helfer (siehe UB 26)
- Mit Tamburin rhythmisieren; vier SS versuchen, gleichzeitig im selben Rhythmus zu turnen.

4.3. Ausklang

- „Transportband"
  Das „Transportband" bewegt sich nur in einer Richtung

- Geräteumbau vgl. Abb. 1

- Mehrere SS nebeneinander in der Bauchlage (= Transportband), ein S mit am Körper angelegten Armen und steifem Körper der Länge nach auf dem „Transportband" liegend
- Alle SS helfen zusammen

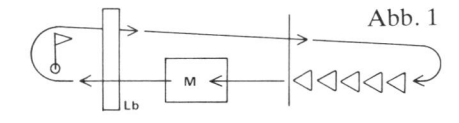

Abb. 1

- Staffelwettspiel: Start aus dem Schneidersitz, Rolle vw, Sprung über die Bank, Umlaufen eines Mals, unter der Bank durchkriechen, Handschlag des nächsten Läufers
- Geräteabbau

- Aus 4 Gruppen der SS werden 2 Gruppen. Nicht an die Wand anschlagen lassen, Unfallgefahr! Wer gelaufen ist, reiht sich als Letzter an die sitzende Gruppe an.
- Genaue Arbeitsanweisungen des L

125

Unterrichtsbeispiel Nr. 28   3./4. Jgst.

Gerätturnen: Rolle rückwärts

LZ: – Weiterentwickeln der „Grundeigenschaften der Bewegung" Gewandtheit, Geschicklichkeit, Stützkraft
– Bewegungssicherheit steigern und Bewegungsfreude vergrößern
– Mit der grundlegenden Rückwärtsbewegung vertraut werden

1. Sachanalyse

Aus dem Hockstand, das Gesäß ist dabei dicht an den Fersen, rollt der Körper rückwärts. Die Hände (mit den Handflächen nach oben zeigend) werden seitlich neben die Ohren geführt und schulterbreit neben dem Kopf auf den Boden gesetzt (vgl. UB 18). Beim Rückwärtsrollen ist der Körper rund, der Kopf auf der Brust und die Arme/Hände übernehmen stützend das Körpergewicht. Dadurch wird der Körper etwas vom Boden weggedrückt und die Bewegung führt in den Hockstand.

2. Lernvoraussetzungen

Rolle vorwärts und Rückenschaukel – Stützkraft (vgl. UB 26 und 18)

3. Gerätebedarf

6 (8) Matten (M) – 3 (4) Sprungbretter (Sb) – 3 (4) Langbänke (Lb)

4. Durchführung

Unterrichtsverlauf	Didaktische Überlegungen
4.1. Einstimmen/Erwärmen	
– Fangspiel „Verzaubern". Spielerisch intensives Bewegen für die ganze Klasse	– Etwa ein Drittel der SS wird als Zauberer (= Fänger) markiert (Bänder). Die Zauberer fangen die anderen, bei Abschlagen (= Verzaubern) kauert der Abgeschlagene im Hockstand. Noch nicht Verzauberte schlagen Verzauberte wieder frei.
4.2. Hauptteil	
– Richtige Handhaltung und Abdruck mit den Händen üben. Mehrere Male von der Wand kräftig nach vorn abdrücken	– Die SS stellen sich mit dem Rücken an die Wand, die Hände werden schulterhoch gehoben (Handflächen zeigen nach oben) und an die Wand gelegt. Ellbogen zeigen parallel nach vorn
– Aus dem Hockstand abdrücken in den Stand	– Hände wie oben an die Wand legen, kräftiger Abdruck und aufstehen
– Geräteaufbau nach Aufbauplan vgl. Abb. 1)	– Alle SS sind am Aufbau beteiligt. Einteilung in 3 (4) Gruppen.

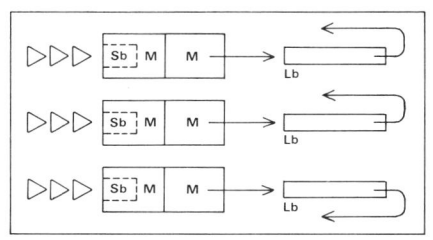

Abb. 1

Je ein Sprungbrett unter eine Matte zur „schiefen Ebene". Je eine Langbank pro Gruppe für Zusatzübungen

- Rolle vorwärts auf der ebenen Matte
- Rückenschaukel mit richtiger Handhaltung
- Aufbau der „schiefen Ebene"
- Rolle rückwärts auf der „schiefen Ebene", wenn nötig mit Partnerhilfe, einige Wiederholungen
- Wie oben, aber ohne Partnerhilfe
- Jeweilige Zusatzaufgaben an der Bank

- Die runde Körperhaltung wiederholen
- Runde Körperhaltung und richtiges Händeaufsetzen im Rückwärtsschaukeln kombinieren (wiederholen)
- Je 1 Sprungbrett unter die 1. Matte der Mattenbahn schieben
- Die SS stellen sich auf die Matte der „schiefen Ebene" (im Hockstand), abrollen nach rückwärts
- Der Partner kniet sichernd daneben.
- Zusatzaufgaben können z. B. sein: Hockwenden, mit und ohne Zwischenhupf, Bauchlage, mit beiden Armen nach vorne ziehen, oben drüber, unten durchkriechen

- Entfernen des Sprungbrettes: Rolle rückwärts auf der ebenen Matte

Abb. 2

- Die beiden Matten werden auseinandergezogen, in jeder Gruppe wird auf 2 Matten geübt (vgl. Abb. 2), evtl. bei einer Gruppe noch die „schiefe Ebene" lassen (innere Differenzierung!)

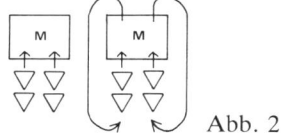

- Rolle vorwärts und gleich Rolle rückwärts
- Zwei Rollen rw hintereinander

- Die Rollhaltung ist schon da, der Schwung im Zusammenhang größer
- Steigerung der Schwierigkeit

4.3 Ausklang

- Geräteabbau
- Jägerball (Abgeworfen darf nur mit gefangenen = scharfen Bällen werden). Es ist nicht erlaubt, mit einem gehaltenen Ball zu laufen.

- Alle helfen zusammen
- Feld 15 m × 15 m etwa. Zwei Jäger (mit einem Band gekennzeichnet) beginnen, spielen sich den Ball zu und versuchen, „Hasen" abzuwerfen. Wer abgeworfen wird, wird Jäger (Band) und vergrößert die Gruppe der Jäger.

Unterrichtsbeispiel Nr. 29   3./4. Jgst.

Gerätturnen: Rolle rückwärts in Übungsverbindungen

LZ: – Weiterentwickeln der Grundeigenschaften Gewandtheit, Geschicklichkeit, Stützkraft, Sprungkraft
 – Erlernen von Bewegungsverbindungen mit der Rolle rückwärts
 – Bewegungssicherheit steigern und Bewegungsfreude vergrößern

1. Sachanalyse

Bewegungsbeschreibung der Rolle rw (siehe UB 28). Die Rolle rw ist schwieriger als die Rolle vw. Daher erfordert sie mehr Übung. Wird die Grundform beherrscht, kann man die Rolle rw in Bewegungsverbindungen üben.

2. Lernvoraussetzungen

Rolle vw in Verbindungen (UB 27) – Rolle rw vom Hockstand in den Hockstand (UB 28) – Strecksprung

3. Gerätebedarf

8 Matten (M) – 4 Langbänke (Lb) – Handtrommel – 2 Medizinbälle (Mb)

4. Durchführung

Unterrichtsverlauf	Didaktische Überlegungen
4.1 Einstimmen/Erwärmen	
– Platzwechsel auf Zuruf: Die SS sind in vier gleichgroße Gruppen (1–4) auf die vier Ecken der Turnhalle verteilt. Auf Zuruf des L (z. B. 1 + 3) wechseln die Gruppen diagonal, längs oder quer ihren Platz im Laufen (Spurt, Hopser-, Rückwärtslauf), Hüpfen (ein-, beidbeinig, in der Hocke)	– Achtung, Ausweichen nach der Verkehrsregel „rechts vor links" vor einer entgegenkommenden Gruppe, keine Behinderungen in der eigenen Gruppe, sondern Kooperation bei Partneraufgaben. Diese Art des Erwärmens bietet einen guten Wechsel zwischen Anstrengung und Erholung.
– Lockerungsübungen: Armkreisen, Rumpfbeugen nach allen Seiten	– Freie Aufstellung im Raum, Sicherheitsabstand zu den anderen SS
– Kraftübungen: Im Liegestütz vw bewegen. Beine schleifen, Liegestütz und Hockstand im Wechsel	– Zur Kräftigung der Armstützkraft für die Rolle rückwärts (Abdruck mit den Händen vom Boden)
4.2 Hauptteil	
– Rolle rw aus dem Hockstand zum Stand	– Auf allen Matten wird gleichzeitig geübt, an jeder Matte 4 SS (vgl.

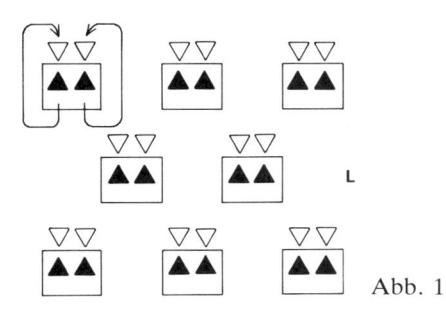

Abb. 1). Beim Aufstehen nicht mehr mit den Händen nachgreifen. Wenn nötig, hilft der Partner (vgl. UB 28)

Abb. 1

- Rolle rw aus dem Stand in den Stand. Beim Senken in den Hockstand Gesäß dicht an die Fersen
- Rolle rw aus dem Stand, anschließend Strecksprung

- Rolle vw. Strecksprung und anschließende Rolle rw
- Aus dem Laufen Rolle vw. Strecksprung mit ½ Drehung, Rolle rw mit ½ Drehung, weiterlaufen. Durch Zusatzübungen an den Bänken (Hock-Grätschsprünge, Hockwenden mit und ohne Zwischensprung) wird die Wartezeit an den Matten verkürzt (vgl. Abb. 2)

- Beim Absenken vom Stand in den Hockstand nicht auf den Rücken (Hinterkopf) fallen lassen
- Beim Strecksprung kein Hohlkreuz machen lassen (falscher Armschwung nach rw), sondern springen mit geradem Körper, Armschwung vor dem Körper nach oben und seitwärts ab
- Rhythmische Verbindung evtl. auch im Gruppenrhythmus mehrere SS
- Je 2 Matten der Länge nach zusammenschieben, Bänke aufstellen

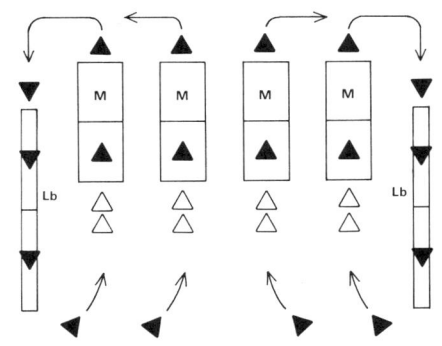

Abb. 2

- Aus dem Stand 2 Rollen rw hintereinander, Strecksprung

- Aus dem Stand zwei Rollen rw hintereinander, Strecksprung mit ½ Drehung, nach vorne weglaufen

- Diese Übung kann auch mit der Handtrommel rhythmisiert werden. Vier SS turnen gleichzeitig im vorgegebenen Rhythmus
- Auch hier rhythmisches Üben in der Kleingruppe

4.3 Ausklang
- Wettspiel: ,,Tunnelball"

- Ehrlichkeit beim Spiel!

Unterrichtsbeispiel Nr. 30 3./4. Jgst.

Gerätturnen: Aussprung aus dem Absprungtrampolin

LZ: – Kennenlernen des Absprungtrampolins (= Minitrampolin)
  – Die besonderen Unfallgefahren des Geräts erkennen und vermeiden

1. Sachanalyse

Die Oberfläche des Absprungtrampolins besteht aus der Federung, dem Schutzrand und der farbig markierten Sprungfläche. Der Aussprung aus dieser Sprungfläche erfolgt mit beiden Beinen gleichzeitig in hüftbreiter Fußstellung. Es folgt eine weiche, elastische Landung in der Hocke, wofür ein mittelharter Weichboden empfehlenswert ist. (Kein weicher, Unfallgefahr! Vgl. Zeitschrift Plus-Punkte 11/85.) Als Ersatzlösung bietet sich eine zweifache Mattenunterlage an. Hilfen werden durch Klammergriff am Oberarm gegeben. Zahlreiche Hinweise vgl. ,,Sicherheit im Schulsport" Heft 2, Minitrampolin (BAGUV) München 1982.

2. Lernvoraussetzungen

Beherrschen des Helfergriffs – Strecksprung vom Boden – beidbeiniger Absprung – weiche Landung in der Hocke

3. Gerätebedarf

2 Absprungtrampolins (At) – 4 kleine Kästen (kl. K) – Reifen – 2 vierteilige große Kästen (K) – 2 Matten (M) – 2 Sprungseile – 2 Weichböden (Wb)

4. Durchführung

Unterrichtsverlauf	Didaktische Überlegungen
4.1 Einstimmen/Erwärmen	
– Geräteaufbau: 2 Mattenbahnen aus je 2 Matten.	– Richtiger Mattentransport: Je 2 SS an jeder Längsseite der Matte.
– Slalomlauf um die Matten in der Schlange.	– Lockeres Laufen zum Entspannen der vom Sitzen verkrampften Muskeln
– Einbeiniges Hüpfen im Wechsel um die Matten, auch im Achter.	– Beinmuskeln anwärmen und langsam Sprunggelenke belasten.
– Schlußsprung (beidbeinig) in den liegenden Reifen mit Hockfederung.	– Frei im Raum. Jeder S hat einen Reifen vor sich auf dem Boden liegen.
– Einsprung in den Reifen beidbeinig und Aussprung beidbeinig mit weicher Landung in der Hocke.	– Vorbereitung der Landung in der Hocke.
– Üben des Klammergriffs: 2 Helfer unterstützen den Übenden in der Sprungbewegung gestreckt nach oben.	– Dreiergruppe: P 2 und P 3 stehen seitlich neben P 1. P 1 springt, P 2 und 3 stützen ihn mit Klammergriff nach oben. Wechsel!

- Geräteaufbau: 2fach (Abb. 1)

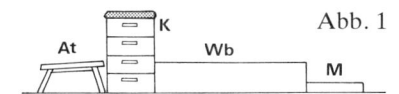

Abb. 1

- Jede der 2 Gruppen baut 1 Trampolin auf, L überprüft Halterung; davor ein vierteiliger Kasten quer, ein Weichboden und eine Matte breit (vgl. Abb. 1)

4.2 Hauptteil

- Federn auf dem At mit Stütz der Hände auf dem Kasten als Sicherung (hüftbreite Fußstellung)
- 3mal federn, beim 3. Mal auf Zeichen stärkerer Abdruck und Aufhokken auf den Kasten, Strecksprung, Landung in der weichen Hocke.
- Geräteumbau:

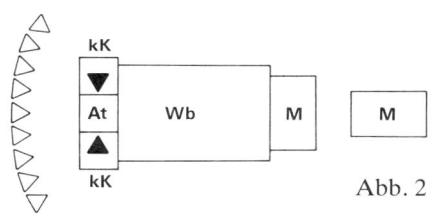

Abb. 2

- Federn auf dem At mit gestreckter Körperhaltung. Die beiden Helfer gehen gut mit der Bewegung des Springenden mit!
- 3maliges Federn, beim 4. Mal auf akustisches Zeichen des L kräftig abdrücken zum höheren Sprung auf dem At
- Nach 3maligem Federn Aussprung auf den Weichboden, Landung in der Hocke.
- Übung wie oben, Aussprung über ein gehaltenes Seil

- Als Zusatzaufgaben seitlich neben den Geräten Seilhüpfen. Beidbeinig hüpfen, Seilschwung nach vorne
- 2 Helfer stehen auf dem Weichboden vor dem Kasten und sichern den Übenden mit Klammergriff beim Aufhocken.
- Jeder Helfer steht auf einem kleinen Kasten neben dem Minitrampolin. (Abb. 2)

- Die Helfer sichern mit Klammergriff. Kein Aussprung vom At! Zus.: Rolle vw auf einer weiteren Matte, Seilhüpfen beidbeinig Schwung rw
- Helfer unterstützen die Hochbewegung, gestreckte Arme des Übenden. Kein Aussprung! Beim Federn Blick gerade nach vorn, nicht zum At!
- Die Helfer lösen beim Aussprung rechtzeitig den Griff! Ein weiterer S sichert neben der Matte, indem er dem Übenden die Hand reicht.
- 2 weitere Helfer auf der Matte halten ein Seil, so daß der Absprung vom At verstärkt erfolgen muß.

4.3 Ausklang

- Geräteabbau
- Spiel ,,Tag und Nacht" oder ,,Schwarz und Weiß": Eine Partei erhält den Namen ,,Tag" (Schwarz), die andere den Namen ,,Nacht" (Weiß). Je nach Absprache muß die aufgerufene Partei fangen oder flüchten.

- Alle helfen zusammen;
- 2 Parteien sitzen im Abstand von ca. 2 m auf der Mittellinie. Wird eine Partei durch Zuruf des L genannt, versucht sie die flüchtende andere Partei abzuschlagen. Die abgeschlagenen Spieler wechseln die Partei.

Unterrichtsbeispiel Nr. 31   3./4. Jgst.

Gerätturnen: Einsprung in das Absprungtrampolin

LZ: – Fähig sein, in das Absprungtrampolin (= Minitrampolin) vom erhöhten Stand aus einzuspringen
  – Die Körperhaltung während der Flugphase beherrschen können
  – Einfache Freisprünge ausführen können
  – Eigene Sprungmöglichkeiten erfinden können
  – Die Angst vor dem Springen überwinden, Sprungfreude aufbauen

1. Sachanalyse (siehe UB 30)

Der Einsprung in die farbig markierte Mittelfläche des Absprungtrampolins erfolgt steil und beidbeinig als Schlußsprung. Die Flugphase ist durch Arm- und Kopfhaltung steuerbar. Zu den einfachen Freisprüngen gehören: *Strecksprung:* Aufrechte Körper- und Kopfhaltung, Armkreis mit Schwung vor – hoch und seitlich abwärts, Landung weich auf beiden Beinen in tiefer Hockstellung. *Hocksprung:* Schnelles Anhocken der Beine mit kurzem Griff der Hände um die Knie, frühzeitiges Strecken der Beine vor der Landung.

2. Lernvoraussetzungen

Beherrschen der LZ von UB 30 – die Freisprünge vom Boden aus – aufrechte Körperhaltung beim Sprung – richtiger Armschwung

3. Gerätebedarf

Sprossenwand – 2 Absprungtrampolins (At) – 3 Weichböden (Wb) – 4 kleine Kästen (kl. K) – 2 vierteilige große Kästen (K) – Medizinbälle – Tamburin – 2 Matten (M)

4. Durchführung

Unterrichtsverlauf

4.1 Einstimmen/Erwärmen

– Federn und Hüpfen am Ort: Mit geschlossenen Beinen erst wippen (Zehen bleiben am Boden), dann leicht vom Boden abfedern, in gestreckter Haltung einige Male hochhüpfen, auf Zeichen Hockhochsprung, dann wieder zurück bis zum Stehen

Didaktische Überlegungen

– Aufstellung frei im Raum, genügend Abstand halten! Hilfe des L: In Gegenüberstellung faßt der L die Oberarme des S und federt selbst mit, so daß seine eigene Bewegung sich auf das Kind überträgt.

- Federn und Springen an der Sprossenwand (nicht ausgeschwenkt) jeweils mit einem Schlußsprung dazwischen auf dem Boden
- Hampelmann-Springen
- Federn auf M mit Schlußsprungstellung der Beine, dazu Tamburin

- Die SS ergreifen in Schulterhöhe eine Sprosse, vom Boden beidbeinig an die unterste Sprosse hüpfen und zurück, dann die nächsthöhere
- Koordination v. Armen u. Beinen
- Die seitlich ausgestreckten Arme steuern das Gleichgewicht.

4.2 Hauptteil

- Geräteaufbau vgl. Abb. 1

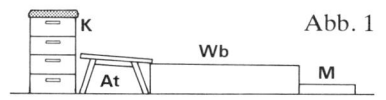

Abb. 1

- Aus dem erhöhten Stand (Kasten 70–80 cm hoch) in das At einspringen und auf die Matten ausspringen
- Wie oben, Strecksprung vom At; Arme schwingen vor-hoch, mit Landung in der weichen Hocke
- Wie oben, Aussprung auf die Matten als Hocksprung
- Kasten längs vor dem At: Einsprung in das At nach einem Schritt auf dem Längskasten, Aussprung beliebig
- Dreierschritt (l-r-l) auf dem Kasten, nach dem 3. Schritt Absprung vom K zum Einsprung ins At; nach der Landung auf den Matten Streckung des Körpers und der Arme
- Die 3 Schritte werden zu einem flüssigen Angehen auf dem Kasten. Aussprung beliebig, Landung in der Hocke, Körperstreckung

- Das Absprungtrampolin so aufstellen, daß die Sprungfläche schräg zur Matte geneigt ist, d. h. der niedrige Teil des At steht an der Matte.
- Achten auf gerade Körperhaltung beim Ein- und Aussprung (vgl. Abb. 1) 2 SS sichern seitl. neben der Matte
- Alle unsicheren SS in eine Gruppe zusammenfassen (L als Helfer)
- Rhythmisieren mit dem Tamburin, parallele Übungsweise von 2 SS
- Der Absprung vom Kasten erfolgt nun einbeinig, der Einsprung in das At beidbeinig.
- 2 Helfer sichern seitlich neben der Matte stehend durch Entgegenstrecken der Hand, die bei Bedarf ergriffen werden kann, um das Gleichgewicht nicht zu verlieren.
- Nur wer schon ganz sicher war bei den Übungen, sollte diese Aufgabe versuchen. Die anderen SS wiederholen die letzte Übung.

4.3 Ausklang

- Geräteabbau und Rücktransport
- Wettspiel: Ballstaffel mit kleinem, mittlerem oder großem Medizinball

- Der L löst die Federung am At
- 2 oder 3 Gruppen: Die SS jeder Gruppe stehen hintereinander; der Ball wird über den Kopf nach hinten gegeben. Die gestreckten Arme und Hände der Partner befördern den Ball weiter, der letzte S läuft mit dem Ball nach vorne und gibt ihn wieder über den Kopf nach hinten.

Unterrichtsbeispiel Nr. 32   3./4. Jgst.

Gerätturnen: Aufknien und Aufhocken am Kasten

LZ: — Erlernen von zwei Aufgängen auf den breitgestellten Kasten
— Bewegungsfreude steigern und Angst vor dem Springen abbauen
— Bereit und fähig werden zum sachgemäßen Umgang mit dem Kasten

1. Sachanalyse

Aufknien: Nach kurzem Anlauf beidbeiniger Absprung, beide Hände greifen weit nach vorn (Aufstützstelle mit Kreide markieren), die Hände setzen flach mit geschlossenen Fingern nach vorn zeigend auf. Im Moment des Aufstützens werden die Beine angezogen zum Knien auf dem hüfthohen Kasten.

Aufhocken: Jetzt etwas kräftiger abspringen, die Beine werden angehockt, wobei die Zehenspitzen nach oben gezogen werden müssen.

Klammergriff der beiden Helfer: Zwei Helfer stehen auf der vor dem Kasten längsgelegten Matte. Sie erwarten den Übenden mit entgegengestreckten Armen, um den Klammergriff rechtzeitig ansetzen zu können. Beide Helfer greifen an die Oberarme des Übenden, möglichst nahe der Schulter. Die Helfer stehen dicht beisammen, um ein mögliches Nach-vorne-Fallen des Übenden zu verhindern. Beim Abgang gehen die Helfer platzmachend zur Seite und sichern.

2. Lernvoraussetzungen

Gesicherter Anlauf — beidbeiniger Absprung — ausreichende Stützkräfte — Beherrschung des Klammergriffs durch die beiden Helfer (siehe UB 26)

3. Gerätebedarf — 3 Sprungkästen (K) — Kastenteile (Kt) — 6 Matten (M) — Kreide — 4 Langbänke (Lb) — Handtrommel

4. Durchführung

Unterrichtsverlauf	Didaktische Überlegungen
4.1 Einstimmen/Erwärmen	
— Geräteaufbau nach Anweisung des L oder nach einem Aufbauplan.	— Alle Kinder sind am Geräteaufbau beteiligt. — Abstände zwischen den Kästen ca. 80 cm. Kastenhöhe: Unterteil, schmales Zwischenteil, Oberteil = hüfthoch.

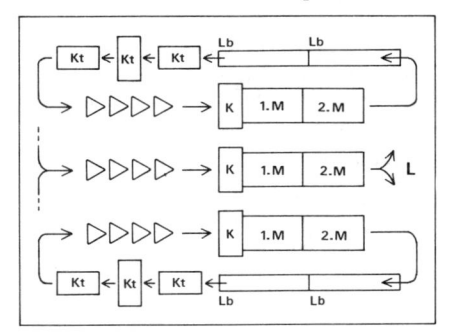

Abb. 1

- Spielerisches Aufwärmen, z. B. Fangspiele (um die Geräte!) oder Platzsuchspiele
- Um die aufgestellten Geräte in Schlangenbogen laufen
- Über den Kasten in freier Weise drüber, auf der 2. Matte eine Rolle vw, auf den Lb Vierfüßlergang, Slalomlaufen um die Kt

- Die aufgebauten Geräte werden spielerisch zum Einstimmen benutzt, entsprechende Regeln vereinbaren
- Die Laufwege sind vereinbart und gesichert.
- Die mittlere Gruppe läuft zur Hälfte rechts, zur Hälfte links zurück.

4.2 Hauptteil

- Stand vor dem Kasten, Federn im Stand und Aufknien
- Kurzer Anlauf (5–7 m), Aufknien nach dem Absprung, aus dem Kniestand nach vorne abspringen (Mutsprung)
- Zusatzübungen an der Lb, z. B. Hockwenden an der Bank mit Zwischenlandung auf der Bank, Hockwenden über die Bank mit und ohne Zwischenhüpfen.
- Anlauf, Aufhocken auf den Kasten, Niedersprung auf die Matte und Rolle vw anschließen
- Anlaufen, Aufhocken und Strecksprung vom Kasten, Rolle vw anschließen mit abschließendem Strecksprung
- Aufhocken aus dem Anlauf, die Höhe des Absprungs steigern, Strecksprung auf die Matte, Rolle rw auf der 2. Matte mit Strecksprung
- Anlaufen, Aufhocken, in die Bauchlage gehen und vom Kasten auf die Matte eine Rolle vw

- Je zwei SS am hüfthohen Kasten. L gibt Zeichen mit der Handtrommel
- 2 SS helfen, sichern dabei mit Klammergriff. Beim Mutsprung – wenn nötig – durch Fassen an den Händen und Mitschwingen helfen
- Bei Wiederholungen der Hauptübung am Kasten (Aufknien, Mutsprung) die Zusatzübungen an Bank und Kastenteilen variieren.

- Beim Aufhocken kräftiger abspringen, vor allem das Gesäß (den Körperschwerpunkt) hochnehmen und von oben aufhocken.
- Beim Strecksprung mit den Armen Schwung holen, weich (leise) in der Hocke auf der Matte landen.
- Die Höhe des Aufhockens verbessern. Die Zusatzübungen an den Geräten beim Rückweg weiter variieren.

- Die beiden Helfer unterstützen (wenn nötig) mit Klammergriff an den Unterschenkeln

4.3 Ausklang

- Freies Überwinden der aufgebauten Gerätebahn (nicht um die Wette). Der L beobachtet und schränkt bei zu schwierigen Übungen sichernd ein!

- Die SS bekommen am Schluß Gelegenheit, die Gerätebahn in freier, d. h. selbstbestimmter Weise zu überwinden. Zu schwierige Übungen und damit Überforderungen sind zu vermeiden.

Unterrichtsbeispiel Nr. 33   3./4. Jgst.

Gerätturnen: Hockwenden über verschiedene Geräte

LZ: – Anwendung einer gelernten Übungsform (Hockwende) an den Geräten Langbank, Kasten, Reck und Barren
- Hockwende auch aus kurzem Anlauf heraus, mit Absprung vom Sprungbrett
- Sicherheit gewinnen und Könnensfreude erleben

1. Sachanalyse

Über die *Langbank:* Beide Hände flach nebeneinander auf der Bank aufstützen, nach beidbeinigem Abdruck vom Boden Beine rasch anhocken und das Gesäß stark anheben, über die Waagrechte des gebeugten Rumpfes hinaus. Überwinden der Bank von l. nach r. und umgekehrt. Über den breitgestellten *Kasten:* Anlauf und beidbeiniger Absprung auf dem Sprungbrett, die Hände werden flach und schräg zur Bewegungsrichtung auf den Kasten gesetzt. Über hüfthohes *Reck:* Aus dem Stand mit Zwiegriff. Über den *Stufenbarren:* Beidbeiniger Stand auf dem unteren Holm, Zwiegriff am oberen Holm, Federn am niederen Holm, Hockwende.

2. Lernvoraussetzungen

Hockwende am Kasten – ausreichende Stützkraft – beidbeiniger Absprung – gesicherter Anlauf – gekonnte Helfergriffe

3. Gerätebedarf

2 Recks (R) – 1 Barren (B) – 4 Langbänke (Lb) – 1 zweiteiliger Kasten (K) – 1 Sprungbrett (Sb) – 4 Matten (M) – 8–10 Gymnastikbälle

4. Durchführung

Unterrichtsverlauf   **Didaktische Überlegungen**

4.1 Einstimmen/Erwärmen

Unterrichtsverlauf	Didaktische Überlegungen
– Geräteaufbau nach Plan (Abb. 1)	– Einteilung der SS in 6 Gruppen. Jedes Team baut zu Stundenbeginn ein Gerät auf, das bis zum Ende der UZE stehen bleibt. Der L hängt die Reckstangen (hüfthoch) mit SS ein und überzeugt sich von der Sicherheit der eingerasteten Barrenholme. (Höhe 0,90 m/1,40 m) Da der Geräteaufbau ziemlich zeitraubend ist, erfolgt das Erwärmen gleich an den Geräten

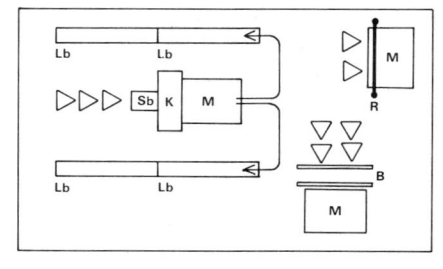

Abb. 1

- Slalomlauf um die aufgebauten Geräte herum in verschiedenen Laufarten (auch Hopser und Seitgalopp)
- Geräte überwinden
- Ho. we. über die Langbänke mit Aufsetzen der Füße auf der Bank

4.2 Hauptteil
- Hockwende über den stützhohen Kasten vom Sprungbrett aus; Abstand des Sb vom Kasten = 0,30 m. Erst mit kurzem Aufsetzen der Füße auf dem Kasten, dann ohne Aufsetzen; nach re. und li. üben
- Hockwende über die Langbänke mit und ohne Zwischenhupf
- Hockwende über die Reckstange mit beidbeinigem Absprung aus dem Federn; nach re. und li. üben
- Vorübung am Stufenbarren: Übersteigen des hohen Holms mit Sprung auf die Matte und Landung in der Hocke; L hilft mit Klammergriff
- Hockwende über den hohen Holm des Stufenbarrens mit weicher Landung auf der Matte
- Übungsdurchgang an allen Geräten; Über Langbank 1 – Kasten – Reck – Barren – Langbank 2 (Organisation im Kreis)

4.3 Ausklang
- Platzsuchspiele: Die SS laufen um die Geräte frei herum, L nennt den Namen eines Gerätes, das die SS anlaufen, besteigen, erklettern
- Die Gerätebahn bleibt für den L der nächsten Stunde stehen.

- Ein S führt die ,,Schlange'' an und sucht einen Weg um die Geräte herum, ohne daß die SS die Laufbahn kreuzen müssen.
- Jede Langbank wird übersprungen.
- Auf genügend Abstand zwischen den SS achten, Unfallgefahr!

- Sprungbrett an den K legen, L markiert Handauflage am Kastenoberteil und Absprungstelle auf Sb mit Kreide. Beidbeinige Landung und Absprung auf dem Sb; Klammergriff eines Helfers (siehe UB 32)
- Während der L das Üben am Kasten überwacht, turnen die anderen SS an den Langbänken Hockwenden.
- L erklärt Zwiegriff; jeder S ergreift die Reckstange einmal zur Probe. Helfen mit Klammergriff (siehe UB 35)
- Die SS sitzen paarweise vor dem Barren. Aufsteigen auf den unteren Holm, Zwiegriff am hohen Holm, ein Bein (das äußere) auf den oberen Holm aufsetzen und abspringen
- Zwiegriff am oberen Holm, Absprung mit beiden Beinen vom unteren Holm; L als Helfer
- SS stehen in einer Reihe hintereinander, Üben im Strom; wer seinen Durchgang beendet hat, sitzt an einer vereinbarten Stelle, z. B. zwischen Lb 1 und Lb 2.

- Variation: Es können auch Materialbezeichnungen genannt werden wie Holz, Eisen, Leder usw.
- Kooperation zweier Lehrer bzw. Klassen.

Unterrichtsbeispiel Nr. 34   3./4. Jgst.

Gerätturnen: Hindernisturnen am Stufenbarren

LZ: — Geschicklichkeit und Können steigern
— Finden und Erproben von verschiedenen Bewegungsmöglichkeiten
— Verwirklichen von umsichtigem Verhalten am Gerät

1. Sachanalyse

Der Stufenbarren ist ein Gerät, das den Kräften dieser Altersstufe in vielfältiger Weise entspricht und diese herausfordert. Durch die Kombination von hohem und niederem Holm ergeben sich Formen des Stehens, Sitzens, Balancierens, Hängens, Hangelns und ihrer Verbindung. Einseitige Belastungen werden so vermieden, ein vielseitiges Bewegen wird ermöglicht. Dabei geht es beim Hindernisturnen zunächst um die verschiedensten Formen des Überwindens, aus denen nach und nach gerätespezifische Bewegungsfertigkeiten erwachsen, z. B. Felgabzug, Felgaufschwung, Unterschwung, Hockwende.

2. Lernvoraussetzungen

Sachgerechter Geräteaufbau — grundlegende Kräfte (Armstützkraft) — grundlegende Bewegungserfahrungen am Reck

3. Gerätebedarf

2 Stufenbarren (Stb) — 8 Matten (M) — 2 Langbänke (Lb) — 2 zweiteilige Kästen (K) — 6 Medizinbälle (Mb)

4. Durchführung

Unterrichtsverlauf	Didaktische Überlegungen
4.1 Einstimmen/Erwärmen	
— Geräteaufbau: Gruppe 1 transportiert den 1. Barren (jeweils 4 SS tragen einen Holm), Gruppe 2 stellt den 2. Barren auf, Gruppe 3 legt die Matten unter die Barren und holt die Kästen, Gruppe 4 kümmert sich um die Langbänke, die dazugehörigen Matten und die 6 Medizinbälle	— SS in vier Gruppen einteilen mit genauen Arbeitsanweisungen für den Aufbau der Geräte. Evtl. Geräteaufbauplan vorbereiten (vgl. Abb. 1) Da der Geräteaufbau ziemlich zeitraubend ist, werden die aufgebauten Geräte sowohl zur Phase des Erwärmens wie für den Stundenausklang benützt.

Höhe der Holme!

Abb. 1

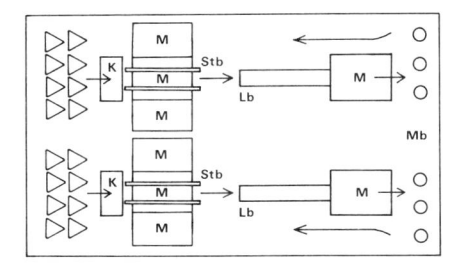

- Unter beiden Holmen durchlaufen (ohne Berührung des Gerätes), über die Langbank und die Matte, Slalom um die Medizinbälle, zurück durch die Holmengasse über den Kasten auf die Ausgangsposition
- Jede Gruppe läuft „im Strom", d. h. im Hintereinander alle zusammen. Niemand wird überholt und zu den anderen ist ein Sicherheitsabstand einzuhalten. Die Gruppen sitzen nebeneinander (Linie, Halbkreis).

4.2 Hauptteil

- Vom Kasten aus über das Gerät auf die andere Seite, ohne daß dabei die Füße den Boden berühren (z. B. Balancieren am niederen Holm, mit, ohne Festhalten am höheren; Hangeln am höheren Holm allein, Hängen am höheren, Sitzen, Stützen (Füße) am niederen usw.
- Lösungsoffene Aufgabe: Das Ziel ist festgelegt (auf die andere Seite kommen), der Weg, die selbst ausgesuchte Lösung ist offen, wird vom S je nach Können gewählt.
- Bewegungseinfälle einzelner SS aufgreifen und von allen üben lassen
- Die SS beobachten sich untereinander, lassen sich durch andere Lösungen anregen. Der L greift Lösungen auf und gibt sie als Impulse weiter.
- Zusatzaufgaben an Bank, Matte, Medizinbällen immer zusammen mit den Aufgaben am Stufenbarren
- Vom Stufenbarren gehen die SS zur Bank, der Matte, den Medizinbällen und erfüllen zusätzliche Aufgaben, frei gewählt oder vom L vorgegeben.
- Aufgaben von der Seite des niederen Holmes, z. B. Sitzen, Hängen, Steigen, Überwinden.
- Zuerst wieder lösungsoffene Aufgabenstellung, die durch lösungsgebundene Aufgaben ergänzt werden.
- Aufgaben von der Seite des höheren Holmes, z. B. unten durch, über den niederen Holm drüber usw.
- Bei manchen SS evtl. durch den Partner helfen lassen. Zu schwierig ausgesuchte Lösungen unterbinden.

4.3 Ausklang

- Gruppenwettspiel: Bei zu großen Gruppen nur eine Hälfte beteiligen
- Welche Gruppe ist zuerst am Gerät, weg mit den Füßen vom Boden?
- Einzelwettlauf über einen bestimmten Laufweg. Abschlagen der nächsten
- In Form einer Wendestaffel den Wettkampf organisieren. Keine schwierigen, gefährlichen Übungen.
- Geräteabbau mit Hilfe des L
- Präzise Abbauanweisungen des L

Unterrichtsbeispiel Nr. 35   3./4. Jgst.

Gerätturnen: Felgabzug vw und Drehungen im Hocksturzhang

LZ: – Verbessern der Griffsicherheit, der Stütz- und Bauchmuskelkräfte
   – Erweitern der Bewegungserfahrungen
   – Die Orientierung im Raum gerade bei den Drehungen verbessern

1. Sachanalyse

Die Reckstange muß zwischen Daumen und Hand gegriffen werden, um ein Abrutschen, wie es beim ,,Affengriff" (alle Finger auf einer Seite) möglich ist, zu verhindern. Ristgriff: Die Handrücken zeigen nach oben bzw. können angesehen werden. Kammgriff: Die Fingernägel zeigen nach oben bzw. werden angesehen. Felgabzug vorwärts: Im Stütz vorlings umgreifen in den Kammgriff. Rolle vorwärts um die Reckstange herum mit angehockten Beinen. Die Füße langsam (leise) auf den Boden aufsetzen.

2. Lernvoraussetzungen

Ausreichende Kraft der Arme und Hände, um das eigene Gewicht zu halten
– Grundlegende Erfahrungen mit dem Gerät beim Hindernisturnen

3. Gerätebedarf

3 (4) Reckanlagen – 6 (8) Matten – je S ein Turnstab – Handtrommel

4. Durchführung

Unterrichtsverlauf	Didaktische Überlegungen
4.1 Einstimmen/Erwärmen	
– Partnerlauf: A läuft mit dem Stab zur gegenüberliegenden Wand, legt ihn dort ab und läuft zurück. B läuft und holt den Stab. Welches Paar ist bei 5maligem Lauf jedes Partners das schnellste?	– Je zwei Partner (A und B) üben mit einem Stab. Die Paare stellen sich an der Längsseite der Halle nebeneinander auf (B hinter A). Für das Ablegen der Stäbe eine Grenze markieren
– Zieh- und Schiebekämpfe über eine Linie. Üben in zwei Gruppen. Die gerade nicht aktive Gruppe stellt die Schiedsrichter.	– A und B halten den Stab fest mit Ristgriff der Breite nach. Die Mittellinie ist der Ausgangspunkt des Wettkampfes. Etwa nach 4 m eine weitere Grenzlinie markieren.

- Übersteigen des breitgehaltenen Stabes vorwärts und rückwärts
- Rumpfseitbeugen mit dem Stab
- Rumpfbeugen vorwärts im vorgegebenen Rhythmus

- Jeder S hat einen Stab, der mit beiden Händen fest gehalten wird.
- Den Stab mit gestreckten Armen halten, mit Handtrommel rhythmisieren
- Beine dabei gestreckt lassen

4.2 Hauptteil
- Geräteaufbau: Die Klasse baut das drei-(vier-)fache Reck auf. L prüft die Sicherheit jeder Reckstange nach. Je zwei Matten werden längs unter die Reckstangen gelegt.
- Vor- und Rücklaufen im Hangstand, hängen mit gestreckten Armen, nach vorne am Schluß weglaufen
- Hangstandlaufen vw, am Ende umdrehen (Hangkehre) und im Vorwärtslaufen wieder zurück, Drehung usw.
- Mehrmaliger Sprung in den Stütz, Niedersprung rückwärts
- Felgabzug vorwärts: Sprung in den Stütz, ,,Rolle vw" um die Stange, die Beine langsam, leise auf den Boden aufsetzen, nicht herunterplumpsen.
- Hocksturzhang: Im Hängen werden bei angehockten Beinen beide Fußsohlen an die Stange gehoben.
- Hocksturzhang: Durchhocken der Beine zwischen den Armen und Drehen rw und zurück zum Stand
- Aus dem Hocksturzhang Drehen rw, dabei bis zum Stand kommen und wieder zurückdrehen (vw)
- Aus dem Hocksturzhang rw drehen und gleich wieder zurück, einige Male hintereinander
- Felgabzug mit anschließender Rolle vw auf der Matte am Boden
- Hocksturzhang, Drehen rw bis zum Boden, loslassen der Stange und anschließende Rolle vw am Boden

- Die SS nach Größe in 3 (4) Gruppen einteilen. Je nach Größe die Reckstange in die richtige Höhe einhängen. Im Halbkreis vor dem Gerät absitzen.
- Die SS wenden dabei den Ristgriff an. An jeder Stange üben gleichzeitig 3 SS.
- Eine Hand hält bei der Drehung noch die Stange, während die andere umgreift. 2 SS üben gleichzeitig
- 3 SS üben an jedem Gerät gleichzeitig. Auf gestreckte Haltung des Körpers achten.
- Hände greifen neben der Hüfte mit Kammgriff! die Stange, 2 SS üben gleichzeitig, 2 Helfer stehen seitlich neben den Übenden, helfen, sichern, wenn nötig
- Es üben 2 SS, 2 Helfer unterstützen seitlich stehend, wenn nötig
- Bei allen Drehungen (,,Rollen") Ristgriff und seitlich stehende Helfer
- Die Stange während der ganzen Übung nicht loslassen
- Nicht zum festen Stand kommen, sondern nach dem Rückwärtsdrehen gleich wieder zurück
- Matten so legen, daß die Rolle vw am Boden gesichert ist
- Matten richtig legen, rhythmisches Verbinden beider Bewegungsteile

4.3 Ausklang
- Geräteabbau und Rücktransport
- Spiel: ,,Komm mit – lauf weg"

- Jede Gruppe baut ihr Gerät ab
- Kreisaufstellung (siehe UB 13)

Unterrichtsbeispiel Nr. 36   3./4. Jgst.

Gerätturnen: Felgaufschwung am Reck

LZ: – Erweitern der Bewegungserfahrungen: Rückwärtsbewegung um die Reckstange (Raumerfahrung, Orientierung)
      – Abbauen der Angst vor dem Gerät bzw. der Übung
      – Sich gegenseitig helfen können bzw. helfen lassen

1. Sachanalyse

Bewegungsablauf: Am schulterhohen Gerät ergreifen beide Hände mit Kammgriff (siehe Hinweise S. 140) die Reckstange, wobei die Arme gebeugt sind und der Oberkörper nahe an die Stange gebracht wird. Aus der Schrittstellung holt das hintere Bein Schwung nach vorne oben zur Drehung des Körpers um die Stange (Breitenachse). Der Kopf wird zur Brust gehalten (Bauch anschauen), die Arme bleiben gebeugt. Wenn beide Beine über die Stange geschwungen sind, werden sie gestreckt geschlossen. Zum Bremsen der Drehbewegung wird eine aktive Streckung des ganzen Körpers durchgeführt. Die Übung endet im Stütz vorlings. (siehe UB 35)

2. Lernvoraussetzungen

Ausreichende Armstütz- und Bauchmuskelkraft – Felgabzug vw – Rolle rw am Boden

3. Gerätebedarf

3 (4) Recks – 6 (8) Turnmatten – 3 (4) dreiteilige Turnkästen – Magnesia – 3 Malstangen mit Tellern

4. Durchführung

Unterrichtsverlauf	Didaktische Überlegungen
4.1 Einstimmen/Erwärmen	
– Geräteaufbau, 3-(4-)fache Reckanlage, schulterhoch. 2 Matten je Anlage unter das Reck, parallel zur Reckstange	– 3 (4) Gruppen bauen ihr Gerät auf. Die Gruppen der Größe nach (schulterhoch!) eingeteilt. Das Einstimmen/Erwärmen erfolgt am Gerät selbst.

- Sprung in den Stütz, abfedern, mehrere Male, weiter Absprung rw
- Sprung in den Stütz, Felgabzug vw mit langsamem (leisem) Absenken der Beine
- Hängen, mit den Füßen abstoßen vom Boden und Drehen in den Hocksturzhang (siehe UB 35)
- Hocksturzhang, Drehen nach rw und wieder zurück (vw)

- An jedem Gerät üben 2 (3) SS gleichzeitig. Auf gestreckte Körperhaltung im Stütz achten!
- Bei der Vorwärtsbewegung des Felgabzugs Umgreifen der Hände in den Kammgriff!
- Kräftigung (Bauchmuskeln), Gewöhnung an den umgedrehten (= umgestürzten) Körper, Orientierung im Raum
- Gewöhnung an die Rückwärtsbewegung

4.2 Hauptteil

- Der Kasten wird als „schiefe Ebene" (Kastenoberteil längs in das zweiteilige Unterteil einhängen) unter die Mitte der Reckstange gestellt. Auflaufen auf der „schiefen Ebene", abstoßen und „Rolle rw" um die Reckstange
- Wie oben, aber nach dem Aufschwingen Streckung des Körpers in den Stütz
- Felgaufschwung mit Abstoß von der „schiefen Ebene" durch ein Bein. Das andere schwingt neben dem Kasten
- Wie oben, aber mit dem anderen Bein abstoßen bzw. schwingen
- Felgaufschwung ohne Gerätehilfe aber mit Hilfe zweier Partner
- Maßnahmen der inneren Differenzierung

- Gesamtkorrektur des L, Einzelkorrektur
- Felgaufschwung aus der Schrittstellung mit Anschwingen eines Beines ohne Partnerhilfe

- 2 Helfer stehen seitlich zum Übenden auf der anderen Seite der Stange. Die nähere Hand greift unter der Reckstange durch an das Handgelenk des Übenden, die andere Hand hilft durch Nachschieben an Gesäß bzw. Schultern. Angepaßtes Helfen je nach Können des Übenden!
- Ein zu großer Schwung kann durch die Körperstreckung abgebremst werden.
- Das Abdruckbein steht gebeugt auf der „schiefen Ebene" (erhöht). Das andere holt kräftig neben dem Kasten Schwung. Der Helfer steht auf der Seite des Abdruckbeines!
- Der Helfer steht wieder auf der richtigen Seite (Abdruckbein).
- An jedem Reck übt eine Dreiergruppe, abwechselnd turnen bzw. helfen
- An einem Reck wird der Felgaufschwung noch mit der Gerätehilfe der „schiefen Ebene" geübt; an einem anderen mit der Hilfe zweier Partner; an einem vielleicht alleine, der P sichert nur
- Übendes Wiederholen mit gezielten Korrekturen des L
- Die Abdruckstelle ist nicht mehr erhöht. Die beiden P sichern nur noch (und helfen, wenn nötig)

143

4.3 Ausklang

- Geräteabbau und Rücktransport

- Wettspiel: Nummernwettlauf einzeln in drei Gruppen. Die Gruppen nebeneinander, innerhalb einer Gruppe im Schneidersitz hintereinander (Reihe). Beim Aufruf läuft der jeweilige S nach vorn um ein Mal herum, zurück, hinter der Gruppe herum und auf den eigenen Platz.

- L zieht die Sicherungshaken heraus, wenn 3 SS die Stange sicher halten (Unfallgefahr)

- In jeder Gruppe werden die einzelnen SS nacheinander numeriert. Wird eine Zahl aufgerufen, laufen die in jeder Gruppe Betroffenen in der beschriebenen Weise los. Der Erste bekommt 3 Punkte für seine Gruppe, der Zweite 2, der Dritte einen.

Unterrichtsbeispiel Nr. 37   3./4. Jgst.

Gerätturnen: Zirkeltraining als Konditionsschulung

LZ: – Kennenlernen grundlegender Übungsformen zur Erfahrung und Verbesserung der körperlichen Leistungsfähigkeit
– Fähig sein, das eigene körperliche Leistungsvermögen richtig einzuschätzen
– Fähig und bereit sein, die eigene Leistung zu kontrollieren und ehrlich in die Testliste einzutragen
– Fähig und bereit sein, die Kontrolle auch durch andere SS bei den einzelnen Übungsstationen anzuerkennen
– Bereit sein, die eigene Kondition verbessern zu wollen

1. Sachanalyse

Für das Zirkel- oder Kreistraining werden verschiedene Übungsstationen in beliebiger Anzahl aufgebaut, an denen die SS in bestimmter Aufeinanderfolge Übungen in einer vorgegebenen Zeit abzuleisten haben. Zwischen den einzelnen Übungen liegt jeweils eine Ruhepause, die etwa doppelt so lang sein soll wie die Übungszeit. Die Übungen sollen nach dem Prinzip der allgemeinen Durcharbeitung des Körpers ausgewählt werden, d. h., daß abwechselnd die Muskulatur der Arme, des Rückens, des Bauches und der Beine belastet werden müssen. Sie sollen so auf die einzelnen Stationen verteilt sein, daß nicht unmittelbar hintereinander 2 gleiche Muskelgruppen beansprucht werden und eine Kreislaufverbesserung durch unterschiedliche Belastungsphasen erreicht werden kann. Es sollen nur Übungen verwendet werden, die leicht durchzuführen und zu kontrollieren sind und von den SS sicher beherrscht werden. Der Wechsel von einer Station zur anderen muß rasch möglich sein, eine Überbelastung des Organismus muß vermieden werden. Eine angemessene Belastung ist gegeben bei einem Puls von 150–180 Schlägen. Eine Belastungssteigerung kann erzielt werden durch Verlängerung der Übungszeit oder Kürzen der Pausen, als auch durch Steigern der Übungsschwierigkeiten. Die an den einzelnen Stationen erzielten Punkte werden in die Testliste eingetragen (was vorher gründlich geübt werden muß) und am Ende des gesamten Durchgangs addiert. Am Anfang ist es ratsam, die Hälfte der Klasse üben zu lassen, während die andere Hälfte als Partner die Punkteintragung übernimmt. Damit alle SS gleichzeitig körperlich betätigt sind, ist anzustreben, daß nach kurzer Zeit jeder S seine Testliste nebenbei selbst führen kann. Eine deutliche Numerierung der Stationen durch Nummerntafeln oder angebrachte Zeichnungen (auch mit Nummern versehen), die die geforderten Übungen jeweils darstellen, ist für einen reibungslosen Ablauf des Zirkeltrainings unbedingt erforderlich. Der L überwacht und bestimmt mit Pfeife und Stoppuhr die Übungs- und Pausenzeiten. (Übungszeit bei der Station 15 Sekunden, Pause jeweils 30 Sekunden, Wechsel zur nächsten Station)

2. Lernvoraussetzungen

Die für das Zirkeltraining ausgewählten Übungen kennen/können
Die eigene Testliste während der UZE ausfüllen können

3. Gerätebedarf

3 ausschwenkbare Sprossenwände (Sp) − 2 Kastenoberteile (Ko) − 2 zweiteilige Kästen (K) − 1 Langbank (Lb) − 8 kleine Medizinbälle (Mb) − 4 Gymnastikbälle (Gb) − 4 Matten (M) − 2 Zauberkreise (Rundtau)

4. Durchführung

Unterrichtsverlauf

4.1 Einstimmen/Erwärmen

− Rundtau (Zauberkreis):
Gehen, laufen ohne und mit Tempowechsel, mit Richtungswechsel nach 8 Schritten, mit Richtungswechsel auf Zeichen. Wechsel auch zwischen Gehen und Laufen.
− Innenstirnkreis: Galopphüpfen seitw., auch mit Richtungsänderung
− Bauchlage Kopf zur Kreismitte: Der Knoten des Taues wandert eine Runde durch die Hände der Schüler.
− Rückenlage Kopf zur Kreismitte: Anheben der gestreckten Beine, Absenken der Füße zum Tau und zurück.

Didaktische Überlegungen

− 2 Kreise, mit der 1 Hand das Tau fassen. Mit Handtrommel rhythmisieren, der 8. Schlag ist verstärkt, Reaktionsschulung bei Wechsel auf Zeichen, r Hand faßt das Tau beim Wechsel.
− Beide Hände fassen das Tau, (gestrafft halten) Gesicht zur Kreismitte
− Das gespannte Tau wird mit gestreckten Armen gehalten, gestreckte Beine
− Das Tau liegt am Boden; die Arme sind über den Kopf nach hinten gestreckt und greifen das Tau

4.2 Hauptteil

- Geräteaufbau nach Plan (vgl. Abb. 1)

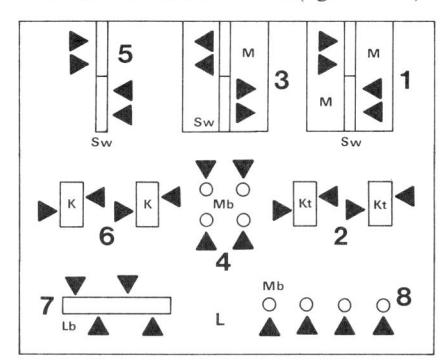

Abb. 1

- L erklärt an jeder einzelnen Station die Übungsabfolge. SS turnen nach Anweisung und zählen die Punkte.
- Station 1: Sprossenwand – Rumpfbeugen rückwärts zur Kräftigung der Rückenmuskulatur, Gymnastikball als Belastung.
- Station 2: Kastenoberteil – Schlußsprünge auf den Kasten. (Beinmuskulatur)
- Station 3: Sprossenwand – Rumpfbeugen vorwärts zur Kräftigung der Bauchmuskulatur.
- Station 4: Achterkreisen um und durch die Beine mit Rollen des Medizinballs auf dem Boden. (Beweglichkeit des Rumpfes)
- Station 5: Sprossenwand – Klimmzüge mit brusthohem Griff an einer Sprosse. (Armmuskulatur)
- Station 6: Zweiteiliger Kasten. Wechselhüpfen durch abwechslungsweises Hochführen eines Beines auf das Kastenoberteil. Gleichzeitiger Wechsel! (Beinmuskulatur)
- Station 7: Umgedrehte Langbank. Wechselweises Heben und Senken der geschlossenen, gestreckten Beine nach l und r aus der Rückenlage. (Hüft- und Bauchmuskulatur)

- Dazu Einteilung der SS in 8 Gruppen. Jedes Team baut die Station auf, an der es zu üben beginnt. Der L schwenkt die Sprossenwände aus und fixiert sie. Vor die Sprossenwand Station 1 und 3 wird eine Matte der Breite nach gelegt, damit je 4 SS gleichzeitig üben können. Eine „versetzte" Aufstellung nehmen, damit die SS sich gegenseitig nicht behindern. (Unfallgefahr!)
- An jeder Station machen nun die SS die Übung vor, die dort ihren Zirkeldurchgang beginnen.
- Bauchlage auf der Matte, Beine unter den Sprossen, Hochheben des Oberkörpers mit Ball in den Händen. Jedes Abheben mit dem Ball = 1 Pt.
- Mit geschlossenen Beinen (beidbeinig) auf das Kastenoberteil aufspringen. Jeder Sprung = 1 Pt.
- Rückenlage auf der Matte, Beine unter den Sprossen. Hochheben des Oberkörpers. Jede Berührung der Sprossen mit den Händen = 1 Pt.
- Grätschstand mit gestreckten Beinen, die Hände rollen den Ball in einer „Acht" um die Beine. Jede Acht = 1 Pt.
- Beine berühren den Boden knapp vor der Sprossenwand, Hände fassen eine Sprosse und ziehen den Körper zur Sprossenwand. 1 Klimmzug = 1 Pt.
- Ausgangsstellung: r Fuß auf dem K-Oberteil, li Fuß auf dem Boden – auf Zeichen des L schnelles Wechseln der Beine durch Hüpfen. 1 Wechselhüpfen = 1 Pt.
- Langbank auf Sitzfläche umgedreht am Boden. SS in Rückenlage mit Griff an der Schwebekante der Langbank. Beine geschlossen senkrecht gestellt. Absenken der gestreckten

147

- Station 8: Hochheben eines Medizinballs vom Boden bis zur Hochhalte und zurück (Armmuskulatur)

- Feststellung der Punkte
- Abbau der Geräte

Beine nach l und r zum Boden. Jede Bodenberührung der Beine = 1 Pt.
- SS nehmen auf Zeichen des L den Ball mit beiden Händen auf und halten ihn bei gestrecktem Körper über den Kopf. Jede Bodenberührung des Balls = 1 Pt.
- SS zählen ihre Punkte zusammen
- SS bauen die Geräte ab, die sie zu Beginn aufgebaut haben

4.3 Ausklang

- Fangspiel ,,Verzaubern". Das Spiel kann auch mit ,,Erlösen" gespielt werden, d. h. die noch freien Läufer erlösen die ,,Verzauberten" durch Berührung und den Ruf ,,frei".

- 3 oder 4 mit bunten Bändern gekennzeichnete Zauberer versuchen, freie Läufer zu fangen. Bei Abschlag und dem Ruf ,,verzaubert", muß der Läufer sich setzen, er ist versteinert.

Unterrichtsbeispiel Nr. 38 3./4. Jgst.

Gerätturnen: Klettern und Balancieren an einer Gerätebahn

LZ: – Die Grundtätigkeiten Klettern und Balancieren weiter steigern
 – Sich auf jedes neue Gerät, neue Aufgaben gut einstellen
 – Sich in der Gruppe gegenseitig helfen, sichern können
 – Sein eigenes Können richtig einschätzen
 – Gemeinsam Gefahren erkennen und vermeiden
 – Freude am Bewältigen selbst ausgesuchter Herausforderungen erleben

1. Sachanalyse

Das Turnen an einer Gerätebahn (= die Verbindung mehrerer Geräte zu einem Rundkurs) setzt ein gewisses grundlegendes Können an jedem Einzelgerät voraus. Dieses wurde durch ein erkundendes Auseinandersetzen bzw. ein zielgerichtetes Üben bei den Schülern bereits gesichert. Die besondere Schwierigkeit, aber auch der besondere Reiz einer Gerätebahn liegen darin, sich schnell immer wieder auf das folgende Gerät und spezifisch andere Herausforderungen einzustellen. Der größere Arbeitsaufwand beim Auf- und Abbau einer Gerätebahn wird durch die hohe Bewegungsintensität für alle Schüler, die individuelle Herausforderung durch selbst und passend ausgesuchte Aufgaben und die Vielfalt der Möglichkeiten wieder ausgeglichen. An den verschiedenen Gerätestationen turnen gleichzeitig alle Schüler. Es wird keine Station ausgelassen. Bei zu schwierig ausgesuchten Aufgaben greift der Lehrer sichernd ein. An Gerätebahnen sind auch andere thematische Schwerpunkte möglich, z. B. Schaukeln/Schwingen, Rollen/Drehen, Hüpfen/Springen. Die Kooperation mit einer nachfolgenden Klasse kann den Aufwand beim Auf- bzw. Abbau erheblich verringern. Die zuerst turnende Klasse übernimmt den Aufbau der Geräte. Die Gerätebahn wird dann auch von der nachfolgenden Klasse benützt und zuletzt abgebaut.

2. Lernvoraussetzungen

Vorhandenes Können an den Einzelgeräten – selbständiges Üben in Kleingruppen – sich gegenseitig helfen, sichern können – mit den Geräten sachgerecht umgehen können

3. Gerätebedarf

2 Reckstangen − herausgezogene Kletterstangen − 4 Langbänke (Lb) − 2 herausgeschwenkte Sprossenwände (Sw) − 6 Matten (M) − 2 kleine Kästen (kK) − 2 Leitern (Le) − 2 große Kästen (K) − 2 Turnstäbe (St) − 2 Medizinbälle (Mb)

4. Durchführung

Unterrichtsverlauf	Didaktische Überlegungen
4.1 Einstimmen/Erwärmen	
− Aufbau der Gerätebahn nach Plan (Abb. 1)	− Genaue Anweisungen an die einzelnen Gruppen. Aufbauplan vorbereiten!
4.2 Hauptteil	
− Der L stellt kurz die einzelnen Gerätestationen vor	− Es werden kurz wesentliche Möglichkeiten, Hilfen, Gefahren besprochen
− Klasse verteilt sich in Dreier- oder Vierergruppen an die einzelnen Geräte und beginnt mit dem Turnen	− Die SS bleiben in den gewählten Gruppen auf dem Parcour beisammen. Sie beobachten sich, sie helfen sich wenn nötig
− Gruppen wechseln in freier Weise zur nächsten Station	− Die einzelnen Gruppen dürfen sich dabei nicht überholen.
Die acht Gerätestationen:	Die Numerierung der Stationen wurde beliebig festgelegt:

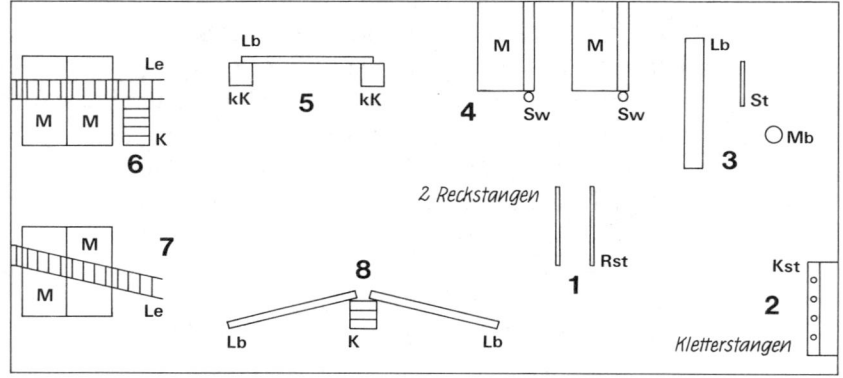

Abb. 1

- Station 1: Balancieren auf einer am Boden liegenden Reckstange, z. B. vw, rw, ohne, mit P, auch 2 SS gleichzeitig auf beiden Stangen mit Handfassung, auch seitwärts balancieren
- Station 2: Herausgezogene Kletterstangen, SS suchen ihrem Können

- Die SS finden verschiedene Aufgaben, wenn nötig sichert der P

- Beim Klettern (mit Kletterschluß) darauf achten, daß nicht von oben

gemäße Aufgaben, auch an zwei Stangen hängen und z. B. die Beine vom Boden abheben
- Station 3: Umgedrehte, auf dem Boden liegende Langbank, Balancieren auf der schmalen Kante mit Aufgaben
- Station 4: Zwei herausgeschwenkte Sprossenwände, je eine Matte der Breite nach dabei. Aufgaben des Kletterns, Hängens, Hangelns, Durchkriechens, Darübersteigens, gymnastische Übungen (Bauchmuskeln z. B.)
- Station 5: Zwei kleine Kästen, darüber eine umgedrehte Langbank, balancieren auf der Kante in einer größeren Höhe
- Station 6: Waagrechte Leiter (etwa brusthoch/schulterhoch) auf einem Kasten (fünfteilig) gelegt mit zwei Matten. Hängen, Hangeln, Kriechen, von einer Seite auf die andere darüberkriechen, um die Leiter herumkriechen (ohne dabei den Boden zu berühren)
- Station 7: Schräge Leiter mit Matten, Aufgaben des Steigens, Durchkriechens, Kriechens
- Station 8: Ein dreiteiliger Kasten, zwei schräg eingehängte Langbänke, Sitzfläche nach oben. Balancieren auf der mittelsteilen Schräge, hinauf und herunter

4.3 Ausklang
- Die Gerätebahn bleibt für die nächste Klasse stehen.
Evtl., wenn es die Zeit erlaubt, mit den Geräten noch ein Platzsuchspiel am Schluß der Stunde, z. B. werden verschiedene Begriffe ausgesucht, die einen bestimmten Ort markieren. Der L ruft einen Begriff, die SS suchen schnell den entsprechenden Ort auf.

nach unten heruntergerutscht wird (Verletzungsgefahr!), herunterklettern
- Ohne, mit P balancieren, über ein Hindernis (Turnstab) steigen, einen Medizinball dabei tragen, vw balancieren, umdrehen, rw weiter
- An diesen beiden Geräten sollten Niedersprünge von zu großer Höhe (über schulterhoch) vermieden bzw. unterbunden werden (vgl. GS-Lehrplan!)

- Haben SS an einem Gerät Angst zu turnen oder sind sie unsicher, sollte grundsätzlich niemand gezwungen werden. L oder S gibt dann evtl. Hilfe bzw. sichert
- Die SS sollen gerade hier nur Übungen aussuchen, die ihrem Können gemäß sind. Sich richtig selbst einschätzen zu lernen, ist ein wesentliches Ziel dieser Stunde.

- Der L unterbindet zu schwierige und dann auch gefährliche Übungen. Die SS besprechen innerhalb ihrer Gruppe nötige Hilfen, mögliche Gefahren und vermeiden sie.
- SS helfen sich evtl. durch Handreichung

- Zwei Klassen bzw. Lehrer kooperieren zusammen. Die erste Klasse baut die Gerätebahn auf und läßt sie für die nachfolgende, zweite stehen. Diese turnt am bereits aufgebauten Parcour und baut dann am Schluß ihrer Stunde die Gerätebahn wieder ab.

Unterrichtsbeispiel Nr. 39   3./4. Jgst.

Gymnastik und Tanz: Rollen und Prellen des Balles

LZ: − Gymnastische Bewegungsformen mit dem Ball ausführen
     − Erfassen von gestellten Bewegungsaufgaben mit dem Ball
     − Entwickeln von Einfallsreichtum für Bewegungsfolgen
     − Freude an der Bewegung mit dem Ball haben

1. Sachanalyse

Das Rollen des Balles soll ruhig und gleichmäßig erfolgen. Um dies zu erreichen, muß die Hand den Ball bis zum Boden begleiten und durch sanften Druck in die rollende Bewegung bringen. Die Aufnahme des Balles erfolgt über die Fingerspitzen in die Handfläche. Beim Prellen wird der Ball von der ganzen Hand weich in Richtung Boden gedrückt, wobei diese so lange wie möglich in Ballkontakt bleibt. Für alle gymnastischen Bewegungsaufgaben mit oder ohne Handgerät gilt in der GS: Die Freude an der Bewegung hat Vorrang vor der Perfektion der Ausführung!

2. Lernvoraussetzungen

keine

3. Gerätebedarf

Gymnastikbälle für alle SS − Musik: ,,Jingle Bells", Kögler-Tanzplatte SP 23023 (oder andere Musik zum Gehen, Hüpfen) − Handtrommel

4. Durchführung

Unterrichtsverlauf	Didaktische Überlegungen
4.1 Einstimmen/Erwärmen	
− Platzsuchspiel ,,Hundehütte" mit Musik: Bei Musikbeginn gehen beide Kreise entgegengesetzt los vw auf der Kreisbahn. Bei Musikunterbrechung stehen alle SS von B in Grätschstellung (Blick zur Kreismitte), die SS von A kriechen als ,,Hunde" in eine ,,Hütte".	− Aufstellung der SS in doppeltem Innenstirnkreis, im Außenkreis (A) kann ein S mehr sein als innen (B). A Vierteldrehung nach li, B nach re. Wer keine ,,Hundehütte" mehr findet, erhält einen Minuspunkt, spielt aber weiter mit. Wer schafft ohne Minuspunkte 3 (4) Durchgänge?

4.2 Hauptteil

Rollen des Balles:
- Erproben des Ballrollens zur gegenüberliegenden Wand
- Den Ball so rollen, daß man nebenherlaufen kann
- Der rollende B. darf nicht hüpfen
- Den Ball gerade rollen
- Den abgerollten B. aufnehmen
- Mit einer Hand aufnehmen und wieder weich abrollen
- Den Ball im Sitzen mit den Fußsohlen vor- und zurückrollen
- In der Bauchlage den Ball von Hand zu Hand rollen
- Den Ball im Achter um die gegrätschten Beine rollen (Stehen)

Prellen des Balles:
- Freies Erproben von verschiedenen Möglichkeiten
- Prellen am Ort: 1 × prellen und wieder fangen mit zwei Händen, mit einer Hand; verschieden hoch im Knien, in der Hocke, im Sitz, in Bauch- und Rückenlage
- Prellen im Sprechrhythmus:
  ○ Prellen des eigenen Namens
  ○ Frage- und Antwortspiel
    P1: Eins – zwei – drei
    P2: Du bist frei
  ○ Prellen eines Sprechverses:
    „Ich heiße Peter, du heißt Paul, pr pr pr pr, pr pr pr, fa ich bin fleißig, du bist faul." pr pr pr pr, pr pr pr, fa
    pr = prellen, fa = fangen
- Prellen in der Fortbewegung: Einmal prellen, fangen, dabei gehen

- Linienaufstellung an der Längsseite der Halle
- Rollbewegung vorsichtig ausführen, der Ball soll beim S bleiben
- B. weich aufsetzen, gleichmäßig ro.
- Auf einer Markierungslinie
- Gassenaufstellung, je 2 Partner
- In die Knie gehen, gestreckter Arm, B. auf die Hand laufen lassen
- Freie Aufstellung, Arme seitlich, um das Gleichgewicht zu halten
- Gestreckte Arme, geschlossene Beine
- Grätschstand (Kräftigung der Rumpfmuskulatur)

- Frei im Raum den Ball prellen, verschiedene Bewegungen herausstellen
- Mit „langen" Armen prellen (Bewegungsweite), Körperbewegung an die Ballbewegung anpassen (Auf- und Niederwippen des Körpers mit Zehenstand dazwischen)
- Freie Aufstellung oder an Linien
  ○ Jede Silbe ist ein Prellstoß
  ○ Paare oder 2 Gruppen (Gasse) Gleichzeitig, auch im Nacheinander mit 1 oder 2 Bällen möglich
  ○ Rhythmisieren durch Sprechen und Handtrommel; letzter Prellstoß jeder Zeile verstärkt, daß der B. hochspringt; wenn Einzelübung klappt, beim letzten Wort Wurf zum Partner

- Frei im Raum fortbewegen, vw, rw, dann in Linie durch den ganzen Saal

4.3 Ausklang

- Bewegungsverbindung zu einem Sprechvers: „Prellen kann ich wunderschön, ich kann vor- und rückwärts gehn, einen Kreis ich prellen kann, jetzt fang ich von vorne an!" Der Sprechvers kann auch zum Schluß mit der Musik von 4.1 untermalt werden.

- Aufstellung im großen Innenstirnkreis: 4 Schritte vw gehen, dabei r l r l prellen – 4 Schritte rw gehen, r l r l prellen, Kreis prellen um den eigenen Körper, letzter Prellstoß verstärkt, daß der Ball hochspringt, fangen; auch als Gasse möglich, letzter Prellstoß = Wurf zum Partner

Unterrichtsbeispiel Nr. 40   3./4. Jgst.

Gymnastik und Tanz: Werfen und Fangen des Balles

LZ: – Erlernen des Ballwerfens und -fangens
- Anwenden dieser Grundfertigkeiten in einem vorgegebenen Rhythmus, mit Partner, in der Gruppe
- Verbessern der Fähigkeit zur Bewegungskoordination
- Freude an der Bewegung mit dem Ball haben

1. Sachanalyse

Werfen (Schockwurf): Der Ball liegt locker auf der Handfläche und wird über die Fingerspitzen sanft abgeworfen. Dabei sollen sich Arm und Körper dem fliegenden Ball nachstrecken.
Fangen: Der Ball wird mit gestreckten Armen über die Fingerspitzen weich von der Hand (den Händen) aufgenommen und zur Körpermitte geführt.

2. Lernvoraussetzungen

Den Ball rollen und prellen können, auch in der Fortbewegung (UB 39).

3. Gerätebedarf

Ein Gymnastikball für jeden S – Handtrommel – Musik 1: ,,Troika" Kögler – Tanzplatte SP 23019 (oder andere Musik zum Laufen) – Musik 2: ,,Mexikanischer Walzer" Fidulafon 1179 (Verlagsangaben siehe S. 224)

4. Durchführung

Unterrichtsverlauf	Didaktische Überlegungen
4.1 Einstimmen/Erwärmen	
– Laufen nach Musik 1, Wechsel zum Sitzen, Knien, Liegen (Rücken- und Bauchlage)	– Frei durch den Raum, ohne anzustoßen, die Arme werden ,,getragen". Bei Stop der Musik Sitzen oder Knien...
– Figurenlaufen einzeln: Kreis, Achter, Kurven, gerade Linien	– Freies Erfinden von Bewegungsabläufen nach der Musik
– Paarweises Laufen mit Handfassung, Vorwärts- und Rückwärtslaufen im Wechsel nach der Musik	– Auf den Partner einstellen, gemeinsam Laufwege und -möglichkeiten suchen, ohne andere zu behindern.

4.2 Hauptteil

- Freies Erproben von Wurf- und Fangmöglichkeiten
- Ball hochwerfen mit beiden Händen und fangen
- Mit einer Hand werfen und mit derselben Hand fangen
- Mit einer Hand werfen und mit der anderen fangen
- Ball hochwerfen, dann mit dem Partner Platz tauschen und fangen
- Die Bälle gleichzeitig zum Partner werfen, ohne Zusammenstoß
- Wer kann den Ball zur Musik fangen und werfen?
- Wer kann sich fortbewegen und dabei den Ball werfen und fangen? Vw und rw, im Gehen und Laufen
- Bewegungsformen zur Musik finden: „Mexikanischer Walzer"
- Wer kann den Ball passend zur Musik werfen und fangen?
- Rhythmisierte Anweisung zur Musik: „Wirf den Ball und fang ihn!"
- Erkennen von Teil A und Teil B aus der Musik
- Bewegungsablauf:
  Teil A: (Takt 1−4 3× wiederholen)
  Takt 1−16: Hochwerfen und Fangen des Balls mit 4 Drehungen bis zur Ausgangsstellung
  Teil B: (Takt 1−4 3× wiederholen)
  Takt 1−16: Den Ball zum Partner werfen und dessen Ball fangen
- Jeden Teil einzeln üben ohne und mit Musik

- S finden „Kunststücke", die besten vorstellen und probieren
- Arme strecken sich dem Ball nach und ziehen ihn wieder zum Körper
- Nicht sehr hoch werfen, sondern auf gerade Wurflinie achten
- Der Wurfarm geht mit nach oben, der Fangarm geht dem Ball entgegen
- Schmale Gassenaufstellung, jeder S fängt den Ball von seinem Partner.
- Ein Ball muß höher geworfen werden als der andere oder seitlich vorbei
- Freies Erproben in Anpassung an die Musik, freie Aufstellung, ¾ Takt
- Linienaufstellung zu 6 SS an der Breitseite der Halle, Vorwärtsbewegung zur gegenüberliegenden Wand
- Freie Aufstellung, Anhören der neuen Musik 2 (¾ Takt)
- Freies Erproben nach der neuen Musik, auch eventuell mit Partner
- Alle sprechen den Vers zur Musik und üben dazu
- Die SS sitzen am Boden um den L und hören die Musik an
- Gassenaufstellung, 2 Partner gehören zusammen
  Jeder wirft und fängt seinen eigenen Ball. Wenn der B. fliegt, ¼ Drehung nach re, Fangen in der neuen Position
  Mit der re Hand werfen, mit beiden Händen fangen nach Musik
- Die Takte eventuell mitzählen lassen; nach Teil B kommt wieder Teil A

4.3 Ausklang

- Wir versuchen, den ganzen Tanz ohne Fehler aufzuführen in der normalen Gasse oder Sterngasse
- Aufstellung zur Sterngasse (vgl. Abb. 1)

Abb. 1

Unterrichtsbeispiel Nr. 41 3./4. Jgst.

Gymnastik und Tanz: Bewegungsformen mit dem Reifen

LZ: − Anpassen der Körperbewegung an die Bewegung des Reifens
− Entwickeln des Feingefühls für eine Raumvorstellung
− Fördern der Geschicklichkeit im Umgang mit dem Handgerät Reifen
− Erleben von Bewegungs- und Spielfreude

1. Sachanalyse

Für die Kinder der Grundschule sollte der Reifen einen Durchmesser von maximal 80 cm haben. Holzreifen sind dabei den Plastikreifen vorzuziehen, weil sie eine bessere Bodenhaftung aufweisen. Da die Bewegungsformen mit dem Reifen ziemlich weiträumig verlaufen, ist auf einen guten Ordnungsrahmen und genügend Bewegungsfreiheit der Übenden zu achten.

2. Lernvoraussetzungen

keine

3. Gerätebedarf

Reifen nach Anzahl der Schüler − Handtrommel

4. Durchführung

Unterrichtsverlauf	Didaktische Überlegungen
4.1 Einstimmen/Erwärmen	
− Laufen: Jede Gruppe umläuft ihre Reifenreihe außen herum (li und re), im Slalom vor und außen zurück, durch die Reifen (von einem in den anderen), über die Reifen (nur in den Zwischenräumen)	− 3 Reihen von je 8−10 Reifen, die hintereinander auf dem Boden liegen (Abstand ca 1 m), SS in 3 Gruppen geteilt, jede Gruppe steht vor einer Reifenreihe
− Hüpfen: Einbeinig und beidbeinig um die Reifenreihe, von Reifen zu Reifen, im Slalom	− Wie oben, der Erste der Gruppe wechselt bei jedem Durchgang (wer Erster war, wird Letzter)

4.2 Hauptteil
- Im Stand:
  Reifen in Hochhalte: Rumpfvorbeugen, R-seitbeugen, R-kreisen, R-drehen mit dem Reifen
- Reifen kreisen lassen: Um die Hand, den Unterarm, den Körper
- Im Sitzen:
  Reifen in Hochhalte, Rumpfbeugen seitwärts, Rumpfdrehen; Reifen senkrecht vor dem Körper: Abwechselnd ein Bein, beide Beine anhokken, durch den Reifen strecken
- In Bauchlage:
  Reifen waagrecht in Vorhalte: Heben und senken, durch die Hand gleiten lassen
- In Rückenlage:
  Reifen waagrecht in Vorhalte: Aufsitzen zum Sitz und zurück
- Pendelschwünge mit 1 Hand, beidhändig vor dem Körper, neben dem Kö., auch mit Handwechsel
- Durch den eigenen Reifen steigen
- Partnerübung: Durch 2 senkrecht gehaltene Reifen kriechen
- Wie oben, aber durchhocken
- Reifen auf der Geraden vw rollen

- Reifen zum Partner rollen
- Sich den Reifen zuwerfen und auffangen

- Jeder S hat einen Reifen, Aufstellung mit genügend Abstand zwischen den Reihen und den SS
- Beide Seiten üben, re Hand, li Hand, re Unterarm, li Unterarm
- Strecksitz, Beine gestreckt und geschlossen halten, Rücken ganz gerade, Kopf und Schulter nicht hängen lassen, Gleichgewicht halten

- Beine müssen gestreckt geschlossen sein, sie heben sich nicht vom Boden ab. Arme gestreckt nach vorne halten ohne Bodenberührung
- Beine gestreckt geschlossen, beim Sitzen den Reifen nach oben führen, gerader Rücken!
- Der Reifen liegt auf der offen nach oben gedrehten Hand, Grätschstellung als Hilfe
- Endstellung: Reifen hochstrecken
- P1 hält beide Reifen im Abstand von ca ½ m, P2 kriecht durch
- Erst mit Zwischenhupf, dann ohne
- Mit der Hand antreiben, re und li üben
- Gasse, erst mit 1 R, dann mit 2 R
- Wie oben, auch mit 2 R versuchen; mit Handtrommel rhythmisieren

4.3 Ausklang

Wettspiele:
- Haltet die Reifen in Bewegung! Alle R müssen in der Zwirbelbewegung gehalten werden. Welche Gruppe schafft 1 Durchgang oder mehr?

- Reifenstaffel: Den R zur gegenüberliegenden Wand treiben, ablegen und zurücklaufen; der nächste Läufer holt den R und treibt ihn zurück usw.

- 3 Kreise, Abstand von 1 S zum anderen ca 3–4 m, jeder S zwirbelt seinen senkrecht stehenden R auf Zeichen, läuft zum nächsten R und bewegt ihn weiter und so fort, bis er an seinem Platz zurück ist. Wenn 1 R umfällt, setzen sich die SS.
- Drei Reihen mit je einem Reifen; der Reifen muß an der Wand so abgelegt werden, daß er die Wand berührt.

Unterrichtsbeispiel Nr. 42　　　　　　　　　　　　　　　　3./4. Jgst.

Gymnastik und Tanz: Bewegungsformen mit dem Springseil

LZ: – Erlernen des korrekten Schwingens des Seiles
　　– Abstimmen der Arm- und Seilbewegung auf die Körperbewegung
　　– Seilspringen am Ort und in der Fortbewegung
　　– Erleben der Bewegungsfreude mit dem Seil

1. Sachanalyse

Die Springseile (Hanfseile) haben keine Griffe und sind an den Seilenden mit Knoten versehen. Die Länge des Seils richtet sich nach der Größe des Übenden. Es soll beidseitig vom Boden bis zu den Achseln reichen. Das Umwickeln der Hand mit den zu langen Seilenden muß wegen der erhöhten Unfallgefahr untersagt werden. (Die Seilenden hängen lassen!) Da das Üben mit dem Springseil sehr anstrengend ist, wird empfohlen, in zwei Gruppen zu üben, damit jeweils eine Gruppe pausiert und beobachten kann.

2. Lernvoraussetzungen – keine

3. Gerätebedarf – Springseile nach Anzahl der SS – Musik: ,,Tanzende Schlange" auf EP 58619, Verlag Walter Kögler, 7000 Stuttgart

4. Durchführung

Unterrichtsverlauf	Didaktische Überlegungen
4.1 Einstimmen/Erwärmen	
– Übungen am liegenden Seil: Über sein eigenes Seil hin und herlaufen, -hüpfen, -springen, über alle Seile laufen...	– Jeder S legt sein Seil gerade auf den Boden in freier Aufstellung; Abstände halten, ausweichen beim Laufen, Hüpfen über alle Seile
– Seile in geringer Höhe halten: 1. Seil überspringen, unter dem 2. Seil durchschlüpfen; genügend Abstand halten	– Einteilung in 2 Gruppen; je 2 SS der einen Gruppe halten ein Seil, so entsteht eine Seilgasse. Die andere Gruppe bewegt sich durch die Seilgasse.
– Die ganze Seilgasse überlaufen	– Seile in kleineren Abständen halten
– Sitz hinter dem Seil: Mit den Fersen hinter, mit den Fußspitzen vor dem Seil auftippen	– SS frei im Raum verteilt, Rücken gerade halten, Arme zur Seite (Gleichgewicht halten)
– Seil 3fach gespannt halten: Das Seil über den Kopf führen	– Arme möglichst lange gestreckt lassen, nicht umkippen

- Strecksitz: Seil vor dem Körper halten, abwechselnd die Beine über das gespannte (3fach) Seil strecken und zurückhocken
- Bauchlage: Seil (3fach) gespannt hochhalten: Rumpfheben und -senk.
- Rückenlage: Seil in Hochhalte: Sich vom Rücken auf den Bauch und wieder zurück wälzen

- Kräftigung der Rumpf- und Bauchmuskeln, Gleichgewicht halten durch geraden Rücken
- Einatmen – ausatmen, Beine geschlossen und gestreckt
- Körper und Beine gestreckt lassen (wie ein Baumstamm wälzen)

4.2 Hauptteil

- Seil im großen Bogen von hinten über den Kopf schwingen und zurück
- Springen über das geschwungene Seil (Vorkreisdurchschlag) mit Schlußsprung am Ort
- Wie oben aber mit Zwischenfederung
- Schrittsprung über das geschwungene Seil am Ort (laufen)
- In der Vorwärtsbewegung durch das schwingende Seil laufen

- Arme gestreckt, beim Schwingen nicht abbeugen, Oberkörper aufrecht
- Aufstellung frei, aber genügend Abstand halten! Der Seilschwung beginnt hinter dem Körper
- 1 Schlußsprung über das Seil, 1 Schlußsprung dazwischen
- Einbeiniger Absprung, landen auf dem anderen Bein
- Linienaufstellung 4–5 SS nebeneinander; immer mit dem re (li) Bein das Seil überlaufen; während eine Linie läuft, haben alle anderen SS Pause.

- Bewegungsverbindung: 4 Seildurchschläge vw, 4 Seildurchschläge am Ort, 3 vw – 4 am Ort
- Bewegungsform zur Musik:

- Organisation wie oben; wenn alle SS an der gegenüberliegenden Wand sind, beginnt Linie 1 den Rückweg
- 1. Teil: Takt 1–8: (vgl. Abb. 1) A1 und A2 läuft mit 4 Seildurchschlägen aufeinander zu; 4 Seildurchschläge am Ort (versetzt gegenüberstehen), mit 4 Seildurchschlägen weiterlaufen, 4 S am Ort (B1 und B2 haben Pause) Takt 9–16: B1 und B2 wie A Takt 1–8, A1 und A2 Pause, umdrehen zur Ausgangsstellung

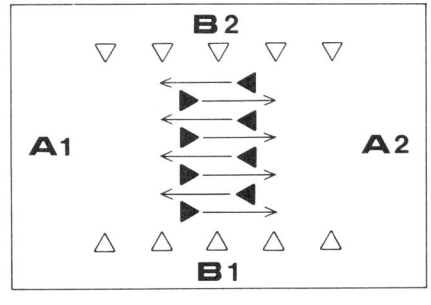

Abb. 1

4.3 Ausklang

- „Seilsammeln": Jeder S steckt sein 3fach zusammengelegtes Seil in den Hosenbund am Rücken und versucht, den anderen ihr Seil wegzunehmen.

- Wer kann sein Seil behalten? Wer hat am Schluß die meisten Seile gesammelt?

Unterrichtsbeispiel Nr. 43   3./4. Jgst.

Gymnastik und Tanz: Erlernen eines Bändertanzes

LZ: – Erfassen und Ausführen der verschiedenen Tanzfiguren
   – Erleben von Tanzfreude in der Gruppe

1. Sachanalyse

Benötigt wird dazu ein ca. 3 m langer Stab (Holz oder Bambus), von dessen oberem Ende 8 Bänder (4–5 cm breit, 3,30 m lang) hängen. Da der Zug an den Bändern beim Tanz sehr stark ist, sollte man den Stab zum ,,Stabträger" zusätzlich in einem Ständer befestigen. Der Tanz kann auch ohne Bänder durchgeführt werden, wobei der Mittelpunkt des Kreises durch ein Kind, Fähnchen, Kegel usw. markiert werden muß.

2. Lernvoraussetzungen

Die SS sollen den Hüpfer in der Vor- und Rückwärtsbewegung gelernt haben. Für die vierte Figur ist der Seitgalopp nötig.

3. Gerätebedarf

Bänderstab – Musik: Melodie des Liedes ,,Der Mai, der Mai, der lustige Mai . . .''

4. Durchführung

Unterrichtsverlauf	Didaktische Überlegungen
4.1 Einstimmen/Erwärmen	
– Wir hören die Musik des neuen Tanzes an (¼ Takt erfassen)	– Die SS klatschen (singen) den Rhythmus mit, während sie im Kreis sitzen
– Jeder versucht, auf die neue Melodie zu hüpfen vw und rw	– Frei im Raum oder auf der Geraden
4.2 Hauptteil	
1. Tanzfigur:	
– Takt 1–8: Die SS hüpfen auf der Kreislinie vw, li Hand eingestützt, re Hand im Winkel nach oben gebeugt, so daß das Band seitlich neben dem Kopf gehalten wird.	– Aufstellung in Kreisen zu je 8 SS = 4 Paare, abwechselnd 1 Bub, 1 Mädchen, Mittelpunkt des Kreises ist der Stabträger, jeder S hält ein Band in der re Hand. Es kann auch zuerst ohne Bänder geübt werden.

- Takt 9–16: Nach dem 15. Hüpfer des 8. Taktes umdrehen und den Weg zurückhüpfen bis auf den eigenen Platz
- Takt 17–20: Hüpfer vw zur Kreismitte, mit dem letzten Hüpfer umdrehen
- Takt 21–24: 8 Hüpfer vw nach außen und drehen
- Takt 25–32: = Wiederholung von Takt 17–24

2. Tanzfigur:
- Takt 1–16: Die Mädchen hüpfen wie bei Fig. 1, die Buben entgegengesetzt
- Takt 17–24: Mädchen hüpfen 8 × vw zur Kreismitte, 8 × rw nach außen; Buben vw nach außen, rw nach innen
- Takt 25–32: = Wiederholung von Takt 17–24

3. Tanzfigur:
- Takt 1–8: Jedes Paar dreht sich hüpfend umeinander herum, statt des 8. Hüpfers Arme lösen und umdrehen, Band in die andere Hand nehmen
- Takt 9–16: Wie 1–8, aber in die andere Richtung
- Takt 17–24: Mädchen drehen sich im Hüpfen am Ort, Buben hüpfen zur Kreismitte und zurück
- Takt 25–32: Mädchen drehen hüpfend zurück, Buben wiederholen

4. Tanzfigur:
- Takt 1–8: Im Seitgalopp auf der Kreislinie hüpfen, der 16. Schritt ist der Bremsschritt, um bei Takt 9 entgegengesetzt hüpfen zu können
- Takt 9–16: In die Gegenrichtung zurück, Kreis zuletzt erweitern
- Takt 17–24: Alle SS hüpfen nach innen, umdrehen und nach außen hüpfen, umdrehen zur Wiederholg.
- Takt 25–32: Wie Takt 17–24

4.3 Ausklang
- Jede Gruppe tanzt 1 Figur vor

- Immer den gleichen Abstand zum Stab halten, damit die Bänder nicht ziehen! Nicht zu straff halten! Das Umdrehen muß rasch erfolgen.
- Mit dem letzten Hüpfer zum Innenstirnkreis drehen, die SS zählen laut mit beim Hüpfen
- Sprechen: 1–2–3–4–5–6–7–dreh'n
- Beim Hüpfen zur Kreismitte und zurück ganz kleine Schritte hüpfen.
- Mädchen im Außenkreis, Buben im kleinen Innenkreis, Band kurz fassen, damit keine Verwicklung entsteht
- Jeder S muß seine Tanzrichtung genau einhalten, damit es keine Zusammenstöße gibt.

- Im Innenkreis kleine Hüpfschritte

- Die Paare haken sich mit den rechten Armen unter, das Band muß immer hochgeschwungen werden, damit der Partner beim Durchtanzen nicht hängen bleibt.
- Zuletzt sind die Bänder wieder entwirrt
- Die Buben drehen in der Kreismitte wieder um, so daß sie beide Wege vw hüpfen.
- Die Bänder der Mädchen müssen zuletzt wieder glatt sein.
- Innenstirnkreis ca. 1½ m vom Stab entfernt, Hände flach an die der Nachbarn legen, Fingerspitzen geschlossen nach oben, dazwischen das verkürzte Band halten
- Beim Erweitern des Kreises Band locker durch die Hand gleiten lassen
- Innenstirnkreis, in der Kreismitte Kopf beugen, nach dem Drehen Band gestreckt hochhalten, Kopf heben
- Schluß: Außenstirnkreis, Buben knien

- Welche Figur gefällt uns am besten?

161

Unterrichtsbeispiel Nr. 44　　　　　　　　　　　　　　3./4. Jgst.

Gymnastik und Tanz: Erlernen eines Kontratanzes

LZ: − Aufnehmen des Tanzrhythmus, nachklatschen und in Schritte umsetzen
　　− Erleben von Tanzfreude in der Gruppe

1. Sachanalyse

Der Kontratanz ist ein geradtaktiker (hier ¼ Takt) Tanz, bei dem die Paare einander gegenübergestellt sind. Der vorliegende Tanz aus England wird mit Seitgalopp- und Hüpfschritten ausgeführt, kann jedoch im Gehen erlernt und auch getanzt werden, dem Rhythmus der Musik entsprechend. Beide Musikteile A und B werden viermal wiederholt, so daß fünf Figuren getanzt werden können mit je zwei verschiedenen Formen.

2. Lernvoraussetzungen

Rhythmisches Gehen, Seitgalopp- und Hüpfschritte vw und rw

3. Gerätebedarf

Musik: ,,Durham Reel" EP 58621 Verlag W. Kögler (siehe Hinweise S. 224)

4. Durchführung

Unterrichtsverlauf	**Didaktische Überlegungen**
4.1 Einstimmen/Erwärmen	
− Gehen und Hüpfen nach der Musik	− Frei im Raum sich bewegen, auf Zuruf mit einem Partner
− Wir hüpfen im Seitgalopp auf der Geraden	− Je 3 SS Handfassung, Hüpfen auf der Längsseite von Wand zu Wand
− Wir klatschen den Rhythmus der Musik mit. Findest du die Gliederung der Melodie?	− SS sitzen im Kreis um den L, Teil A der Musik wird jeweils im Sitzen geklatscht, Teil B im Stehen.
− Wir hüpfen zur Musik: Teil A allein, Teil B mit Partner	− Frei im Raum, wenn Teil B beginnt, Handfassung mit einem Partner
4.2 Hauptteil	
− Erklärung des L: Was ist ein Kontratanz?	− Die SS finden sich zu Paaren zusammen in Gegenüberstellung
− Aufstellung: Je 3 Paare bilden eine Tanzgruppe	− Gassenaufstellung: Je 3 Kinder stehen sich gegenüber

1. Tanzfigur:
- Teil A:
  4 Hüpfer vw in Dreierreihen
  4 Hüpfer rw zum Ausgangsplatz
  8 Hüpfer vw am Partner vorbei zur Gegenseite
- Teil B:
  4 Seitgaloppschritte nach re
  4 Seitgaloppschritte nach li zurück
  8 Hüpfschritte vw mit Partner

- Ohne Handfassung aufeinander zuhüpfen, begrüßen und zurückhüpfen, dann zur anderen Seite wechseln, beim letzten Takt Handfassung in den Dreierreihen (vorher ½ Drehung)
- Nach dem Zurückhüpfen Handfassung der Reihe lösen und den Partner unterhaken (Gesicht zu Gesicht), bei den letzten 2 Hüpfern Fassung lösen, zum Ausgangsplatz von A zurück

2. Tanzfigur:
- Teil A: Abb. 1

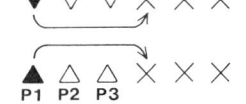

▼ ▽ ▽ × × ×
▲ △ △ × × ×
P1 P2 P3

Takt 1–4:
Paar 1 hüpft 4 Schritte im Seitgalopp durch die Gasse und reiht sich nach Paar 3 ein (siehe Abb. 1), Paar 2 und 3 klatschen dabei rhythmisch
Takt 5–8: Paar 2 hüpft, Paar 1 und 3 klatschen
Takt 9–12: Paar 3 hüpft, Paar 1 und 2 klatschen
Takt 13–16: Alle Paare zurück

- Handfassung der Paare; wenn sie zu hüpfen beginnen, Gesichter zueinander; beim Zurückhüpfen, Takt 13–16, faßt sich jedes Paar in gleicher Weise an beiden Händen, die 3 Paare hüpfen nebeneinander mit 4 Seitgaloppschritten an ihren Ausgangsplatz zurück, Handfassung lösen, Gasse wieder erweitern für Teil B

- Teil B:

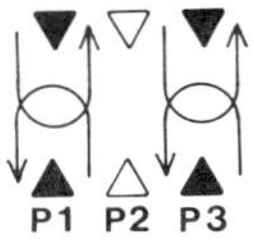

▼ ▽ ▼
○ ○ ○
▲ △ ▲
P1 P2 P3
Abb. 2

Takt 1–8: Paar 1 und 3 hüpfen umeinander herum, während P 2 klatscht (siehe Abb. 2)
Takt 9–16: Paar 2 hüpft, Paar 1 und 3 klatschen

- Die Partner bewegen sich mit 4 Hüpfschritten vw aufeinander zu, hüpfen mit dem 4. und 5. Schritt umeinander herum und kommen mit den letzten 3 Hüpfschritten rw an ihren Platz zurück. Beide Arme sind seitlich eingestützt.

3. Tanzfigur:
- Teil A:

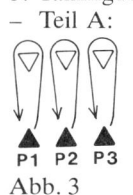

▽ ▽ ▽
▲ ▲ ▲
P1 P2 P3
Abb. 3

Takt 1–8: Mit 8 Hüpfern vw um den Partner herumhüpfen (siehe Abb. 3)
Takt 9–16: Wechsel, △ hüpft, ▲ steht

- Während der eine Partner hüpft, steht der andere auf seinem Platz und klatscht im Rhythmus. Beide Arme des Hüpfenden sind wieder seitlich eingestützt.

- Teil B:
  8 Seitgaloppschritte nach re
  8 Seitgaloppschritte nach li

- Jeweils die 3 zusammengehörenden Paare bilden einen Kreis; der 8. Schritt wird zum Abbremsen benützt, um in die Gegenrichtung zu hüpfen.

4.3 *Ausklang*
- Jede Gruppe tanzt vor.
- Die Zuschauenden klatschen.

Unterrichtsbeispiel Nr. 45								3./4. Jgst.

Leichtathletik: Dauerlaufen (Viereckslauf)

LZ: – Die eigene Laufausdauer erkennen und steigern
 – Tempogefühl und gleichmäßiges Laufen entwickeln
 – Um die richtige (individuelle) Belastung Bescheid wissen
 – Den eigenen Puls messen können
 – Freude am Laufen haben

1. Sachanalyse

Schon Kinder im Grundschulalter können ausdauernd laufen. Sie sind auf Ausdauer in hohem Maße belastbar. Ausdauerndes Laufen kann viele positive Wirkungen für die körperliche Entwicklung der Kinder und damit auch für die Gesundheit haben. Als Maß für die Höhe der individuellen Belastung (aerob) kann die Herzfrequenz von 150–180 Schlägen/Min. angesehen werden. Der Fuß wird mit der ganzen Sohle (nicht mit der Ferse) aufgesetzt und abgerollt, Rumpf und Kopf sind aufrecht, leicht nach vorne geneigt, die angewinkelten Arme unterstützen rhythmisch die Laufbewegung, Schultern und Oberkörper bleiben ruhig. Besonders das Ausatmen bewußt betonen (Seitenstechen).

2. Lernvoraussetzungen – Mindestens 1 Min. ununterbrochen laufen können

3. Gerätebedarf – 8 Fähnchen – Stoppuhr – Pfeife – 25 m Leine

4. Durchführung

Unterrichtsverlauf

4.1 Einstimmen/Erwärmen

– Auf einer Wiese werden mit 8 Fähnchen zwei ineinanderliegende Quadrate (das äußere mit 25 m Seitenlänge – Leine!) markiert, vgl. Abb. 1. Die SS helfen beim Aufbau mit. Gut wäre eine bereits aufgebaute Laufbahn

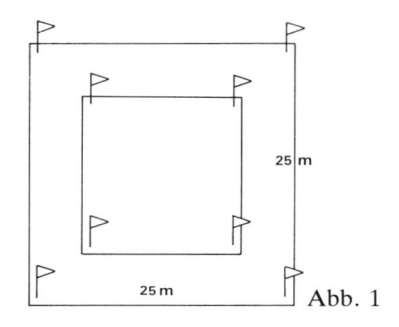

Didaktische Überlegungen

Abb. 1

- Die SS messen den Ruhepuls und stellen so die „Ausgangsposition" fest.
- Wer kann laufen und nach 10 Sek. wieder bei mir sein? 1 Pfiff = Laufbeginn, 2. Pfiff = Ende der Laufzeit
- Wie oben, aber nun die Zeitdauer auf 15, 20 Sek. vergrößern

4.2 Hauptteil

- Die SS verteilen sich auf die äußere Laufbahn und stellen sich in Kleingruppen an den 4 Fähnchen auf. Der L steht außerhalb der Laufbahn, er übersieht alle 4 Gruppen. Eine Seitenlänge wird zunächst in 10 Sek. gelaufen.
- Einige Versuche führen zur Verbesserung des Tempogefühls. Mehrere Seitenlängen hintereinander laufen. Der Pfiff gibt immer die Kontrolle.
- Im 10-Sek.-Tempo 2, 4, 6 Längen möglichst gleichmäßig laufen.
- SS, die bei diesem Tempo Schwierigkeiten haben, laufen auf der kürzeren inneren Bahn
- Wir versuchen über 2 Längen ein 15-Sek.-Tempo zu laufen.
- Bei Ermüdungserscheinungen eine Gehlänge dazwischenschalten.
- In kurzen Pausen gezielt korrigieren
- Verschiedene Tempi laufen lassen, z. B. zwei Längen in insgesamt 20 Sek., zwei in 15 Sek., eine Gehlänge
- Mehrere Runden in einem gleichmäßigen Tempo laufen

4.3 Ausklang

- Belastungspuls feststellen. Kurzes Unterrichtsgespräch über die richtige Belastung, Belastungsgrenzen, gesundheitliche Werte. Duschen

- Der L erklärt, wie am Handgelenk, am Hals der Puls gemessen wird. (20 Sek. lang, diese Zahl mal 3 ist die Pulsfrequenz pro Minute)
- Die SS laufen in freier Weise, bestimmen dabei Laufweg und -tempo je nach Können. Es geht darum, das Zeitgefühl zu entwickeln.
- Mehrere Versuche bringen langsam eine gute Annäherung an die vorgegebene Laufzeit.

- Die Zeit pro Seitenlänge wird vorgegeben, dabei bedeutet der 1. Pfiff für alle SS den Beginn, der 2. das Ende der Laufzeit. Der Lauf soll möglichst genau innerhalb der gesetzten Laufzeit auf die Laufstrecke eingeteilt werden (Tempogefühl).
- Wer zu schnell gelaufen und deshalb zu früh am Fähnchen ist, wartet dort. Wer zu langsam war, holt bei der nächsten Bahn auf.
- Der L pfeift jetzt nur noch an jedem 2. 4. Fähnchen zur Kontrolle.
- Innere Differenzierung! Gleiche Zeit bei kürzerer Strecke bedeutet eine geringere Belastung!
- Die Pfiffkontrolle erfolgt nur noch an jedem 2. Fähnchen.
- Den Puls in der Belastung messen lassen. 180 Schläge pro Minute sollten nicht überschritten werden.
- „Lohnende Pause" – der Puls geht auf ca. 130 Schläge zurück
- Die Kombination verschiedener Laufzeiten fordert neu heraus.
- Der L pfeift nur noch an jeder 2., 4. Fahne. Das Tempo bleibt konstant, die Strecke wird vergrößert.

- Die SS können korrekt den Puls messen. Sie erhalten Informationen über die richtige Belastung und die gesundheitliche Bedeutung des Dauerlaufens.

Unterrichtsbeispiel Nr. 46   3./4. Jgst.

Leichtathletik: Geländelauf

LZ: – Erfahren der eigenen Leistungsfähigkeit und Belastungsgrenzen
- Freude am Laufen im Gelände und in der Gruppe erleben
- Die Laufausdauer zum Erkunden schulisch naher Bewegungsräume anwenden
- Möglichkeiten eines freizeitorientierten Laufens anregen

1. Sachanalyse – Vgl. UB 45

2. Lernvoraussetzungen

Durch gezielte Übungsformen wurde vor dem Geländelauf bereits eine grundlegende Laufausdauer systematisch entwickelt. Alle Schüler (auch die schwächeren) sind ohne Überforderung in der Lage, mit Laufpausen 15–20 Minuten lang zu laufen. Der Lehrer kennt die Strecke und läuft mit.

3. Geräte-/Raumbedarf

Stoppuhr – geeignetes Gelände in Schulnähe, z. B. eine große Sportanlage mit Freigelände, ein Park, ein Trimm-Pfad

4. Durchführung

Unterrichtsverlauf	Didaktische Überlegungen
4.1 Einstimmen/Erwärmen	
– Die mögliche Entfernung Schule – Laufgelände entsprechend sicher zurücklegen – Ruhepuls messen	– Die Klasse bleibt zusammen. Kann bereits hier gelaufen werden, dann durch Traben anwärmen – Vor der Belastung den Puls messen lassen
4.2 Hauptteil	
– Im Gelände mit der ersten Laufstrecke beginnen. Wir laufen 1 Min. und machen eine Pause. Wir laufen 2, 3, 5 Min. mit entsprechenden Pausen. Unterbrochenes Dauerlaufen	– Zu Beginn des Laufens von größeren Strecken über diesen Wechsel von Laufen und Pause die Angst vor längeren Strecken/Zeiten nehmen. Die Laufzeit langsam steigern

- Durch verschiedene Laufaufgaben kann die Herausforderung interessant und vielseitig gestaltet werden, z. B.:
- Wer kann einer Zeit von 30, 60, 90 Sek. möglichst nahe kommen? Wer meint, die vorgegebene Zeit sei um, bleibt stehen und hebt einen Arm. Die Aufgabe wiederholen
- Wir laufen in einer Kleingruppe und versuchen, ein für alle gut passendes „Gruppentempo" zu finden.
- Kleingruppen versuchen, auf einer markierten Strecke eine selbst vorgegebene Zeit für diese Strecke möglichst genau einzuhalten. Der L stoppt die einzelnen Gruppen/Zeiten (nacheinander) und gibt die Differenzen zur Zeitvorgabe an. Je kleiner die Differenz, desto besser
- Das Dauerlaufen im Wald evtl. mit Zielwürfen (auch in einem kleinen Gruppenwettkampf mit Punktezählung) verbinden. Geworfen wird mit Tannenzapfen oder Schneebällen.
- Während des Laufens auf verschiedene Sinneswahrnehmungen bewußt achten und diese auch kurz ansprechen.

- Beim Laufen bewußt auf das rhythmische Ausatmen achten
- In Laufpausen den Belastungspuls feststellen. Die SS erhalten Informationen über die richtige Belastung, Belastungsgrenzen.

4.3 Ausklang

- Nach Hause laufen
- Unterrichtsgespräch: War die Belastung richtig? Was hat Spaß gemacht, was nicht? Welche Aufgaben nehmen wir uns das nächste Mal vor?

- Bei allen Laufaufgaben bleibt die Klasse bzw. Laufgruppe beisammen (Sichtkontakt!).
- Die Laufstrecke ist dabei gut zu übersehen. Es kann auch hin- und zurückgelaufen werden. Der L kontrolliert die Uhr und gibt das Zeichen für das Ende der Laufzeit. SS wählen ihr individuelles Tempo
- Sammelplätze sind bestimmt. Die SS besprechen, beobachten sich, sie kooperieren.
- Bei dieser Aufgabe kommt es nicht auf das sportliche Prinzip der Zeitminimierung an. Bei diesen Zeitschätzläufen ist die Qualität der Schätzung (und das zugrundeliegende Tempogefühl) von Bedeutung. Jede Gruppe kann dabei ihr Tempo wählen (differenzierte Belastung).
- Die Wurfpause bietet eine gute Gelegenheit, sich zu erholen und fordert außerdem wieder neu heraus.

- Z. B. laufen auf verschiedenem Untergrund (geteerte Wege, Sand-, Schotterwege, Waldboden); bergauf, bergab laufen; bei Gegenwind, Rückenwind laufen; Riechen, Hören, Sehen miteinbeziehen. Wie fühlt sich mein Körper (müde, schwer, locker, leicht, verkrampft)?
- Einem möglichen Seitenstechen soll dadurch besser begegnet werden.
- Als mittlere Belastung können 150 bis 170 Schläge pro Minute gelten. Nach einer Minute Pause sollte der Puls um 30 bis 40 Schläge pro Minute gesunken sein.

- Die Gesamtzeit richtig einteilen
- Nach solchen Dauerbelastungen sollte das anschließende Waschen/ Duschen der ganzen Klasse selbstverständlich sein.

Unterrichtsbeispiel Nr. 47   3./4. Jgst.

Leichtathletik: Gruppenwettläufe im Freien

LZ: – Gruppenleistungen in spielerisch-bewegungsbetonter Form erleben
– Rücksicht auf die eigenen, auf die anderen Mitspieler nehmen
– Vereinbarte Regeln einhalten, Regeländerungen für einen verbesserten Spielablauf vornehmen können
– Spielfähigkeit steigern, Spielfreude erleben

1. Sachanalyse

Das gemeinsame Merkmal von Gruppenwettläufen ist, daß in spielerischer Weise verschiedene Gruppen miteinander wetteifern. Dabei kann sich entweder die ganze Gruppe gleichzeitig bewegen, oder einzelne Spieler einer Gruppe laufen alleine (um die Wette mit Spielern der anderen Gruppen). In jedem Fall zählt immer nur die gemeinsam erbrachte Gruppenleistung.

2. Lernvoraussetzungen – Miteinander spielen können

3. Gerätebedarf – 4 Fähnchen – eine Pfeife

4. Durchführung

Unterrichtsverlauf	Didaktische Überlegungen
4.1 Einstimmen/Erwärmen	
– Ein Spielfeld (Quadrat) von ca. 20 m Seitenlänge abstecken	– Auf einer Wiese (weicher Untergrund) wird zunächst das Spielfeld mit 4 Fähnchen markiert.
– Die SS laufen im Spielfeld herum, der L ruft eine Zahl, der entsprechend Gruppen gebildet werden, z. B. 5 = je 5 SS bilden eine Gruppe	– Die Gruppen laufen eine Weile (in Reihe) miteinander, wobei der erste S Richtung, Tempo, Art der Fortbewegung bestimmt. Auf ein Zeichen läuft wieder jeder alleine.
– Wie oben, Laufen in Gruppen: „Der Letzte vor!" Keine Gruppe kreuzt die Laufbahn einer anderen.	– Die (4) Gruppen bleiben beieinander. Auf ein Zeichen des L läuft der letzte S jeder Gruppe vor, überholt die ganze Gruppe und ist nun der neue Gruppenerste.
4.2 Hauptteil	
– Platzwechselspiele der Gruppen z. B.	– Das Spiel- bzw. Lauffeld vom Stun-

- ○ Gruppe 1 und 3 wechseln in festgelegter Laufrichtung (im Uhrzeigersinn, diagonal) über das Spielfeld ihren Platz. Sieger ist die Gruppe, die am schnellsten (besten, schönsten) auf ihrem neuen Platz ist;
- ○ Wie oben, nun sind die Gruppen zwei und vier dran;
- ○ Alle Gruppen wechseln gleichzeitig ihre Plätze;
- ○ Bei allen Aufgaben können Ausgangspositionen (z. B. stehen, sitzen, liegen), Richtung und Fortbewegungsart (z. B. kriechen, rückwärts laufen) variiert werden.
- Nummernwettlauf, vgl. Abb. 1
Die Gruppen stehen nebeneinander auf dem Spielfeld, innerhalb einer Gruppe stehen die SS hintereinander mit Abstand zum Vordermann. Alle Gruppen werden durchnumeriert. Alle Ersten sind Einser, die Zweiten Zweier usw. Der L ruft eine Zahl. Die in jeder Gruppe so Aufgerufenen laufen re vor, vorn herum, re zurück, hinten herum und zurück.
- Rundenstaffel (Kreisstaffel), vgl. Abb. 2
Die Gruppen stehen in Reihe so, daß der vorderste S am Fähnchen steht, die anderen in Reihe (dahinter) nach innen. Laufrichtung festlegen. Die ersten SS jeder Gruppe starten und laufen eine Runde bis zur eigenen Gruppe, schlagen (Hand in Hand) den nächsten S ab usw.

denbeginn bleibt erhalten. Die vier Gruppen sitzen jeweils an einem Fähnchen, in einer Ecke. Es läuft jeweils die ganze Gruppe miteinander im Wettstreit mit einer, allen anderen Gruppen.

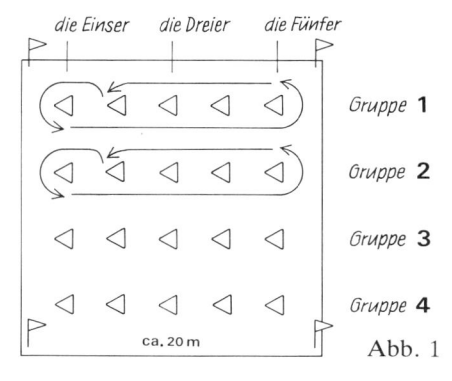

Abb. 1

Die Abb. 1 zeigt den Laufweg der Zweier in Gruppe 1 und 2.
Der Erste/Schnellste bekommt 4 Punkte, der Zweite 3 usw. Die Gruppenpunkte werden gesammelt.

- Die Laufbahn wird auf ein Quadrat von ca. 10 m Seitenlänge verkleinert. Es wird um die Fähnchen gelaufen.

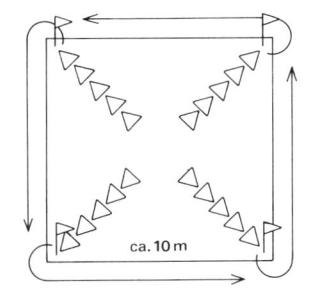

Abb. 2

4.3 Ausklang

- Kurzes Gespräch mit den SS, z. B.: Welche Spiele sind gut gelungen? Wo gab es Probleme? Was spielen wir das nächste Mal?

- Das kurze Gespräch am Ende der Stunde dient auch der Beruhigung der Klasse.

Unterrichtsbeispiel Nr. 48   3./4. Jgst.

Leichtathletik: Der Hochstart beim Laufen

LZ: – Fähig sein, sich auf ein Signal zu konzentrieren
    – Fähig sein, auf ein Signal rasch zu reagieren
    – Fähig sein, nach schnellem Antreten den Lauf zu beschleunigen

1. Sachanalyse

Bewegungsablauf: Die SS stehen im Abstand von etwa 2 m hinter der Startlinie. Auf das Kommando: ,,Auf die Plätze!" gehen die Läufer an die Startlinie zur Schrittstellung (1–1½ Fußlängen Abstand zwischen den Fußspitzen). Das vordere Bein (meist Sprungbein) darf dabei die Startlinie nicht übertreten, das hintere Bein wird zum Abdruck nur mit dem Ballen aufgesetzt, die Arme gegengleich zur Beinstellung im Ellbogen angewinkelt. Das Gewicht wird auf das vordere Bein verlegt, der Oberkörper bekommt dadurch eine Vorlage, beide Beine werden leicht gebeugt. Bei ,,Los" erfolgt der Ablauf mit schnellen kräftigen Antritt-Schritten unter Einsatz der Arme.

2. Lernvoraussetzungen

keine

3. Raum- bzw. Gerätebedarf

4 Fähnchen – 3 kleine Medizinbälle – Handtrommel. Wenn die UZE in der Halle durchgeführt wird, Laufstrecken verkürzen

4. Durchführung

Unterrichtsverlauf	Didaktische Überlegungen
4.1 Einstimmen/Erwärmen	
– Nummernwettlauf: Auf Zeichen laufen die ersten, vierten, dritten SS usw. jeder Gruppe um das Fähnchen herum und zurück	– Je 5 SS stehen hintereinander mit Nummern 1–5, in 12 m Entfernung zu einem Fähnchen. Wer ist am schnellsten an seinem Platz zurück?
– Die ganze Gruppe läuft auf Zeichen gleichzeitig los, um das Fähnchen herum	– Welche Gruppe kommt am schnellsten zurück, ohne sich gegenseitig zu behindern?
– Wie oben, aber Start aus der Bankstellung, aus der Bauchlage	– Es läuft wieder die ganze Gruppe zusammen

4.2 Hauptteil

- Partnerübungen in 2 Gruppen: Bewegungsraum (im Freien) aufbauen

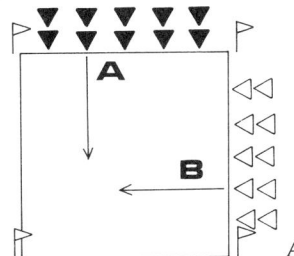

Abb. 1

- Den Partner schieben mit schnellem Tret-Lauf; auf Zeichen läuft Gruppe A, dann Gruppe B, Partnerwechsel auf dem Rückweg
- Den Partner ziehen; P1 läuft in Laufhaltung mit vorgeneigtem Oberkörper und Armeinsatz
- Start aus dem Laufen am Ort auf Zeichen des L, Lauf zur gegenüberliegenden Seite; zuerst Gruppe A (alle SS), dann Gruppe B
- Hochstart mit Kommando: „Auf die Plätze" – „los!" (Diese Übung mehrmals wiederholen)
- Hochstart auf der Laufbahn: Die wartenden SS sind 3 m hinter der Startlinie!
- Hochstart, auch mit optischem Signal des L, auf der Laufbahn
- Hochstart mit 50 m Lauf: Die eigene Bahn muß unbedingt eingehalten werden! An der Ziellinie nicht bremsen, sondern durchlaufen

4.3 Ausklang

- Freudvolles Spiel: „Reißverschluß" mit Ball als Staffelwettspiel. Der S, der den Ball gerollt hat, setzt sich vorne an die Gruppe, der letzte S nimmt den Ball am Ende der Gasse, läuft mit ihm nach vorne und rollt weiter usw.

- Die Fähnchen zu einem 15 m Quadrat aufstellen, die SS in Gruppe A und B einteilen; vorgezeichnete Linien auf Hartplatz im Freien oder im Turnsaal als Startlinie benützen; Partner wählen lassen für Läufe gegen Partnerwiderstand
- P1 steht vor P2 und soll von ihm zur gegenüberliegenden Seite „geschoben" werden. Leichte Rücklage von P1, kurze Bremsschritte
- P2 hält sich mit den Händen an den Hüften von P1 fest, der mit kurzen Antritt-Schritten versucht, wegzulaufen. P2 mit gegrätschten Beinen!
- SS jeder Gruppe in Linie nebeneinander; leises Schlagen auf der Handtrommel zur Vorbereitung, besonders kräftiger Schlag bedeutet Start!
- SS in einer Linie nebeneinander, nach dem Start ca. 10 m auslaufen und zur Ausgangsstellung zurückkommen
- 3/4 SS nebeneinander, Bahn einhalten! Nur kurzer Auslauf in der Bahn
- Armhaltung des L: 1. schräg nach oben, 2. v-förmig über dem Kopf zusammenklatschen
- Auch SS versuchen, das Startsignal optisch und akustisch richtig zu geben. Ziellinie mit 2 Fähnchen re und li kennzeichnen

- 2–3 gleichstarke Gruppen bilden; die SS jeder Gruppe sitzen in 2 Reihen im Strecksitz gegenüber, wobei die Zehenspitzen neben dem Gesäß der gegenübersitzenden SS zu liegen kommen. (Reißverschluß). Auf Kommando „hoch" des 1. S, der vor der Gruppe kniet, nehmen die SS die Beine gestreckt hoch, damit S1 den Ball durch die Gasse rollen kann.

171

Unterrichtsbeispiel Nr. 49   3./4. Jgst.

Leichtathletik: Pendelstaffeln

LZ: – Fähig sein, mit dem Staffelstab schnell zu laufen
    – Fähig sein, den Stab sicher und geschickt zu übergeben
    – Freude erleben am gemeinsamen Erfolg innerhalb einer Gruppe

1. Sachanalyse

Der Staffellauf fördert den Mannschaftsgedanken besonders. Die Läufer einer Mannschaft stehen am Anfang und am Ende der Laufstrecke gleichmäßig verteilt links vom Fähnchen. Das Staffelholz wird in der rechten Hand getragen und rechts übergeben. Der nächste Läufer muß den rechten Arm zur Entgegennahme des Stabes hinter dem Fähnchen nach rechts ausstrecken, um ein zu frühes Starten zu vermeiden. Das Staffelholz wird vom ankommenden Läufer möglichst senkrecht und mit vorgestrecktem Arm hochgehalten, damit es gut erfaßt werden kann.

2. Lernvoraussetzungen

30 m in schnellem Tempo durchlaufen können – Reaktionsvermögen – Kenntnis des Spielablaufes bei Umkehrstaffeln (Wendestaffeln)

3. Raum- bzw. Gerätebedarf

Die UZE kann auch in der Halle durchgeführt werden, wobei die Laufstrecken auf das mögliche Maß verkürzt werden. 3 Staffelhölzer – 6 Markierungsfahnen – 3 rote Nummernwesten – 3 Sandsäckchen – Handtrommel

4. Durchführung

Unterrichtsverlauf	Didaktische Überlegungen
4.1 Einstimmen/Erwärmen	
– Verschiedene Laufarten: vw und rw, seitwärts mit Überstellschritten vw und rw, kurze Schritte, lange Schritte, im Slalom um die Stangen	– Mit dem Fähnchen einen Kreis abstecken, Kreisaufstellung innerhalb der Markierung. Mit Handtrommel rhythmisieren!
– Armkreisen, Rumpfkreisen und -beugen, Beinkreisen und -lockern	– Lockerungs- und Dehnübungen zum allgemeinen Erwärmen im Kreis
– Hüpfen im Hockstand vorwärts	– Zur Kräftigung der Beinmuskeln
– Strecksprung aus dem Hockstand	– Auf Zeichen, als Reaktionsübung

- Partnerübung: Wechselhüpfen im Stand, im Hockstand (Russentanz)
- Partnerübung: Hinsetzen und Aufstehen
- Wie oben, aber mit Handfassung
- Umkehrstaffel: Jeder S muß um das Fähnchen laufen und den nächsten Läufer durch Schlag auf die vorgehaltene Hand ablösen (abschlagen)

- Handfassung, beide SS beginnen gleichzeitig mit dem li Fuß
- Rücken an Rücken, Arme eingehakt
- Fußspitze an Fußspitze
- SS in drei Gruppen teilen, je zwei Fähnchen markieren Anfang und Ende der Laufstrecke (ca. 15 m)

4.2 Hauptteil

- Pendelstaffel: × = Staffelübergabe

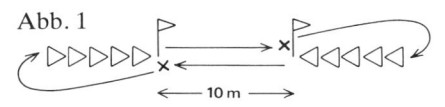

Abb. 1

⟵ 10 m ⟶

- Pendelstaffel: In lockerem Laufen den nächsten Läufer abschlagen, der den re Arm von hinten um die Startfahne legt (vgl. Abb. 1)
- Im Gehen das Sandsäckchen transportieren und übergeben; das Ablösen einüben
- Wie oben, aber mit dem Staffelstab
- Mit dem Staffelstab langsam laufen und das Holz übergeben
- Tempo und Strecke steigern
- Pendelstaffel über 20 m mit raschem Lauftempo; Ablauf jedes Läufers mit Hochstart (siehe UB 48)
- Pendelstaffel über 30 m als Wettkampfspiel; letzter Läufer rote Nummernweste!

- Aufteilung jeder Gruppe so, daß die Hälfte ihrer Mitglieder am Fähnchen gegenüber Aufstellung nimmt.
- Auf Startstellung achten! Mit der rechten Hand die rechte Hand des nächsten Läufers abschlagen
- Rechte Hand trägt den Gegenstand und übergibt in die rechte Hand des nächsten Läufers
- Griffweise und Art der Übergabe erklären und üben
- Immer noch in kurzer Entfernung (10 m), Konzentration auf die richtige Stabübergabe
- Entfernung auf 15 m vergrößern
- Jede Gruppe teilt die Reihenfolge selbst ein, 1 schwacher S wird von 2 guten Läufern in die Mitte genommen
- Wenn ein Spieler mogelt, wird die ganze Gruppe disqualifiziert!

4.3 Ausklang

- Freudvolles Spiel: ,,Verzaubern" Das Spiel ist zu Ende, wenn alle SS verzaubert sind.

- Drei geschickte SS sind Zauberer und halten je ein Staffelholz als Zauberstab in der Hand. Auf einem abgesteckten Feld versuchen sie, Kinder mit ihrem Stab leicht zu berühren. Wer berührt wurde, bleibt stehen und hält einen Arm hoch.

173

Unterrichtsbeispiel Nr. 50   3./4. Jgst.

Leichtathletik: Absprung und Landung beim Weitsprung

LZ: – Fähig sein, einen einbeinigen Absprung und eine beidbeinige Landung auszuführen
- Fähig sein, aus dem schnellen Anlauf heraus abzuspringen
- Fähig sein, mit dem Sprungbein aus dem Absprungraum abzuspringen

1. Sachanalyse

Nach kurzem, schnellen Anlauf mit einem Bein abspringen, Anhocken beider Beine in der Luft bei aufrechtem Oberkörper, wobei das Sprungbein zum Schwungbein herangebracht und beide Beine zur Landung weit nach vorne geschoben werden. Im Flug möglichst gestreckte Hüfte, Landung beidbeinig in Hockstellung, Arme greifen nach vorne. Der Absprung erfolgt aus dem Absprungraum = 80 cm (30 cm vor und 30 cm hinter dem 20 cm breiten Balken).

2. Lernvoraussetzungen

Nötige Sprungkraft und Schnelligkeit beim Anlauf

3. Raum- bzw. Gerätebedarf

Weitsprunganlage – Rechen zum Auflockern des Sandes – 2 Zauberschnüre – 4 Fähnchen – 4–6 Springseile – 1 Hochsprungschnur – Handtrommel

4. Durchführung

Unterrichtsverlauf	Didaktische Überlegungen
4.1 Einstimmen/Erwärmen	
– Verschiedene Laufarten um die Fähnchen außen herum: Tempowechsellauf, Kniehebelauf, Anfersen, Spurt	– Mit 4 Fähnchen auf der Wiese (Hartplatz) ein Quadrat von 12–15 m abstecken; mit Handtrommel Rhythmus und Lauftempo angeben

- Hüpfen am Ort: Hampelmann, „Gummiball"; im Kreis: Auf einem Bein im Wechsel re und li, auf beiden Beinen, im „Spatzenhupf" (Hockhüpfen)
- Springen über die Zauberschnur, 2−4 SS gleichzeitig, außen herum zurücklaufen; einbeinig li überspringen, dann re

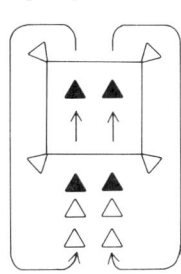

Abb. 1

- Alle 4 Seiten nacheinander einige Male überspringen gegen den Uhrzeigersinn
- Über mehrere hintereinander gehaltene Seile springen
- Steigesprung aus dem Laufen heraus, dabei berühren die SS mit einer Hand ein hochgehaltenes Fähnchen; im Strom üben, jedoch genügend Abstand halten!

4.2 Hauptteil

- Gruppenspringen von den 4 Seiten in die Grube mit Armschwung aus dem Hockstand, aus dem Stand; die Hände greifen nach der Landung in den Sand nach vorne.
- Absprung nach 3 Schritten: li − re − li oder re − li − re
- Wie oben, aber über eine Schnur springen mit Hochreißen des Schwungbeines und der Arme
- Einzelspringen von der Anlaufbahn, nach 5 Schritten Absprung (l − r − l − r − l) oder gegengleich

- Wie oben, aber über die Zauberschnur springen
- Anlauf mit 7 Schritten, Absprungstelle immer noch beliebig

- Aufstellung rund um das Quadrat; alle SS einer Seite hüpfen einen Kreis um die jeweils rechts stehende Fahne.
- Vier SS halten die Zauberschnur kniehoch zu einem Viereck (abwechseln!), so daß sie zweimal hintereinander übersprungen werden kann. Üben im Strom (vgl. Abb. 1)

- Von außen nach innen in das Quadrat hineinspringen und wieder nach außen zurück.
- Je 2 SS halten ein Seil kniehoch, Abstand ca 1½ − 2 m
- SS in 4 Gruppen einteilen; der erste steht ca. 5 m vor seiner Gruppe und hält eine Fahne seitlich hoch. Die SS laufen um den ersten herum zu ihrem Ausgangspunkt (Wechsel).

- SS in zwei Gruppen teilen; die beiden A-Gruppen springen von den beiden Breitseiten gleichzeitig, die B-Gruppen von den Längsseiten im Wechsel. Richtige Landung!
- Oberkörper dabei aufrecht halten
- Je zwei SS halten eine Zauberschnur hinter der Absprungstelle kniehoch
- Je nach Anlage 3/4 SS gleichzeitig springen lassen; nach vorne weglaufen, um ein Wendemal, das außerhalb der Grube ist (Fähnchen) herum zurücklaufen! Anlaufbahn nicht kreuzen!
- 2 SS halten die Zauberschnur ca. 50 cm hoch, ca. 50 cm hinter den Grubenrand
- Die „Helfer" müssen bei jedem Durchgang ausgetauscht werden.

175

- Kurzer Anlauf, Absprung mit dem Sprungbein, richtige Landung
- Hochweitsprung mit kurzem Anlauf. Wer kann die 2. Schnur überspringen?
- Betrachtung und Festlegung des Absprungraums für die Bundesjugendspiele
- Versuche, mit 5 Schritten den Absprungraum zu treffen (mit dem Sprungbein)
- Wie oben, aber mit 7 Anlaufschr.

4.3 Ausklang

- Zonenspringen: Sprunggrube mit waagrecht liegenden Seilen in Zonen einteilen; 1. Seil = 1,50 m vom Ende des Absprungraums

- Jedes Kind kennt inzwischen sein „Sprungbein".
- Vier SS halten 2 Zauberschnüre kniehoch hintereinander (Abstand 40–50 cm)
- L markiert mit Kreide die Begrenzung des 80-cm-Raums und erklärt die Möglichkeiten des gültigen Absprungs
- Regel: 5 Anlaufschritte = 7 Gehschritte. Wir suchen gemeinsam den passenden Anlauf.
- 7 Anlaufschr. = etwa 10 Gehschr.

- Wettspringen, 3 Gruppen, jeder springt 1 mal; welche Gr. hat die meisten Punkte? 1,50 m–2 m = 1Pt; 2 m–2,50 m = 2 Pt; 2,50 m–3 m = 3 Pt; ab 3 m = 5 Pt

Unterrichtsbeispiel Nr. 51   3./4. Jgst.

Leichtathletik: Weitsprung — pädagogische Wettkampfformen

LZ: — Kooperieren in der Gruppe und Gruppenleistungen erbringen
— Erreichen von Erfolgserlebnissen für alle Schüler
— Freude am Wetteifer in der Gruppe erleben

1. Sachanalyse

Sportliche Wettkämpfe nach dem Muster des Leistungssports werden auch von der Grundschule übernommen und durchgeführt. Problematisch werden sie da, wo jedes Kind, unabhängig von seiner motorischen Reife und Entwicklung, mit ihnen konfrontiert wird. Oft sind Leistungsdruck, Frustration und Aggression die Folge. Gesucht werden Wettkampfformen, besonders für schwächere Schüler, die aber auch von den besten Anstrengung erfordern. Pädagogische Wettkampfformen sollen Nachteile des sportlichen Wettkampfes (z. B. Konkurrenz, Ausscheiden des Schwächeren) vermeiden, sollen über differenzierte Leistungsanforderungen alle Schüler entsprechend herausfordern und so die Freude am Wetteifern erhalten. Pädagogische Wettkampfformen ergänzen die sportlichen, beide sind nebeneinander zu betreiben (vgl. Seybold, In: Brodtmann, D./Landau, G. (Hg.): Wettkämpfe, Sportfeste, Spielfeste. Reinbek 1983)

2. Lernvoraussetzungen

Grundlegende Bewegungserfahrungen mit dem Weitspringen

3. Gerätebedarf

2 Schwungseile — mehrere Zauberschnüre und/oder Springseile — Rechen — 4 Staffelhölzer

4. Durchführung

Unterrichtsverlauf	Didaktische Überlegungen
4.1 Einstimmen/Erwärmen	
— Schwingen eines Schwungseiles. Die SS laufen durch das schwingende Seil (dem Seil „nachlaufen").	— Die Klasse wird in zwei Gruppen aufgeteilt. Das Seil wird vor jeder Gruppe von zwei SS geschwungen.

- Wie oben, aber in das schwingende Seil hineinlaufen, ,,drinnen" einige Male im Rhythmus mithüpfen, dann erst herauslaufen

4.2 Hauptteil
- Die SS stellen sich in 4 Gruppen vor der Breitseite der Sprunggrube auf. Die ersten 4 SS laufen gleichzeitig los und springen in die Grube, gehen außen zurück und reihen sich in ihrer Gruppe hinten wieder an. Üben ,,im Strom" (Abb. 1)
- In dieser Organisationsform werden wesentliche Elemente des Weitsprungs wiederholt.

- Zonenspringen: Anlauf auf den Laufbahnen von der Schmalseite (vgl. Abb. 2), Absprung vom Rand der Grube, nicht dem Sprungbalken. Es springen mehrere SS gleichzeitig. Wer erreicht eine bestimmte Punktezahl? Einzelwettkampf

- Zonenspringen als Gruppenwettkampf (etwa gleichstarke Gruppen einteilen bzw. einteilen lassen)

- Das Seil soll nicht zu schnell geschwungen werden. Diese Aufgabe kann von mehreren SS gleichzeitig versucht werden.

- Die SS sollen hier wiederholend besonders auf den schnellen Anlauf, den aufrechten Oberkörper beim Sprung und die beidbeinige Landung achten.

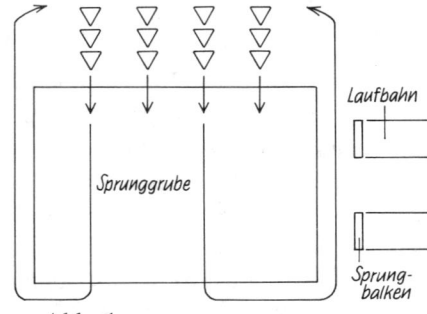

Abb. 1

- Mit den Zauberschnüren/Seilen werden mehrere Zonen in der Sprunggrube markiert. Jeder S schafft den Sprung mindestens in die 1. Zone. Die Landung in den einzelnen Zonen gibt verschiedene Punktezahlen, z. B. die dem Absprung nächste Zone (die erste) ergibt einen Punkt, die nächste (die zweite) zwei Punkte usw. (vgl. Abb. 2)
- Wieviele Punkte erreicht jede Gruppe, wenn jeder S fünfmal springt? Die Leistung des Schwächeren erhält ihren Wert, weil sie für die Gruppenleistung wichtig ist.

- Springen über eine schräg in die Sprunggrube gelegte Zauberschnur. Jeder S sucht sich die Absprungstelle aus, die ihn beim Springen gerade über die Markierung kommen läßt. (Abb. 2)

Die SS versuchen, ihre Sprungleistung selbst richtig einzuschätzen. Eventuell legen zwei SS die beim Springen verrutschende Zauberschnur wieder gerade.

Abb. 2

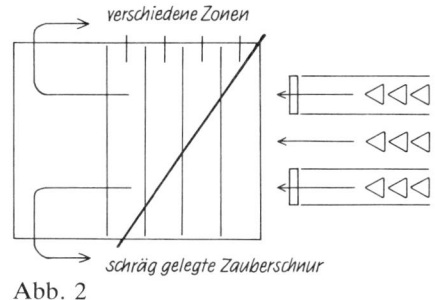

4.3 Ausklang

- Laufstaffel als „Begegnungsstaffel". Zwei Gruppen stellen sich in Pendelstaffelform auf. Die Schwäche eines Läufers wird durch die Stärke des Entgegenkommenden ausgeglichen.

- Die Läufer starten gleichzeitig auf das Startkommando von beiden Seiten, tauschen etwa in der Mitte ihre Staffelhölzer aus, laufen wieder zurück und übergeben das Staffelholz (oder einen anderen Gegenstand) dem nächsten usw.

Unterrichtsbeispiel Nr. 52   3./4. Jgst.

Leichtathletik: Vielseitiges Hochspringen

LZ: – Über vielfältige Sprungaufgaben differenzierte Sprung- und Bewegungserfahrungen machen
– Sprunggewandtheit und Sprunggefühl vielseitig erfahren
– Freude am Springen erleben

1. Sachanalyse

Die Aufgabe hoch zu springen ist in der Regel für alle SS eine unmittelbare und interessante Herausforderung. In dieser Stunde geht es nicht um das Erlernen einer bestimmten Hochsprungtechnik. Die SS sollen vielmehr Gelegenheit bekommen, verschiedene grundlegende Sprungmöglichkeiten zu erproben, li und re abzuspringen, differenzierte Sprungerfahrungen zu machen. Ein wesentliches Ziel dabei ist, die natürliche Freude am Hochspringen erleben zu lassen. Die Stunde ist für die Halle konzipiert (Wetterunabhängigkeit). Es ist wesentlich, dabei nur mittelharte Weichbodenmatten (Niedersprungmatten) zu verwenden, die Flächen- und Punktlandungen gleichermaßen ermöglichen. Bei weichen Weichbodenmatten sind diese mit Turnmatten abzudecken (sonst Unfallgefahr!)

2. Lernvoraussetzungen

Die SS können Grundtätigkeiten koordiniert verbinden (laufen-springen-wälzen)

3. Gerätebedarf

2 mittelharte Weichbodenmatten (Wb) – 4 Hochsprungständer – 2 Hochsprungschnüre – 4 Matten (M) – 4 Markierungskegel (Mk) – 4 Langbänke (Lb) – Tamburin

4. Durchführung

Unterrichtsverlauf	Didaktische Überlegungen
4.1 Einstimmen/Erwärmen	
– Einfaches Fangen im Hüpfen, auch mit Beinwechsel, nur kurze Spieldauer von ca. 1 bis 2 Minuten	– Fänger (gekennzeichnet) und Spielgruppe bewegen sich nur einbeinig hüpfend im abgegrenzten Spielfeld

- Gruppen in Reihenaufstellung, beidbeiniges Gruppenhüpfen, L rhythmisiert mit einem Tamburin

- Wie oben, aber einbeiniges, rhythmisches Hüpfen der Gruppen, L unterstützt mit Tamburin, Beinwechsel

4.2 Hauptteil

- Aufbau der Sprunganlage, vgl. Abb. 1 2 Gruppen vor jeder Anlage, Anlaufen auf der Bank, Sprung (einbeinig) auf die Matte, re und li abspringen
- Wie oben, aber ohne Bänke, gerader Anlauf und Hocksprung, an jeder Anlage immer 2 SS gleichzeitig
- Wie oben, aber jeder S springt jetzt mit dem anderen Bein ab. Jede Sprungaufgabe kann je nach Zeit, Klassengröße und Belastungsdosierung mehrere Male wiederholt werden.
- Schräger Anlauf, über die Matte, um den Markierungskegel herum, bei der anderen Gruppe hinten einreihen, alles nur im Laufen, Gruppe A und Gruppe B laufen überkreuz abwechselnd (A – B – A – B). Zum Kennenlernen einmal im Laufen, vgl. Abb. 2
- Wie oben, aber jetzt mit dem jeweils äußeren, von der Schnur entfernteren Bein abspringen, Landung auf dem Schwungbein (dem inneren Bein) (Scherbprung)

- Mit beiden Händen an die Hüften des Vordermannes fassen. Im Wechsel von Grätsche und Schlußsprung nach vorne gemeinsam hüpfend bewegen
- Jeweils der hinten Stehende faßt den li Unterschenkel des vorne Stehenden mit der li Hand, die re Hand wird auf die re Schulter gelegt

- Das Abspringen von einer erhöhten Absprungstelle steigert das Fluggefühl und macht die SS mit der Sprunganlage vertraut.
- Je 2 Matten übereinandergelegt zwischen Wand und Weichboden schützen vor dem Wegrutschen der Sprungmatte

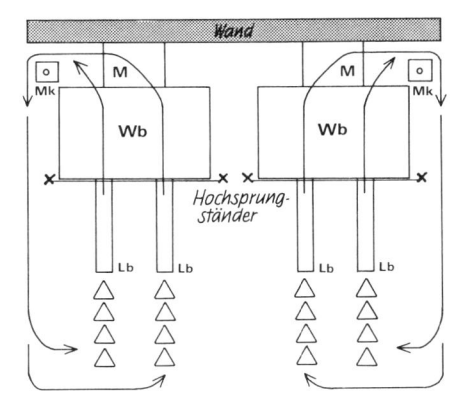

Abb. 1

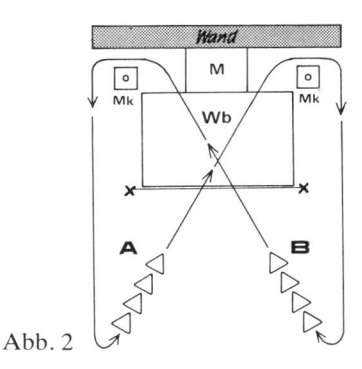

Abb. 2

- Organisation wie in Abb. 2, nun aber mit dem lattennäheren Bein abspringen, sich im Sprung über die Schnur ,,wälzen"

- Bei Schwierigkeiten mit dem Bewegungsablauf führen die SS die gesamte Bewegung in ,,Zeitlupe" aus.

- Das Sprung- und Bewegungsgefühl des ,,Wälzens" auch von der anderen Seite (mit dem anderen Bein abspringen) erfahren

4.3 Ausklang

- Jeder S sucht sich aus den gesprungenen Formen ,,seinen" Sprung und springt ihn einige Male.

- Das äußere Schwungbein gut einsetzen, die Schnur wird mit dem Bauch überquert. Die Landung erfolgt auf der Schwungbeinseite, den Schwung wälzend abfangen, nicht flach auf den Körper fallen
- Die gesamte Bewegung wird im Gehen und langsamen Wälzen (,,Zeitlupe") vorgestellt und dann von allen SS langsam ausgeführt.
- Durch die gewählte Organisation (vgl. Abb. 2) wechseln die Gruppen automatisch ihren Platz und springen auch von der anderen Seite.

- Der Sprung, der am meisten Spaß gemacht, das schönste Sprunggefühl vermittelt hat, wird vom S selbst ausgesucht

Unterrichtsbeispiel Nr. 53   3./4. Jgst.

Leichtathletik: Weitwerfen aus dem Stand mit Kernwurf

LZ: — Fähig sein, den Bewegungsablauf beim Schlagballweitwurf zu erkennen und nachzuvollziehen
— Verbesserung der Konzentration und Koordinationsfähigkeit
— Steigerung von Wurfgeschicklichkeit und Wurfkraft
— Freude am Erfolg erleben durch Wurferfahrung

1. Sachanalyse

Bei den Bundesjugendspielen wird der Weitwurf mit dem 80 g schweren Schlagball ausgeführt und zwar mit Kernwurf (= Schlagwurf): Der Ball wird von Daumen, Zeigefinger und Mittelfinger der Wurfhand festgehalten, der Ringfinger stützt seitlich noch ab. Kein krampfhaftes Umklammern des Balles, damit die Federung des Handgelenks nicht verlorengeht! Schrittstellung (Rechtshänder linker Fuß vorne), Ausholen des Wurfarms von vorn nach hinten (kein seitliches Rückschwingen des Armes!), Gewicht auf dem gebeugten rechten Bein, mit Rücklage des Oberkörpers (Bogenspannung), Streckung des Wurfarms nach vorn (Ellbogen am Ohr vorbei), schlagartiges Hinausschleudern des Balles mit Körperstreckung. Der Schwung des Körpers nach vorn wird mit dem rechten Bein abgefangen, das am Ende der Wurfbewegung vorne steht und belastet ist. Der Ball wird also von vorne ausholend nach hinten geführt, der Wurf erfolgt von hinten unten nach vorne oben. Den letzten Schwung gibt das federnde Handgelenk, den Druck geben die Finger. Der Wurf ist nicht nur eine Bewegung des Armes, sondern muß mit dem ganzen Körper erfolgen. Das Werfen erfolgt hier in der Turnhalle!

2. Lernvoraussetzungen

Wurfbewegung in der Grobform mit Gymnastikbällen ausführen können — Ballgewöhnung durch kleine Ballspiele

3. Gerätebedarf

Für jeden S einen Schlagball — Zauberschnur — 3 Kastenteile — 3 hüfthohe Kästen — 3 große Medizinbälle — 3 Markierungskegel

4. Durchführung

Unterrichtsverlauf

4.1 Einstimmen/Erwärmen

- Stangenklettern: Wer erreicht die halbe Höhe, wer kommt noch höher?
- Schubkarrenfahren im Liegestütz vorlings bei gegrätschten Beinen
- Hochziehen des Partners aus dem Sitz, aus der Hocke
- Armkreisen neben und vor dem Körper, Kreisen mit beiden Armen vw und rw
- Handklatschen vor dem Körper, über dem Kopf, hinter dem Rücken
- Hampelmann-Hüpfen, auch mit Drehen

Didaktische Überlegungen

- Kräftigung der Armmuskulatur. Kletterschluß der Beine! Langsam abklettern!
- Partner faßt an den Oberschenkeln; von einer Breitseite der Halle zur anderen
- Aufstellung frei im Raum mit Partner
- Aufstellung frei im Raum einzeln. Auf genügend Abstand achten!
- Mit Handtrommel rhythmisieren
- Kräftigung der Arm- und Beinmuskulatur

4.2 Hauptteil

- Üben der richtigen Greifweise für den Kernwurf
- Ball übergeben mit der Wurfhand in die Wurfhand des Partners
- Kernwurf auf den Boden mit Fangen des aufspringenden Balls (Schrittstellung!)
- Wie oben, aber an die Wand (Kreidestrich oder dergl. als Ziel!)
- Zielwerfen durch ein hochkant gestelltes Kastenteil aus ca. 3–5 m Entfernung
- Geräteaufbau: Ein hüfthoher Kasten breitgestellt, darauf wird in der Mitte ein großer Medizinball gelegt.
- Zielwerfen auf den Medizinball
- Auf den Medizinball einen Markierungskegel stellen. Wer kann ihn herunterwerfen? (Schlagwurf)
- Zielwerfen auf das Brett hinter dem Basketballkorb
- Gerätetransport, Punkteergebnis

- Jeder S nimmt seinen Schlagball in die Wurfhand, mehrmals von einer Hand zur anderen
- P1 gibt P2 den Ball mit dem Wurfgriff in raschem Wechsel (je zwei SS einen Ball)
- Der Ball muß mit Kraft senkrecht auf den Boden geworfen werden, damit er zurückspringt. Schwung holen!
- Jeder S sucht sich einen Platz ca. 2 m von der Wand entfernt.
- SS in 3 Gruppen teilen; erst wenn alle SS geworfen haben, werden auf Pfiff immer die Bälle zurückgeholt!
- Jede Gruppe baut ihr Gerät selbst auf. Die Kästen stehen in der Hallenmitte nebeneinander.
- Jeder Treffer ist ein Punkt.
- Treffer 1 Pt, gefallener Kegel 2 Pt; nach jedem Durchgang erst wieder die Bälle holen lassen!
- Jeder Treffer 1 Pt, Treffer auf das kleine Feld 2 Pt.
- Jede Gruppe zählt ihre Punkte

- Schlagwurf über eine Schnur von einer markierten Abwurflinie aus (Spielfeldlinie!)
  Die Bälle bleiben liegen, bis der letzte S geworfen hat.

4.3 Ausklang

- Freudvolles Spiel: Ball über die Schnur mit dem Gymnastikball

- Quer durch die Halle eine Schnur spannen in 2,30 m Höhe, 6 Gruppen bilden, Abstand seitlich und nach hinten halten! Wer geworfen hat, reiht sich bei seiner Gruppe hinten an.

- Zwei gleichgroße Mannschaften, die Schnur kann auf 2 m Höhe gesenkt oder belassen werden (siehe UB 59).

Unterrichtsbeispiel Nr. 54   3./4. Jgst.

Spiele: Prellen des Balles

LZ: – Fähig sein, den Ball im Stand und in der Fortbewegung zu prellen
– Mit dem Partner prellen und sich dabei auf ihn einstellen
– Die Geschicklichkeit und Beweglichkeit vergrößern

1. Sachanalyse

Der Ball wird beim Prellen mit den locker gespreizten Fingern zu Boden gedrückt (nicht geschlagen!), wobei der Unterarm dem Ball folgt. Wenn der Ball zurückprellt, wird ihm die Hand entgegengeführt, um ihn „anzusaugen". Die Hand geht mit dem Ball nach oben, bremst dabei die Bewegung des Balles langsam ab und drückt ihn wieder nach unten. Im Stand wird der Ball vor dem Körper geprellt, bei der Fortbewegung seitlich neben dem Körper.

2. Lernvoraussetzungen

Grunderfahrungen im Umgang mit dem Ball (Rollen, Werfen und Fangen)

3. Gerätebedarf

Gymnastikbälle – 25 Markierungen (z. B. Fähnchen) – 2 Kastenteile

4. Durchführung

Unterrichtsverlauf	Didaktische Überlegungen
4.1 Einstimmen / Erwärmen	
– Spiel: „Haltet den Korb voll"! In der Mitte stehen 2 Kastenteile aufeinander, die mit Bällen gefüllt werden sollen. 2 Korbwächter verhindern das, indem sie die Bälle immer wieder ins Feld zurückwerfen.	– Alle SS im Feld verteilt, jeder hat einen Ball. Abstand vom „Korb" mindestens 2 m (Kreislinie) beim Einwerfen. Die SS versuchen, den Korb zu füllen, die Korbwächter, ihn leer zu halten. Wechsel der Korbwächter nach 2 Min.
4.2 Hauptteil	
1. Lernschritt:	
– Prellen auf der Stelle allein	– Aufstellung frei im Raum, genügend Abstand halten!

- ○ Mit beiden Händen
- ○ Mit einer Hand (rechts, links)
- ○ Mit einer Hand im Wechsel r-l
- ○ Im Hockstand, im Sitz
- ○ Im Stand neben dem Körper
- ○ Auf der Stelle prellen, um den Ball im Kreis herumgehen mit Richtungs- und Handwechsel auf Zeichen
- ○ Den Ball um den Körper herumprellen mit Handwechsel vor und hinter dem Körper

- ○ L achtet auf richtige Armbewegung
- ○ Vor dem Körper brusthoch
- ○ L führt die Bewegung rhythmisch vor
- ○ Seitlich vom Körper prellen kniehoch
- ○ Etwa hüfthoch
- ○ Der prellende Arm ist fast gestreckt, nicht seitlich gehen, sondern vorwärts, Blick auf den Ball

- ○ Stehend am Ort den Ball um den Körper herumprellen

2. Lernschritt:
- Prellen auf der Stelle mit Partner

- Aufstellung in der Gasse, ca. 4 m Entfernung

  - ○ Dem Partner zuprellen, Abstand so wählen, daß der Ball vom P gefangen werden kann
  - ○ Zuerst 1mal vor dem eigenen Körper prellen, dann zum Partner
  - ○ Gemeinsames rhythmisches Prellen in der Gruppe

  - ○ Der Ball soll in der Mitte zwischen den Partnern den Boden berühren

  - ○ Organisation wie oben

  - ○ Mit Handtrommel den Rhythmus angeben, Übung wie oben

3. Lernschritt:
- Prellen in der Fortbewegung
  Der Ball wird seitlich neben dem Körper geprellt!
  - ○ Prellen im Gehen mit einer Hand (rechts, links) zur gegenüberliegenden Wand

- Fünf SS in einer Linie an der Schmalseite der Halle, 3 m dahinter die nächsten 5 usw.
  - ○ Wenn die erste Gruppe ca. 1/3 des Weges zurückgelegt hat, beginnt die nächste (so sind 3 Gruppen gleichzeitig in Bewegung). Wenn die letzte Gruppe angekommen ist, beginnt die 1. den Rückweg.

  - ○ Wie oben, aber im Laufen
  - ○ Slalomprellen im Gehen

  - ○ Langsam laufen, nicht rennen!
  - ○ 3–5 Kegel als Markierungen

4.3 Ausklang

- Prellen im Staffelspiel
  - ○ Um eine Wendemarke dribbeln mit Ballübergabe

- 3 gleichgroße Mannschaften, 3 Bälle
  - ○ 10–12 m Entfernung zum Fähnchen, der 2. Läufer erhält an der Ablauflinie den Ball vom ersten. Welche Gruppe ist zuerst fertig? 1. Gr. = 2 Pt, 2. Gr. = 1 Pt

  - ○ Slalomdribbeln um 3 Markierungen auf der Geraden
  - ○ Wie oben, aber dann noch um eine Wendemarke herum
  - ○ Entspannungs- und Beruhigungsphase

  - ○ der Rückweg braucht nicht mehr im Slalom gedribbelt werden
  - ○ Fähnchen als Wendemarke ca. 15 m entfernt, Rückweg geradeaus dribbeln
  - ○ Was ist gut gegangen, was hat Schwierigkeiten bereitet?

Unterrichtsbeispiel Nr. 55 3./4. Jgst.

Spiele: Wurf- und Fangspiele

LZ: — Anwenden der technischen Fertigkeiten Werfen (Schlagwurf) und Fangen im Spielgeschehen
— Erkennen und Erfassen von Spielsituationen
— Erfassen und Beachten von Spielregeln
— Erleben von Erfolg und Spielfreude

1. Sachanalyse

Spielgedanke: Jeder Spieler soll den Ball im Spielgeschehen zu fangen versuchen und ihn in der vorgeschriebenen Form durch Werfen abgeben. Dabei sind die allgemein gültigen Spielregeln zu beachten wie z. B. Spielfeldgrenzen müssen eingehalten werden. Mitspieler dürfen nicht absichtlich behindert werden, Schiedsrichterentscheidungen müssen anerkannt und befolgt werden. Je nach Alter der SS oder geschulter Fertigkeit der Klasse verwendet man beim Hauptteil Gymnastik- oder Faustbälle.

2. Lernvoraussetzungen

Grundlegende Fertigkeit im Werfen und Fangen — Bereitschaft zu partnerschaftlichem Verhalten

3. Gerätebedarf

Genügende Anzahl von Gymnastikbällen — Zauberschnur — 3 Faustbälle oder Volleybälle

4. Durchführung

Unterrichtsverlauf	Didaktische Überlegungen
4.1 Einstimmen/Erwärmen	
— ,,Haltet die Seiten frei": In jeder Spielfeldhälfte eine Spielgruppe. Die Bälle sollen schnell durch Rollen oder Werfen ins gegnerische Feld gebracht werden.	— Jeder S hat einen Ball. Gewonnen hat die Gruppe, in deren Feld bei Schlußpfiff die wenigsten Bälle liegen. (Zeit 2 bis 3 Min.)
— Wie oben, aber die Bälle müssen über eine Schnur geworfen werden.	— L spannt eine Zauberschnur 2 m hoch quer durch die Halle

- Wie oben, aber nur 4—6 Spieler dürfen die Bälle ins andere Feld werfen, die anderen SS spielen ihnen zu.

4.2 Hauptteil
- Ablöseball: (mit Faustball). An einer Linie (auch im Halbkreis, Kreis) stehen 6—8 SS, im Abstand von 5—6 m ein Zuspieler, der den Ball der Reihe nach den SS der Gruppe zuspielt. Nach jedem Durchgang wird er abgelöst. Welche Gruppe ist zuerst fertig?
- Neckball: Die SS einer Gruppe werfen sich den Ball (Faustball, Volleyball oder Gymnastikball) kreuz und quer zu. Ein Spieler im Kreis versucht, diesen zu fangen.
- Schnappball über die Schnur: 2 Kinder spielen sich den Ball über die Schnur zu, die beiden anderen versuchen, den Ball wegzuschnappen und ihn sich selbst zuzuspielen.
- Wandball: Ball gegen Wand werfen, der Partner muß nach dem Zurückprellen den Ball fangen. Entfernung beliebig.

4.3 Ausklang
- Wandball als Wettspiel: Der erste S wirft den Ball gegen die Wand, läuft hinter die Gruppe und schließt sich an. Der zweite S fängt, wirft und schließt sich an usw. Welche Gruppe ist zuerst fertig? Welche Gruppe erreicht die schnellste Zeit (stoppen)?

- Abwandlung: Jeder Spieler wirft und fängt seinen geworfenen Ball selbst. Der Ball muß die Wand berühren und wird dann dem nächsten Läufer übergeben.
- Entspannung und Beruhigungsphase

- Übung des raschen, aber guten Zuspiels mit Blickkontakt und Zuruf. Punktevergleich beider Gruppen

- Abwurflinien müssen von Fängern und Zuspieler eingehalten werden. Wer den Ball fallen läßt, bekommt ihn noch einmal zugespielt. Der Zuspieler wird von dem 2. Fänger abgelöst und reiht sich hinten an. (Sieger = 2 Pt., 2. = 1 Pt.)
- Kreisaufstellung, Gruppen von 5—6 SS. Fängt der Spieler im Kreis den Ball, wechselt er seinen Platz mit dem S, der zuletzt geworfen hat.
- SS in Vierergruppen einteilen mit je 1 Ball, Paar 1 spielt gegen Paar 2. Jeder Fang gilt als Punkt. Die Kinder zählen selbst ihre Punkte paarweise.

- Jedes Paar hat 1 Ball und spielt gegen die Wand. Der Werfer muß sofort Platz machen für den Fänger. Schüler erfinden weitere Aufgaben

- Einteilung der Klasse in 3 gleichgroße Gruppen, Aufstellung hintereinander, Abwurflinie markieren (3—5 m von der Wand entfernt), nur mit Schlagwurf werfen lassen. Der Ball muß die Wand berühren. Wer nicht fängt, muß den Ball holen, wenn er wegrollt, und dem nächsten Spieler in die Hand geben. 1. Sieger = 2 Pt., 2. Sieger = 1 Pt.
- Aufstellung wie oben, nur mit ca. 15—18 m Abstand von der Wand. Wer weit werfen und gut fangen kann, braucht nur wenig oder gar nicht zu laufen. Punkte wie oben
- Punkteauswertung und -vergleich; wer ist Tagessieger?

Unterrichtsbeispiel Nr. 56					3./4. Jgst.

Spiele: Treff- und Zielspiele — Tigerball

LZ:	— Erlernen von Bewegungsgenauigkeit beim Wurf
	— Erreichen von Zielsicherheit mit dem Schlagwurf
	— Verbessern von Konzentration und Koordination
	— Erfassen des Spielgedankens
	— Erleben der Freude am gemeinsamen Spiel

1. Sachanalyse

Der Spielgedanke aller Treff- und Zielspiele ist derselbe. Der Ball soll auf verschiedene Weise nach festen oder beweglichen Zielen genau geworfen werden unter Beachtung einiger allgemein gültiger Regeln: Die vorgegebenen Linien dürfen beim Werfen nicht übertreten werden, Bälle können nur aus dem eigenen Feld geholt werden, Mitspieler dürfen nicht festgehalten oder behindert werden, Gegner sollen nur an den Beinen abgetroffen werden, um den Ball darf nicht gerauft werden.

2. Lernvoraussetzungen

Allgemeines Ballgefühl — Beherrschen des Bewegungsablaufs des Schlag- oder Kernwurfes

3. Gerätebedarf

Genügende Anzahl von Gymnastikbällen (auch Softbälle) — 2 Bänke — 6 bis 8 Medizinbälle — Kegel, Kasteneinsätze, kl. Kästen als Zielgegenstände — 1 Basket- oder Fußball

4. Durchführung

Unterrichtsverlauf	Didaktische Überlegungen
4.1 Einstimmen/Erwärmen	
— Zielball: Von der Grundlinie des Spielfeldes den Ball auf Ziele werfen, die auf der Mittellinie stehen oder liegen (Kasteneinsätze, kl. Kästen, große Medizinbälle)	— Jeder S hat einen Gymnastikball. SS in zwei gleichstarke Gruppen einteilen, Aufstellung an den beiden Grundlinien, von beiden Seiten auf die Ziele werfen, Treffer zählen SS als Schiesrichter! (Zeit 1—3 Min.) Regeln beachten! Jeder Treffer = 1 Pt. für die Gruppe.

- Bankball: Das Spielfeld wird durch Bänke geteilt, auf denen Medizinbälle (mittelgroß) liegen. Jede Gruppe versucht, die Medizinbälle ins gegnerische Feld zu schießen.

- Treibball: In der Mitte des Spielfeldes liegt ein leichter großer Ball, der durch gezielte Treffer an die gegnerische Grundlinie getrieben werden soll.

4.2 Hauptteil

- Tigerball: Zielwürfe auf ein bewegliches Ziel, den Tiger, der sich in der Mitte des Kreises bewegt und von den Kreisspielern abgetroffen werden soll. Die Kreisspieler dürfen dabei nicht in, der Tiger nicht aus dem Kreis.
  Variationen:
  ○ Der Treffer zählt nur, wenn er an den Beinen des Tigers erfolgt.

  ○ Der Tiger darf durch Fangen des Balles einen Abwurf abwehren.

  ○ Kreis gegen Kreis. Wer trifft seinen Tiger schneller?
  (Punkte)

  ○ Im Kreis befinden sich 2 oder 3 Tiger der Gegenmannschaft.

  ○ In einer festgelegten Zeit die meisten Abwürfe erzielen.

4.3 Ausklang

- Hetzball: Die Werfer stehen in Kreisaufstellung und versuchen die Läufer im Kreis mit einem Ball abzuwerfen. Wechsel der Gruppen z. B. nach 3 Min.

- Organisation wie oben, Kraftvoll werfen, gut zielen, darauf achten, daß kein Mitspieler getroffen wird, der gerade einen Ball holt! Sieger ist die Mannschaft, in deren Spielfeld die wenigsten Medizinbälle liegen.

- Organisation wie oben. Beide Gruppen werfen gleichzeitig, Bälle dürfen im eigenen Feld geholt werden, geworfen wird aber nur von der Grundlinie aus.

- Aufstellung in Kreisform (Durchmesser ca. 6 m), bei größeren Klassen 2 Kreise bilden. Um den Tiger schneller abzuwerfen, soll der Ball im Kreis zugespielt werden. Abgeworfen wird nur mit einem gefangenen Ball. Wer getroffen hat, wird Tiger

  ○ Spiel wie oben, der Tiger darf den Ball mit Armen und Händen abwehren

  ○ Organisation wie oben. Rasches und sicheres Zuspiel üben. Mut des Tigers zum Fangen fördern.

  ○ 2 Kreise als Gegner im Wettspiel. Tiger ist jeweils ein Gegenspieler. Zeit stoppen

  ○ Den Kreis eventuell auf 10 m Durchmesser erweitern. Rasches Reagieren auf Spielsituationen.

  ○ Die Tiger dürfen mehrmals getroffen werden. Jeder Treffer = 1 Pt. Punktevergleich!

- SS bilden eine Werfer- und eine Läufergruppe. Wird ein Läufer abgeschossen, spielt er bei der Werfergruppe mit. Wieviele Läufer sind nach 3 Min. noch im Kreis?

Unterrichtsbeispiel Nr. 57   3./4. Jgst.

Spiele: Jägerball mit Variationen

LZ: – Kennenlernen der Spielidee
 – Verstehen der Spielregeln und bereit sein, sie einzuhalten
 – Fähig sein, Spielsituationen zu erfassen und rasch zu handeln
 – Spielfreude erleben
 – Mit anderen zusammenspielen können

1. Sachanalyse

Spielgedanke: Ein durch Band gekennzeichneter Jäger soll mit dem Ball die Hasen, die sich frei in einem begrenzten Spielfeld bewegen, abtreffen (möglichst an den Beinen). Er darf mit dem Ball in der Hand laufen, bis ein getroffener Spieler – der auch zum Jäger wird – ihm den Ball zuspielen kann. Ab jetzt sind für alle Jäger nur noch 3 Schritte erlaubt, wenn sie den Ball in der Hand halten. Der Jäger darf nur abwerfen, wenn er den Ball vorher gefangen hat (Vorübung für Völkerball). Der letzte Hase ist Sieger und wird beim nächsten Spiel 1. Jäger. Die Größe des Spielfeldes richtet sich nach der Anzahl der Spieler, als Ball verwendet man einen Gymnastikball.

2. Lernvoraussetzungen

Bereits vorhandenes Ballgefühl durch vorangegangene Ballgewöhnung – eine gewisse Fangsicherheit – der Schlagwurf in der Grobform

3. Gerätebedarf

Bunte Bänder und Gymnastikbälle nach Anzahl der Schüler – 4 Fahnen – für jeden S eine Keule

4. Durchführung

Unterrichtsverlauf

4.1 Einstimmen/Erwärmen

– Werfen des Balles mit Schlagwurf an die Wand und Fangen.

– Zielwerfen an die Wand: Wie oft triffst du das Ziel bei 20 Würfen?

Didaktische Überlegungen

– Jeder S hat einen Ball, 20 gefangene Bälle werden gezählt. Entfernung beliebig

– Mit Kreide Markierungen an die Wand malen (Kreuze, Kreise, Striche).

- Zielwerfen auf Keulen: Wir versuchen, die Keule mit dem Ball umzuwerfen (kniehoher Abwurf für Jägerball).
- Partnerübungen im Werfen und Fangen im Stehen, im Knien, im Sitzen

4.2 Hauptteil
- Spielerklärung durch den L: Spielgedanke, Spielregeln, Spielfeldbegrenzung (ca. 15 x 15 m)

- Spieldurchführung je nach Zeitdauer 2–3mal. Der L als Schiedsrichter

- 1. Abwandlung: Zwei Mannschaften, eine Partei = Jäger, eine Partei = Hasen. Die abgetroffenen Hasen setzen sich. Wie lange dauert es, bis alle sitzen? (stoppen)

- 2. Abwandlung: Spiel nach Zeit. Wieviel Hasen werden getroffen? (1–3 Min.) Jeder Treffer ist 1 Pt.
- 3. Abwandlung: Mannschaften wie oben. Fängt ein Hase den Ball aus der Luft, werden die Rollen gewechselt (Hasen werden Jäger).
- 4. Abwandlung: Die Hasen laufen innerhalb des Kreises, die Jäger stehen in gleichmäßigem Abstand um die Kreislinie. Wie lange dauert es, bis alle Hasen abgeworfen sind? (Zeit stoppen)

4.3 Ausklang
- Nachbesprechung mit Punktevergleich der Parteien.

- Aufstellung ca. 4 m vor der Wand rund um die Halle; jeder S hat eine Keule, die knapp vor der Wand steht. Die Bälle werden auf Zeichen des L geworfen und geholt.
- Aufstellung in der Gasse, Abstand zwischen den Partnern ca. 3–4 m

- Alle SS sitzen in der Mitte um den L herum, eventuelle Fragen werden geklärt. Der erste Jäger wird gewählt und mit Band gekennzeichnet. Das Feld wird mit Fahnen abgegrenzt.
- Auf ehrliches, faires Spiel achten! Hinweis der Kinder auf Unfallgefahren. Der letzte Hase wird der neue erste Jäger.
- Die Klasse in 2 gleichstarke Gruppen teilen. Die Jäger müssen deutlich gekennzeichnet werden. (Bänder, Trikots) Die abgetroffenen Hasen sollen außerhalb der Spielfläche sitzen, damit sie nicht zum Hindernis werden.
- Parteien bleiben wie oben. Die abgetroffenen Hasen scheiden nicht aus, sondern laufen weiter und können mehrmals getroffen werden.
- Geschicklichkeit des Jägers, daß er möglichst die Beine des Hasen trifft. Rasches Zuspiel des Balles anstreben. Punkte zählen!
- Kreisaufstellung (vorgezeichnete Linien in der Halle); Zuspiel der Jäger auch über die Hasen hinweg. Die Hasen dürfen den Ball fangen, dann sind sie nicht abgetroffen. Der gefangene Ball darf von den Hasen irgendwohin in die Halle geworfen werden. Die Jäger müssen den Ball erst wieder holen, um zuspielen zu können.

- Alle SS sitzen wieder im Kreis um den L. „Wie werde ich ein guter Verlierer?" Welche Abwandlung des Spiels gefällt dir am besten? Gib dafür eine Begründung an!

Unterrichtsbeispiel Nr. 58　　　　　　　　　　　　　　　3./4. Jgst.

Spiele: Ballspiele mit dem Fuß (Torschuß)

LZ: – Erlernen des Torschießens in kleinen Spielen
　　– Verbessern der Ballgeschicklichkeit mit dem Fuß
　　– Verbessern des Reaktionsvermögens, der Anpassungs- und Konzentrationsfähigkeit im Zusammenspiel
　　– Kennenlernen, Anerkennen und Einhalten von Spielregeln
　　– Erleben von Spielfreude und gemeinsamem Spielerfolg

1. Sachanalyse

Fast alle Wurf- und Zielspiele können auch als Ballspiele mit dem Fuß ausgeführt werden (siehe UB 54–59). In den nachfolgenden Spielen sollen folgende Spielregeln (geltend auch für das große Sportspiel Fußball) eingeführt werden:
– Mitspieler dürfen nicht absichtlich festgehalten, getreten oder gestoßen werden
– Grenzlinien müssen eingehalten werden: Torraum, Abschußlinie usw.
– Der Ball darf nicht mit der Hand berührt werden
– Bei Ausball ist Einwurf
Das UB wurde für die Halle konzipiert.

2. Lernvoraussetzungen

Paß mit der Innenseite des Fußes – Zuspiel im Stand und in der Bewegung – Ballführen im Gehen und Laufen

3. Gerätebedarf

Hohlbälle, auch Gymnastikbälle nach Anzahl der Schüler – Bänder zum Markieren der Spieler – 1 Faust- oder Jugendfußball

4. Durchführung

Unterrichtsverlauf	Didaktische Überlegungen
4.1 Einstimmen/Erwärmen	
– Fußtigerball: (siehe UB 56) Der Ball wird kreuz und quer durch den Kreis „gepaßt". Der Tiger versucht, ihn zu berühren.	– 2 oder 3 Kreise bilden. Hat der Tiger den Ball berührt, wird der, der den Ball zuletzt abgespielt hat, der neue Tiger. Körpertäuschungen versuchen!
– Fußtreibball: (siehe UB 56) Ein Volleyball wird durch gezielte Schüsse mit dem Fuß hin- und hergetrieben. Überquert der Ball die Grundlinie, ist ein Tor erzielt.	– Gruppen stehen sich an den Grundlinien des Spielfeldes gegenüber. Die Bälle, die aus dem eigenen Spielfeld zurückgeholt werden, dürfen nicht mit der Hand berührt werden!
– Fußwandball: (siehe UB 55) Der Ball wird mit dem Fuß an die	– 3 gleichgroße Gruppen bilden, Abschußlinie ca. 5–6 m von der Wand

Wand geschoben und muß von dem nächsten Spieler mit dem Fuß angenommen werden.

4.2 Hauptteil
— Spielfeldeinteilung vgl. Abb. 1

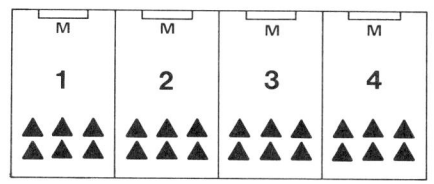

```
┌────┬────┬────┬────┐
│ M  │ M  │ M  │ M  │
│ 1  │ 2  │ 3  │ 4  │
│▲▲▲ │▲▲▲ │▲▲▲ │▲▲▲ │
│▲▲▲ │▲▲▲ │▲▲▲ │▲▲▲ │
└────┴────┴────┴────┘
```

— Spiel auf 1 Tor: 5 Feldspieler versuchen aus ca. 5 m Entfernung gegen die Abwehr des Torwarts, Tore zu schießen (auf die Matte). Jeder S zählt seine Treffer.
— Wie oben, aber die Mannschaft hat nur 1 Ball und versucht, vor dem Torschuß den Ball wenigstens dreimal zuzupassen.
— Spiel mit Torwart und 1 Verteidiger. 4 Feldspieler überwinden den Raum der Hallenbreite, indem sie sich den Ball zupassen. Schuß auf das Tor.
— 3 Angriffsspieler, 2 Verteidiger, 1 Torwart. Die Verteidiger „stören" bereits beim Vorbereiten zum Torschuß.

4.3 Ausklang
— Dreifelderfußball: Zwei Angriffsmannschaften spielen gleichzeitig mit je 1 Ball. Vom mittleren Feld aus wird versucht, den Ball von der Abschußlinie ins gegnerische Tor (= Grundlinie in Reichhöhe) zu schießen, was die jeweilige Tormannschaft verhindern soll. Je eine Angriffsmannschaft (5–10 SS) und eine Tormannschaft (5–10 SS) spielen zusammen.

entfernt. Übung des Zielschießens mit der Innenseite des Fußes (Innenseitstoß).

— Halle in 4 Felder teilen (Abb. 1), in jedem Feld kennzeichnet eine an die Wand gelehnte Matte das Tor.

Abb. 1

— 4 Gruppen zu je 6 Spieler. Jede Gruppe hat zwei Bälle. Wechsel des Torwarts nach 1 Durchgang.
— Nach jedem Treffer wird der nächste Feldspieler Torwart, bis alle an der Reihe waren.
— Beginn des Spiels an der gegenüberliegenden Wand. Der Verteidiger bewegt sich vor dem Tor und versucht, Tore zu verhindern. Rollentausch!
— Geschicktes Zupassen und Umspielen der Verteidiger unter Beachtung der Spielregeln üben, Torschußgelegenheiten herausspielen.

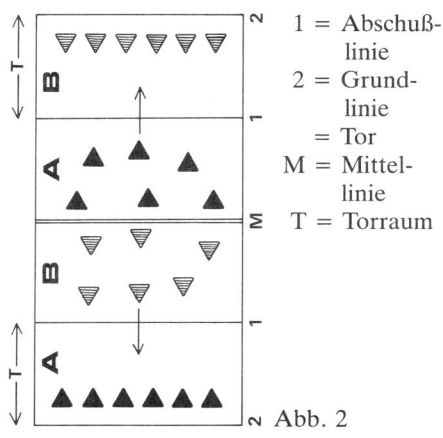

1 = Abschußlinie
2 = Grundlinie
= Tor
M = Mittellinie
T = Torraum

Abb. 2

Unterrichtsbeispiel Nr. 59   3./4. Jgst.

Spiele: Ballspiele in der Gruppe

LZ: – In einer Gruppe mit dem Ball spielen können
 – Erfassen von Spielsituationen, sich schnell richtig verhalten können
 – Bereit und fähig sein, Spielregeln zu verstehen und sie einzuhalten, Schiedsrichterentscheidungen anzunehmen
 – Fähig sein, dem Mitspieler und Gegner fair zu begegnen
 – Erleben von Spielfreude in der Gemeinschaft

1. Sachanalyse

Diese ersten Gruppenspiele sollten in der Spielidee leicht faßbar sein, nur wenige und unkomplizierte Regeln enthalten, die vor Beginn des Spielgeschehens leicht erklärt werden können und keine aufwendige und zeitraubende Organisation erfordern. Sie sollten Möglichkeiten des Variierens beinhalten, um neue Anreize durch Veränderung der Aufgaben mit steigendem Schwierigkeitsgrad zu geben. (Kinder dazu anregen, selbst Varianten zu finden!) Das Spiel in der Gruppe bietet die beste Gelegenheit, das Kind zu sozialem Verhalten anzuregen.

2. Lernvoraussetzungen

Sich ein- und unterordnen können – allgemeines Ballgefühl durch Übungen zur Ballgewöhnung

3. Gerätebedarf

4–6 Hohlbälle (Faustbälle, Volley- oder Gymnastikbälle) – Bänder zum Markieren der SS – 3 Medizinbälle

4. Durchführung

Unterrichtsverlauf	Didaktische Überlegungen
4.1 Einstimmen/Erwärmen	
– „Kampf um den Ball" (Schnappball): Gruppe A versucht, sich den Ball möglichst lange zuzuspielen; Gruppe B versucht, das zu verhindern und	– SS in Sechsergruppen einteilen, je 3 SS mit gleichen Bändern kennzeichnen z. B. A=rot, B=grün; Spielregeln: Festhalten, Stoßen nicht gestat-

den Ball für sich zu gewinnen. Welche Mannschaft (3 SS) hat die meisten Punkte?
- Welche Mannschaft hat sich zuerst 5mal den Ball zugespielt?

4.2 Hauptteil

- Wanderball: Der Ball wird von Spieler zu Spieler geworfen und gefangen. Aufstellung in Linie, Abstand von S zu S 2–3 m; auf gleiche Weise Ball zurück zum 1. S
- 1. Variation: Wie oben, der letzte Spieler läuft mit dem Ball an die Spitze der Reihe und wirft als 1.
- 2. Variation: Kreisaufstellung; wie oben, Ball hin und zurück
- 3. Variation: Wie oben, aber Spieler sitzen
- 4. Variation: Kreisaufstellung; Werfer spielen sich den Ball möglichst schnell zu, ein Läufer umläuft dabei den Kreis
- 5. Variation: 2 Bälle wandern, den 2. Ball einholen als Balljagd
- 6. Variation: Werfen in der Gasse Welcher Ball ist als 1. zurück?
- 7. Variation: Werfen wie oben; vor der Ballweitergabe führt jeder S eine Sonderaufgabe aus, etwa den Ball 1 x hochwerfen und fangen, den Ball prellen, sich drehen usw.

4.3 Ausklang

- „Tunnelball" mit Medizinball Rückenlage, der erste steht vor der Gruppe und rollt den Ball auf Zuruf unter den gehobenen Beinen durch. Der Letzte läuft mit dem Ball nach vorne und rollt ihn wieder durch den „Tunnel".
- Beruhigungs- und Entspannungsphase

tet, nur 3 Schritte mit dem Ball laufen, dem Gegner den Ball nicht entreißen! Jedes Zuspiel = 1 Pt., Zeit festlegen (1–3 Min.)
- Spiel und Organisation wie oben, Punktevergleich am Ende

- SS sitzen in der Mitte, L erklärt Spielidee und Regeln; Klasse in 3 Gruppen einteilen, die Reihen hintereinander mit genügend Abstand voneinander; Schlagwurf! Welcher Ball ist als 1. zurück?
- Die Gruppe ist Sieger, deren Spieler alle wieder auf ihrem alten Platz stehen
- Sieg, wenn der Ball beim ersten Spieler wieder angekommen ist
- Auch im Sitzen nur mit Schlagwurf werfen lassen
- Die Zuspiele während eines Umlaufes werden gezählt. Welcher Läufer läßt die wenigsten Zuspiele zu? Läuferwechsel nach jedem Durchgang
- Kreisaufstellung, die Bälle starten von gegenüberliegenden Posit.
- 2 Gruppen in Gassenaufstellung, werfen im Zickzack
- Event. 4 Gassen bilden, damit die Gruppe kleiner ist; Abstände zwischen den Gruppen halten, um Zusammenstöße zu vermeiden!

- Die 3 Gruppen, die bei den Spielen immer beisammen waren, bilden eine Mannschaft. Rückenlage gegenüber, die Fußsohlen aneinander; bei dem Ruf „hoch" werden die Beine hochgestreckt, so daß der Ball unten durchgerollt werden kann.
- Welches Spiel hat dir am besten gefallen? Nenne den Grund dafür!

197

3.3 Unterrichtsbeispiele Schwimmen

Allgemeine Hinweise zum Schwimmunterricht

Im Schwimmunterricht will der Lehrer erreichen, daß die Schüler die Angst vor dem Wasser verlieren, Freude haben, sich im Wasser zu bewegen und möglichst bald sicher schwimmen können.
Diese Ansprüche sind nicht immer ganz einfach zu erfüllen. Ein Grundproblem besteht darin, daß die Lerngruppe (in der Regel) mit einem sehr unterschiedlichen Können in den Schwimmunterricht kommt, auf das der Lehrer differenziert einzugehen hat.
Die Übersicht des Lehrers muß jederzeit so gegeben sein, daß die Sicherheit der Schwimmgruppe gewährleistet ist.
Die folgenden Hinweise sollen die Organisation und Durchführung des Schwimmunterrichts erleichtern und Unfallgefahren vermeiden helfen:

- Der Lehrer informiert sich in den entsprechenden Bekanntmachungen des Kultusministeriums (vgl. auch ,,Bereinigte Sammlung...") über seine rechtliche Situation, über die zulässige Größe seiner Schwimmgruppe und über wesentliche Vorschriften zur Unfallverhütung beim Schwimmen im einzelnen.
- In einem Schreiben informiert der Lehrer die Eltern der Schüler. Er gibt Hinweise z. B. über die benötigte Schwimmkleidung (Bademützen), das evtl. benötigte Kleingeld für den Haartrockner, die wärmende Kopfbedeckung nach dem Schwimmunterricht. Auf einem Abschnitt dieses Schreibens läßt sich der Lehrer von den Eltern bestätigen, daß es keine gesundheitlichen Bedenken für die Teilnahme des Kindes am Schwimmunterricht gibt. Der Lehrer bewahrt diese Abschnitte auf.
- In einer Stunde noch vor dem ersten Schwimmunterricht erarbeitet der Lehrer zusammen mit den Schülern die wichtigsten Verhaltensregeln für den Aufenthalt im Schwimmbad. Den Schülern wird einsichtig, daß diese Regeln dazu dienen, Unfälle zu vermeiden. Die erarbeiteten Regeln werden in altersgemäßer Form notiert. Solche Regeln können z. B. sein:
  - ,,Im Schwimmbad nicht laufen, weil man auf den nassen Fliesen leicht ausrutscht!"
  - ,,Auf die Zeichen des Lehrers achten!"
  - ,,Auf den Partner Rücksicht nehmen und sich für ihn verantwortlich fühlen!"
  - ,,Wer sich von seiner Schwimmgruppe entfernen muß, meldet sich beim Lehrer ab!"

- Bei der Unterrichtsdurchführung sind folgende Punkte zu beachten:
  ○ Vor und nach der Schwimmstunde, bei größeren Gruppen auch während des Unterrichts, wird die Anzahl der Schüler festgestellt;
  ○ Der Lehrer betritt das Schwimmbad als erster und verläßt es als letzter;
  ○ Bei verstellbaren Beckenböden bzw. bei unbekannten Becken wird die Wassertiefe kontrolliert, bevor die Schüler ins Wasser gehen;
  ○ Sind die Schüler im Wasser, befindet sich der Lehrer außerhalb des Wassers am Beckenrand und umgekehrt;
  ○ Der Lehrer wählt seinen Standort außerhalb des Beckens möglichst so, daß er das Licht im Rücken hat.

Bei der Verwendung der folgenden UB ist zu beachten:
- Die UB sind keiner bestimmten Jahrgangsstufe zugeordnet, weil es vom Können der Kinder und den räumlichen Gegebenheiten abhängt, wann mit einer Klasse zum Schwimmen gegangen werden kann.
- Die elf UB sind als Lehrgang zu verstehen, der in ausgesuchten thematischen Schwerpunkten den Weg zum Freischwimmer zeigt.
- Die für den Lernprozeß notwendigen Wiederholungen wurden in den UB nicht ausdrücklich angesprochen. Es wird vorausgesetzt, daß wiederholende Übungen vom Lehrer je nach didaktischer Notwendigkeit im Unterricht verwirklicht werden.
- Als Schwimmliteratur zum Nachschlagen wird empfohlen:
  ○ Giehrl, J.: Richtig schwimmen. München 1981
  ○ Hahmann/Schneider: Schwimmenlernen. Schorndorf 1982 (Schriftenreihe zur Praxis der Leibeserziehung und des Sports Bd. 161)
  ○ Joeres/Weichert: Schwimmen – Bewegen und Spielen im Wasser. Hamburg 1984

Unterrichtsbeispiel Nr. 60

Die erste Stunde im Lehrschwimmbecken

LZ: – An das richtige Verhalten im Schwimmbad gewöhnen
– Hygienische Maßnahmen verstehen lernen
– Grundlegende Erfahrungen im Wasser machen (Wasserwiderstand, -druck, Kältereiz, Bewegungserfahrungen, Auftrieb, Abtrieb)
– Mit dem Partner zusammenarbeiten können, das Miteinander als sinnvoll erkennen

1. Situationsanalyse

Nachdem die wichtigsten Verhaltensregeln bereits im Rahmen einer Schulstunde besprochen worden sind, kommt es nun darauf an, beim ersten Besuch des Hallenbades die Schüler mit den Räumlichkeiten vertraut zu machen. In der 1. und 2. Jahrgangsstufe ist es sinnvoll, die Schüler noch vor dem Duschen zur Toilette zu führen.

2. Lernvoraussetzungen

Keine

3. Geräte- bzw. Raumbedarf

Lehrschwimmbecken

4. Durchführung

Unterrichtsverlauf

4.1 Einstimmen

– L sammelt SS nach dem Umkleiden; Wiederholung der für den Schwimmunterricht verabredeten Regeln und Zeichen.

– L führt SS in den Duschraum. Erklärung, wie Dusche bedient wird
– Duschen mit Seife

Didaktische Überlegungen

– Einige Regeln: Nicht auf dem Fliesenboden laufen, auf den Partner achten.
Einige Zeichen: Die erhobene Hand heißt: Zum L schauen, zuhören; Pfiff: Aus dem Wasser kommen
– L zeigt die Funktionsweise der Warm- und Kaltregulierung
– Hinweis auf das abfließende, schmutzige Seifenwasser: Darin möchtest du sicher nicht baden!

- Wassergewöhnungsübungen unter der Dusche: Unter dem warmen, kalten Wasserstrahl durchgehen, zusammen mit dem Partner, als Wasserschlange (Vordermann wird an der Schulter gefaßt);
L: Siehst du den Kopf/Schwanz der Schlange?
- Abschließendes kaltes Brausen

- SS üben das vorsichtige Gehen auf nassen Fliesen und gewöhnen sich an Wasserspritzer ins Gesicht. Augen sollten geöffnet bleiben. Nicht reiben, wenn Wasser in die Augen kommt. Es genügt, den Kopf zu schütteln oder mehrmals die Augen zu schließen und zu öffnen.
- Hinweis, daß man nach dem Duschen mit kaltem Wasser weniger schnell auskühlt.

4.2 Hauptteil

Übungen an der Treppe:
- Jeder S geht so tief ins Wasser hinein, wie er es wagt; auf ein Zeichen zur Treppe zurückkommen.

- Jeder S soll die Möglichkeit haben, nach eigenem Mut und Können die Wassertiefe zu wählen, auszuprobieren. L wendet die verabredeten Zeichen an

- Auf der Treppe sitzend mit den Händen, Füßen, Beinen ins Wasser schlagen, rühren, klatschen u. ä.

- SS sitzen auf der Treppe nebeneinander. Die Übungen auf verschieden tiefen Treppenstufen wiederholen

Erfühlen des Wasserwiderstandes:
- Wir gehen, laufen, mit dem P an der Hand, alleine durch das Wasser.

- L stellt verschiedene Bewegungsaufgaben gemäß dem Alter, Können der SS, SS bewegen sich paarweise, alleine

- Auf halbem Weg gehen wir rückwärts, seitwärts weiter.
- Wir hüpfen wie ein „Wasserfloh", wie ein „Frosch".
- Wer will/kann, taucht nach jedem dritten Hüpfer unter. Der P schaut zu oder macht mit.

- Auf ein Zeichen des L zurück zur Treppe kommen
- Verschiedene Wassertiere darstellen lassen
- Differenzierungsmöglichkeit für wassererfahrene SS; Aufgabe auch paarweise mit Handfassung ausführen

Verbalisieren der Erfahrungen:
- Das Wasser bremst die Bewegungen, erschwert das schnelle Vorankommen
- SS schlagen weitere Bewegungsmöglichkeiten vor, z. B. mit den Händen rudern, Drehungen ausführen u. a.

- In der Gruppe werden kurz die gemachten Erfahrungen/Wahrnehmungen besprochen
- Aufforderung zur Mitgestaltung des Unterrichts. SS arbeiten in 2er oder 4er Gruppen, wenn nötig, helfen sie sich gegenseitig, beobachten sich

4.3 Ausklang

- Reaktionsspiel, z. B. Sturm: Wellen erzeugen, spritzen; Ufer: Beckenrand berühren
- Gemeinsames Duschen, Desinfizieren mit Fußspray

- L vereinbart mit SS Begriffe, auf die möglichst schnell reagiert werden muß.
- L erklärt den Sinn der abschließenden Reinigung

Unterrichtsbeispiel Nr. 61

Körpererfahrungen und Bewegungsempfindungen im Wasser

LZ: – Das Wasser als Medium für intensive und vielfältige Körpererfahrungen erleben
  – Vielfältige wasserspezifische Bewegungsempfindungen machen
  – Das Wasser als freudvollen Bewegungsraum erleben
  – Sich mit anderen verständigen, sich gegenseitig beobachten und Hilfen geben, voneinander lernen, miteinander spielen

1. Situationsanalyse

Wasser ist ein Medium, das eine Vielzahl spezifischer Körpererfahrungen und Bewegungsempfindungen erleben läßt, z. B.
– die erschwerten, gebremsten Bewegungen im Wasser (Wasserwiderstand);
– verschiedene Temperaturempfindungen (beim Duschen, die Abkühlung durch das Wasser an heißen Tagen, Kältereiz und Gänsehaut);
– den Wasserdruck, besonders unter Wasser (Ohren, Augen, beim Atmen);
– auf dem Wasser mittreiben lassen, im Wasser schwerelos schweben können (Auftrieb);
– die Härte des Wassers, besonders beim Springen

Die vielfältigen Erfahrungen in diesem spezifischen Bewegungsraum sind notwendige Grundlage für alle späteren Schwimmtechniken, für ein freudvolles Verhältnis zu diesem Medium überhaupt. Deshalb sollte das Wasser gerade auch in der Schule nicht nur als Gelegenheit für motorische Lernprozesse (Schwimmtechniken) gesehen werden, sondern als vielfältiger Bewegungsraum für ganzheitliche Erfahrungen, spielerisch-entspanntes Erleben, Bewegungsfreude und eine Fülle sozialer Kontakte (Gruppenerleben).

2. Lernvoraussetzungen

Ein Lehrschwimmbecken mit warmem Wasser (ca. 28–30 Grad) – die ersten Erfahrungen im Wasser wurden in vorhergehenden Stunden schon gemacht

3. Gerätebedarf

Gummibälle – Schwimmbrillen

4. Durchführung

Unterrichtsverlauf

4.1 Einstimmen/Erwärmen

- Verschiedene Aufgaben unter der Dusche, z. B.
  - Im Wechsel warmes – lauwarmes Wasser
  - Im Wechsel warm – kalt
  - Von der warmen Dusche kurz unter eine kalte gehen und gleich zurück

4.2 Hauptteil

- Große Spritzschlacht, z. B.
  - Mit der flachen Hand, der Faust, dem Unterarm, beiden Händen auf das Wasser schlagen
  - Das Wasser mit beiden Händen wegspritzen, nach hinten, nach vorne
- Einen Gummiball unter das Wasser halten und dann loslassen
- „Fließendes Wasser", als eine bewegungsbetonte und freudvolle Aufgabe mit charakteristischen Körper- bzw. Bewegungserfahrungen

- Tauchen, Absinken, Auftreiben, z. B.
  - Sich in der Brust-, Rückenlage mit gespreizten Armen und Beinen auf das Wasser legen
  - Mit viel Luft (eingeatmet), mit wenig Luft (ausgeatmet) versuchen, sich auf den Beckenboden zu legen
  - Einen Handstand machen (in der Zweiergruppe)
  - Tauchaufgaben mit Schwimmbrille
  - Hocke unter Wasser, sich fest vom Boden abstoßen und hochspringen

4.3 Ausklang

- „Wellengang". Die ganze Schwimmgruppe erzeugt Wellen, auf ein Zeichen stürzen sich alle SS ins Wasser und lassen sich treiben. Wiederholung

Didaktische Überlegungen

- Das Duschen wird in dieser Stunde ausgiebiger gemacht und hier nicht nur als Säuberung verstanden. Vielmehr bekommen die SS Gelegenheit, die verschiedenen Wärme- und Kälteempfindungen bewußt zu erleben und darüber zu sprechen.

- Die Schwimmgruppe bildet einen großen Kreis (nach innen schauen). Die SS finden verschiedene Aufgaben, der L gibt Impulse, die gemachten Erfahrungen werden kurz besprochen.

- Immer 2, 3 SS haben einen Ball

- In einem großen Kreis beginnen die SS in einer Richtung zu gehen und rudern dabei mit den Händen mit. Beginnt das Wasser zu „fließen", legen sich alle hin und lassen sich mittreiben.

- Jeder S sucht sich einen Platz im Becken, Sicherheitsabstände zu anderen SS beachten. SS finden Bewegungsaufgaben selbst, L gibt Anstöße. Wesentliche Erfahrungen werden kurz besprochen, evtl. erklärt.

  - P1 behält P2 im Auge und umgekehrt
  - Auch zu zweit, zu dritt miteinander
  - Auch mit dem P und Handfassung

- Die ganze Gruppe steht an der Längsseite des Beckens nebeneinander und greift mit beiden Händen in die Überlaufrinne. Durch gleichzeitiges Vor und Zurück des Körpers werden Wellen erzeugt.

Unterrichtsbeispiel Nr. 62

Richtiges Atmen im Wasser

LZ: — Regelmäßiges Ein- und Ausatmen über Wasser gegen den Wasserdruck
— Ausatmen unter Wasser, auch während einer Bewegung
— Wechsel zwischen ruhigem Einatmen über Wasser und gleichmäßigem Ausatmen unter Wasser

1. Situationsanalyse

Das Ausatmen unter Wasser wird von vielen Kindern als unangenehm empfunden und ist mit der Angst verbunden, Wasser schlucken zu müssen. Um die Kinder zum Ausatmen zu ermutigen, kann man sie mit einem kleinen Experiment überzeugen, daß in Nase und Mund kein Wasser eindringen kann, so lange Luft im Rachenraum ist. Der in diesem Stundenbild angesprochene Versuch kann auch im Unterricht vorweggenommen werden. Bei den Atemübungen ist zu beachten, daß das Einatmen nicht übertrieben stark, sondern ruhig und normal geschehen soll. Das Ausatmen ist immer zu betonen. Es erfolgt, wie im UB beschrieben, als „Blubbern". Atemübungen sollten regelmäßig im Schwimmunterricht wiederholt werden.

2. Lernvoraussetzungen

Keine

3. Gerätebedarf

Für den Versuch: 1 Papiertaschentuch und 1 Becher — 1 Tischtennisball oder 1 Flaschenkorken für jeden S

4. Durchführung

Unterrichtsverlauf	Didaktische Überlegungen
4.1 Einstimmen/Erwärmen	
— SS duschen und reinigen sich	
— Luft anhalten und unter der Dusche durchgehen	— SS gehen auch unter zwei, drei Duschen durch
— Den P unter dem Wasserstrahl kräftig anblasen	— Erste Erfahrungen mit dem kräftigen Ausatmen machen
— „Spritzschlacht": Wer kann aus einem Abstand noch die Wand treffen?	— SS füllen sich den Mund mit Wasser und „spritzen" es aus dem Mund

204

4.2 Hauptteil
- Über die Treppe ins Wasser gehen. Erste Versuche im Bewegen, Gleiten, Tauchen (Gesicht ins Wasser)
- Mit dem P zusammen ins „tiefe" Wasser gehen

1. Lernschritt: Atmen im brusttiefen Wasser
- Wie lange kannst du die Luft anhalten, über Wasser, unter Wasser?
- „Taifun": Versuche mit dem P Löcher in das Wasser zu blasen
- „Wattepusten": Den schwimmenden Ball oder Korken vw blasen, paarweise oder im Kreis hin und her

2. Lernschritt: Ausatmen unter Wasser
- Demonstrationsversuch: L steckt Papiertaschentuch in einen Becher. Der Becher wird mit der Öffnung nach unten in das Wasser gehalten. Ergebnis: Das Taschentuch bleibt trocken.
- Mund, dann Gesicht ins Wasser legen und ausatmen

- Untertauchen und ausatmen. Beim Auftauchen nicht mit den Händen Augen auswischen, sondern nur den Kopf kräftig schütteln
- Sich unter Wasser Worte zurufen, „brüllen wie ein Seelöwe"
- „Verstecken": SS laufen nach verschiedenen Bewegungsaufgaben durch das Wasser. Auf Pfiff des L untertauchen und dabei ausatmen. Ängstliche Kinder nicht zwingen!
- „Wippe": Abwechselnd untertauchen und ausatmen

- Die SS prüfen die Wassertiefe. Erste Erfahrungen in individueller Weise machen
- SS erkunden verschiedene Wassertiefen

- SS sind paarweise im Wasser. P1 übt, P2 beobachtet, Wechsel
- Das Gesicht dabei möglichst nahe an die Wasseroberfläche bringen
- SS blasen einen Tischtennisball oder Korken vor sich her, knapp über der Wasseroberfläche blasen

- Die SS erkennen, daß die Luft im Becher das Wasser abhält und deshalb das Taschentuch trocken bleibt. Hinweis: Genau so ist es, wenn du unter Wasser ausatmest.
- Beim Ausatmen unter Wasser nicht blasen, sondern mit runder Mundöffnung blubbern, einen dunklen Brummton (brrr) erzeugen
- P1 sichert P2 durch Handhaltung. Durch Mund und Nase ausatmen verhindert beim Auftauchen, daß Wasser in die Atemwege kommt
- P1 und P2 halten sich an den Händen und tauchen gemeinsam
- Damit die SS sich daran gewöhnen, länger unter Wasser zu bleiben, wird die Aufgabe gestellt, beim Ausatmen unter Wasser möglichst viele Blasen zu machen.
- SS halten sich paarweise an den Händen. Zunehmend schnellerer Wechsel von oben/unten, Ein- und Ausatmen

4.3 Ausklang
- „Fische fangen": Wer von den „Fischen" kann unter dem „Netz" durchtauchen? „Fische", die das „Netz" berühren, wechseln zu den „Fischern" (Fängern).

- „Fischer" (3, 4 SS mit gefaßten Händen) fangen „Fische". Die gefaßten Hände (= das „Netz") liegen auf der Wasseroberfläche.

Unterrichtsbeispiel Nr. 63

Erfahren des Wasserauftriebs

LZ: – Erfühlen der Auftriebskraft des Wassers an Hilfsgeräten und am eigenen Körper
  – Erlernen der Strecklage (Streckschwebe)
  – Erlernen der Hockschwebe („Qualle")

1. Situationsanalyse

Durch intensives Einatmen kann der menschliche Körper sein spezifisches Gewicht so verändern, daß er im Wasser zu schweben beginnt (statischer Auftrieb). Diesen Schwebezustand kann man durch Bewegungen unterstützen (dynamischen Auftrieb) und durch eine entsprechende Körperhaltung verändern. Verschiedene Übungen lassen die Schüler diese Grunderfahrung erleben.

2. Lernvoraussetzungen

Angstfreies Bewegen in und unter Wasser, Untertauchen und Ausatmen im Wasser.

3. Gerätebedarf

1 Schwimmbrett und 1 Ball für jedes Schülerpaar

4. Durchführung

Unterrichtsverlauf	Didaktische Überlegungen
4.1 Einstimmen/Erwärmen	
– Wassergymnastik: Kniebeugen, Hampelmann, Schlußsprünge vw, rw, Strecksprünge	– Gymnastische Übungen, die dem S aus dem Sportunterricht bekannt sind, machen den Wasserwiderstand deutlich erfahrbar.
– Erproben der Auftriebshilfen Schwimmbrett und Ball: Festhalten, treiben lassen in Bauch- und Rückenlage	– SS arbeiten paarweise. Hinweis auf Verletzungsgefahr durch die Schwimmbretter aus Hartplastik. Freies Aufstellen mit Sicherheitsabstand
– Vorzeigen der gefundenen Bewegungsmöglichkeiten, Besprechen der Erfahrungen	– Vertrauen zu den Lernhilfen gewinnen.

4.2 Hauptteil

1. Lernschritt: Auftrieb des Wassers in der Strecklage erfühlen
— SS bilden mehrere größere Kreise und fassen sich an den Händen. Jeder zweite S im Kreis legt sich auf den Rücken/Bauch, die stehenden SS halten die liegenden SS, Wechsel
— Wechsel zwischen Rücken und Bauchlage, ohne den Boden zu berühren
— S läßt sich aus dem Stand nach hinten umfallen und versucht, in der Strecklage zu bleiben. Sich ganz gerade halten (in der Hüfte)
— Versuche, dich gestreckt auf den Bauch zu legen, Gesicht im Wasser, die Arme sind über den Kopf ausgestreckt.
2. Lernschritt: Erlernen der Hockschwebe, auch „Qualle" genannt
— Vorübung: Halte dich am Ball fest. Mach dich dabei ganz klein.
— Versuche, den Ball mit deinem Körper so zu umschließen, daß man ihn nicht mehr sehen kann. Versuche es in der Bauch- und Rückenlage.
— Hockkreisel (ohne Ball): Beine anhocken, durch Paddelbewegungen der Hände versuchen, sich um die eigene Längsachse zu drehen
— Hockschwebe: Einatmen, unter Wasser in die Hocke gehen, mit den Armen beide Knie umfassen, Kopf an die Brust ziehen und auftreiben lassen; nur der runde Rücken ragt aus dem Wasser
— Hockschwebe wie oben: Langsames Ausatmen bis zum Absinken auf den Boden.

4.3 Ausklang
— Wasserfußball in mehreren Kreisen. Welche Gruppe (5–8 SS) hat zuerst die 3–5 Bälle mit dem Fuß aus dem Kreis geschossen?

— Hinweis: Wenn du vorher einatmest, trägt dich das Wasser noch besser. Man kommt leicht wieder zum Stand, wenn man die Beine anzieht.
— Kräftiges Anziehen der Beine ermöglicht diese schwierige Übung.
— SS arbeiten paarweise. Hinweis: Strecke den Bauch heraus (Hohlkreuz)! Die Hände liegen seitlich neben der Hüfte und paddeln zur Unterstützung mit.
— Hinweis: Man kommt zum Stand, indem die Arme und Beine unter dem Bauch angezogen werden.

— SS arbeiten paarweise abwechselnd mit einem Ball.
— Hinweis: In der Bauchlage Kopf nach vorn beugen, Kinn an die Brust ziehen, Gesicht ins Wasser legen
— Der P kann die Umdrehungen zählen, der Kopf ist dabei über Wasser.
— Hinweis: Diese schwierige Übung gelingt leichter, wenn du tief einatmest und den Kopf stark nach vorne beugst. Der Körper soll dabei entspannt sein, nicht verkrampft.
— SS erfahren, daß der Auftrieb mit dem Ausatmen nachläßt.

— Hinweis: Handfassung im Kreis sichert den P vor dem Ausrutschen. Trotz Wettkampfsituation Rücksicht zeigen können.

Unterrichtsbeispiel Nr. 64

Tauchen — Bewegen unter Wasser

LZ: — Mit dem Körper ganz unter Wasser kommen
— Kopfwärts ins Wasser eintauchen und unter Wasser bewegen
— Sich unter Wasser orientieren (Augen öffnen, Raumlage einschätzen)

1. Situationsanalyse

Das sichere Tauchen ist eine wesentliche Grundlage für das Erlernen des Schwimmens. Um sich im Wasser ganz sicher fühlen zu können, muß der Schüler auch lernen, den Atem richtig zu steuern. Es kommt darauf an, unter Wasser den Atem anzuhalten und erst nach und nach ausströmen zu lassen. Dabei wird im Rachenraum der entsprechende Gegendruck geschaffen, der verhindert, daß Wasser in Mund und Nase eindringen kann. Der Schüler soll erfahren, daß er die Tauchtiefe durch die Kopfhaltung steuern kann (Kopf zur Brust ziehen beim Eintauchen, Kopf heben beim Auftauchen). Von Anfang an wird darauf geachtet, daß die Schüler unter Wasser die Augen geöffnet haben, um sich gut orientieren zu können. Schwimmbrillen sind bei empfindlichen Augen eine gute Hilfe.

2. Lernvoraussetzungen

Erste Wasservertrautheit — mit dem P zusammenarbeiten können

3. Gerätebedarf

Schwimmleine — 1 Gymnastikstab für jedes Schülerpaar

4. Durchführung

Unterrichtsverlauf	Didaktische Überlegungen
4.1 Einstimmen/Erwärmen	
— ,,Wassertiere" beim Schwimmen und Tauchen, z.B. Delphin, Seelöwe, Wal, Pinguin, Seepferdchen u. ä.	— Freie Aufstellung der SS im Wasser, Darstellen der verschiedenen Tiere, Geräusche untermalen die Bewegung
— ,,Tauch-Fangen": Ein, zwei Fänger versuchen, andere SS abzuschlagen, wer untertaucht, kann (auch beim anschließenden Wiederauftauchen) nicht gefangen werden.	— Die Fänger öfters wechseln, wenn es länger nicht gelingt, jemand abzuschlagen

4.2 Hauptteil

- SS gehen paarweise zusammen, Paare verteilen sich im Becken
- Die Paare erproben Möglichkeiten mit dem Stab
- P1 hält den Stab waagrecht auf dem Wasser, P2 taucht unter dem Stab durch
- Beide SS halten sich am waagrechten Stab fest und tauchen gleichzeitig unter, unter Wasser Grimassen schneiden, mit einer Hand eine Zahl zeigen
- P1 stellt den Stab senkrecht ins Wasser und hält ihn fest, P2 faßt den Stab und versucht, sich zum Beckenboden nach unten zu hangeln
- Wie oben beginnen, aber den Stab unter Wasser kurz loslassen und wieder fassen
- P1 hält den Stab wie oben, P2 steht in einem Abstand zu P1, taucht unter und versucht, zum Stab hinzukommen, Wechsel der P

- SS setzen sich an der Treppe ab
- L erklärt das Eintauchen kopfwärts, Springen wie ein ,,Delphin"

- ,,Delphinsprünge" über die Schwimmleine aus dem Stand im etwa brusttiefen Wasser

- Gesamtkorrektur und Einzelkorrektur fehlerhafter Bewegungsausführungen durch den L

- Mit ,,Delphinsprung" eintauchen, unter der Leine durchtauchen

4.3 Ausklang

- SS stehen in einem Kreis (Flankenkreis), die Leine ist quer durch den Kreis gespannt, SS bewegen sich im Kreis und tauchen unter der Leine durch
- SS bekommen Gelegenheit, geübte Tauchaufgaben zu wiederholen

- Jedes Paar hat einen Stab, Sicherheitsabstände beachten
- Den Stab nicht werfen

- Mehrere Durchgänge, der Stab wird nach und nach tiefer gehalten, P wechseln sich ab
- Die P beobachten sich gegenseitig, ob die Augen geöffnet sind, sie helfen sich, wenn nötig

- P2 versucht, aus dem Stand in die Hocke unter Wasser zu kommen, der Stab ist hier eine Lern- und Orientierungshilfe
- Diese Aufgabe soll den Tauchenden veranlassen, unter Wasser zur Orientierung die Augen zu öffnen.
- Der untergetauchte S drückt sich aus dem Hockstand ab und gleitet in Strecklage zum Stab hin, beide Arme gestreckt nach vorne, Augen auf, Stab greifen
- Stäbe werden abgelegt
- Kopf zwischen die gestreckten Arme, runder Rücken, kräftiger Abstoß mit beiden Beinen nach vorne
- SS in zwei Gruppen, Einser, Zweier nebeneinander, mehrere Versuche. Beim Eintauchen schützen die nach vorn gestreckten Arme den Kopf
- Besonders zu beachten sind: Runder Rücken und Kinn auf die Brust (Schau die Leine, den Bauch an), kräftiger Abstoß mit beiden Beinen, Armschwung nach vorne
- ,,Delphinsprung" in Abstand von ca. 1 m von der Leine

- Durch das Bewegen im Kreis beginnt das Wasser zu ,,fließen". Die SS lassen sich beim Untertauchen unter der Leine vom ,,fließenden Wasser" mittreiben
- Die Leine bleibt noch gespannt, die Stäbe können benützt werden

209

Unterrichtsbeispiel Nr. 65

Gleiten

LZ: – Gleiten in Rücken- und Brustlage mit Partnerhilfe
– Gleiten ohne Partnerhilfe durch Abstoßen von der Treppe bzw. dem Beckenboden
– Gleiten in Rücken- und Brustlage in Verbindung mit dem Kraulbeinschlag
– Gleiten unter Wasser

1. Sachanalyse

Auf der Grundlage verschiedener Auftriebserfahrungen (vgl. UB 63) ist das Gleiten die Fähigkeit, sich auf und auch unter Wasser in Brust- und Rückenlage (Seitlage) bei gestrecktem Körper fortzubewegen. Eine gute Gleitlage ist ganz allgemein dann gegeben, wenn der Körper bei gestreckten Armen, gerader, nicht abgewinkelter Hüfte und langen Beinen dem Wasser möglichst wenig Widerstand bietet und dabei doch völlig unverkrampft im Wasser liegt. Eine gute Gleitlage ist die wesentliche Basis für jede Schwimmtechnik, für Startsprung und Wende, aber auch für die spätere Schnelligkeit und Ausdauer beim Schwimmen.

2. Lernvoraussetzungen

Hüft- bis brusttiefes Wasser – bereits gemachte Auftriebserfahrungen – Einnehmenkönnen der gestreckten Gleitlage (Brust-, Rückenlage) an der Treppe bzw. im freien Wasser (,,Toter Mann") – sich angstfrei auf das Wasser legen können

3. Gerätebedarf

Je Schülerpaar ein Schwimmbrett (die Stunde ist aber auch ohne Schwimmbretter durchführbar)

4. Durchführung

Unterrichtsverlauf	**Didaktische Überlegungen**
4.1 Einstimmen/Erwärmen	
– In gestreckter Körperlage mit Stütz der gestreckten Arme auf einer Treppe Auftreiben in Rücken- und Brustlage	– Wenn möglich alle SS gleichzeitig nebeneinander auf der Treppe (Längsseite) oder im Wechsel von ,,Einsern" und ,,Zweiern"

- Wie oben, aber in beiden Lagen mit leichtem (leisem) Wechselschlag der Beine (Kraulbeintempo); wesentlich ist in beiden Lagen der gestreckte Körper (Hüfte).

4.2 Hauptteil
- Gleiten in Rückenlage mit Partnerhilfe; P1 zieht seinen Partner (P2) in Rückenlage von der Treppe aus ins Becken, Wechsel, P2 zieht zur Treppe zurück. Es wird mit den Händen unter die Achseln gegriffen, Arme sind gestreckt
- Wie oben, das Gleiten in der Rückenlage wird jedoch durch ein leichtes Kraulbeintempo unterstützt
- Gleiten in Brustlage mit Partnerhilfe; P1 zieht P2 mit einem Schwimmbrett oder an beiden Händen (gestreckte Arme!)
- Wie oben, jedoch verbunden mit leichtem Kraulbeinschlag
- Gleiten in Rückenlage ohne Partnerhilfe. Hockstand auf der untersten Treppe, sich auf den Rücken legen und von der Treppe abstoßen. Die Hände unterstützen seitlich paddelnd neben der Hüfte. Auch in Verbindung mit Kraulbeinschlag
- Gleiten in Brustlage ohne Partnerhilfe, auch mit Kraulbeinschlag. Das Schwimmbrett kann zu Beginn als Auftriebshilfe eingesetzt werden
- Vergrößerung der Gleitstrecke
- Erste Versuche, unter Wasser zu gleiten. Organisation wie oben, P1 und P2 im Wechsel

4.3 Ausklang
- Es werden drei oder vier Gruppen gebildet. Wir laufen, gleiten, schwimmen über die Querbahnen in Form einer Umkehr-(Wende-)staffel.

- Die Brustlage kann auch mit Atemübungen verbunden werden, d. h. während des Auftreibens durch Kopfsenken bzw. -heben ins Wasser Ausatmen bzw. Einatmen

- Die SS stehen paarweise an der untersten Treppe. Der ziehende S beachtet, den P dabei nicht aus dem Wasser zu heben. Der Gezogene unterstützt mit beiden Händen seitlich neben dem Körper paddelnd. Körper/Hüfte sind dabei gestreckt
- Mit ,,langen Beinen" aus der Hüfte schlagen, die Knie sollen dabei nicht aus dem Wasser kommen, auf regelmäßiges Aus- bzw. Einatmen achten
- Organisation wie oben, auch hier auf das bewußte Aus- bzw. Einatmen (über Wasser) achten

- Nicht ,,Radfahren", d. h. die Knie unter den Körper ziehen, sondern mit langen Beinen schlagen.
- Auch hier kann die Organisationsform der Partnerarbeit aufrechterhalten bleiben, indem P2 in einem entsprechenden Abstand zur Treppe sichernd auf P1 wartet. Zur Treppe zurück erfolgt der Abstoß für den Gleitenden vom Beckenboden. Wechsel von P1 und P2
- Der im Wasser stehende P markiert die Gleitstrecke, sichert bzw. hilft evtl. beim Aufstehen. Das Gesicht kann hier ins Wasser gelegt werden.
- Der P stellt sich weiter von der Treppe auf
- Abstoß von der untersten Treppe bzw. dem Boden in das Wasser, gestreckte Arme vor dem Körper (Augen auf!)

- Die Gruppen stehen auf der Treppenseite, es wird jeweils zur gegenüberliegenden Wand und zurück gelaufen, geschwommen.

Unterrichtsbeispiel Nr. 66

Brustschwimmen: Einführung der Grätsche

LZ: – Erlernen der Grätsche in der Grobform
– Erfühlen eines ersten Vortriebs
– Gleitlage und Grätsche verbinden können, Verbesserung der Gleitlage

1. Sachanalyse

Die Grätsche bewirkt den Hauptvortrieb beim Brustschwimmen. Der in den letzten Jahren wieder aufgekommenen Kritik an der Schwunggrätsche kann durch folgende Hinweise begegnet werden:
– Beim Erlernen der Schwunggrätsche mit Grundschulkindern wird wohl immer nur die grob richtige Bewegung intendiert werden können. Auf ein eng festgelegtes Bewegungsmuster mit allen notwendigen Fehlerkorrekturen wird in dieser Lernphase (Alter) sowieso verzichtet.
– Hier geht es grundsätzlich um einen ersten Vortrieb in Annäherung an die Schwunggrätsche. Überzogene bewegungstechnische Anforderungen, die hier abgelehnt werden, sollten vernünftigerweise auf das in der Grundschule realistisch Machbare reduziert werden.

Beinbewegung beim Brustschwimmen („Schwunggrätsche"):
In der Ausgangsstellung (Brustlage) sind Beine und Füße gestreckt. Am Beginn der Bewegung werden die Fersen/Unterschenkel zum Gesäß gezogen, die Knie werden dabei gebeugt und sind hand- bis hüftbreit offen, die Fußsohlen kommen parallel zur Wasseroberfläche (nicht Knie unter den Körper ziehen). Nun werden die Fußspitzen nach außen gedreht und die Unterschenkel schwingen kreisend, beschleunigend weit nach außen-rückwärts in die Ausgangsstellung zurück. Der Abdruck vom Wasser (Vortrieb) erfolgt dabei vor allem mit den Sohlen und den Innenseiten der Unterschenkel. Der Bewegungsrhythmus ist eins – zwei, langsam – schnell (vgl. Abb. 1).

2. Lernvoraussetzungen

Wassersicherheit und gute Gleitlage des Körpers – Vertrautsein mit dem Auftreiben in Rücken- und Brustlage an der Treppe.

3. Gerätebedarf

Ein Schwimmbrett pro SS-Paar

4. Durchführung

Unterrichtsverlauf

4.1. Einstimmen/Erwärmen

– Kurze Bewegungsdemonstration an Land durch den L. Beinbewegung im Strecksitz am Beckenrand (oder der obersten Treppe). Die ersten Bewegungsversuche in der „Rückenlage" zum Erreichen einer grundlegend richtigen Bewegungsausführung empfehlen sich deshalb, weil die SS auf diese Weise ihre Versuche mit dem Auge verfolgen und so besser erlernen bzw. korrigieren können.

4.2. Hauptteil

– Grätsche im Schwebestütz rücklings (Rückenlage) an der Treppe, Körper/Hüfte dabei gestreckt, erste Versuche in der Rückenlage, die Grätsche im Wasser zu machen

– L-hilfen durch Führen der Beine, evtl. auch gute SS mit einbeziehen. Die Bewegung durch Mitsprechen unterstützen, z. B. Fersen – Kreisen – Pause
– Grätsche im Schwebesitz vorlings (Brustlage), erste Versuche
– Erste Versuche in der Fortbewegung, Partnerhilfe, Rückenlage. P 2 zieht P 1, P 1 zieht P 2 zurück
– Erste Versuche in der Fortbewegung, Partnerhilfe, Brustlage, P 2 zieht P 1 mit einem Schwimmbrett, Wechsel
– Wiederholendes Üben, Gesamtkorrekturen bei grundsätzlichen Fehlern

Didaktische Überlegungen

– Die SS sitzen z. B. am Beckenrand (Beckenkante etwa im Kniegelenk, Oberkörper zurückgelehnt, Hände stützen ab, Beine gestreckt), die Fersen bewegen sich bis zum Beckenrand, dabei die Knie hand- bis hüftbreit öffnen. Wenn die Fersen die Wand berühren, Fußspitzen anziehen, Füße/Fersen weit nach außen drehen und Unterschenkel schwunghaft kreisend wieder schließen, dabei die Beine wieder strecken.

– Die SS sitzen auf der Treppe im Wasser, die gestreckten Arme stützen so auf einer Treppe, daß der Körper in Gleitlage auftreibt. Der seitliche Abstand ist groß genug, um gegenseitige Behinderungen auszuschließen. Evtl. Einser und Zweier im Wechsel nacheinander.
– Der L hilft dort, wo die Bewegungsausführung noch weit von der Grobform entfernt ist, dabei auch auf den Rhythmus achten, langsam (Anfersen) – schnell (Kreisen)
– Hilfen durch L oder gute SS wie bei Rückenlage
– P 1 wird in Rückenlage von P 2 gezogen, mit gesteckten Armen unter die Achseln greifen
– Die Gleitlage, das Ziehen wird durch ein Schwimmbrett unterstützt. Der P zieht immer am Brett
– Den Lernprozeß auch dadurch unterstützen, daß auf vorhergegangene, leichtere Lernschritte zurückgegriffen wird.

4.3. Ausklang

– „Flieger", d. h. ein S wird von drei anderen getragen, gehoben, gedreht, bewegt. Durchwechseln innerhalb einer Vierergruppe

– 3 SS bilden einen Kreis mit Handfassung, der vierte liegt in Brust-, Rückenlage gestreckt auf den gefaßten Armen der anderen

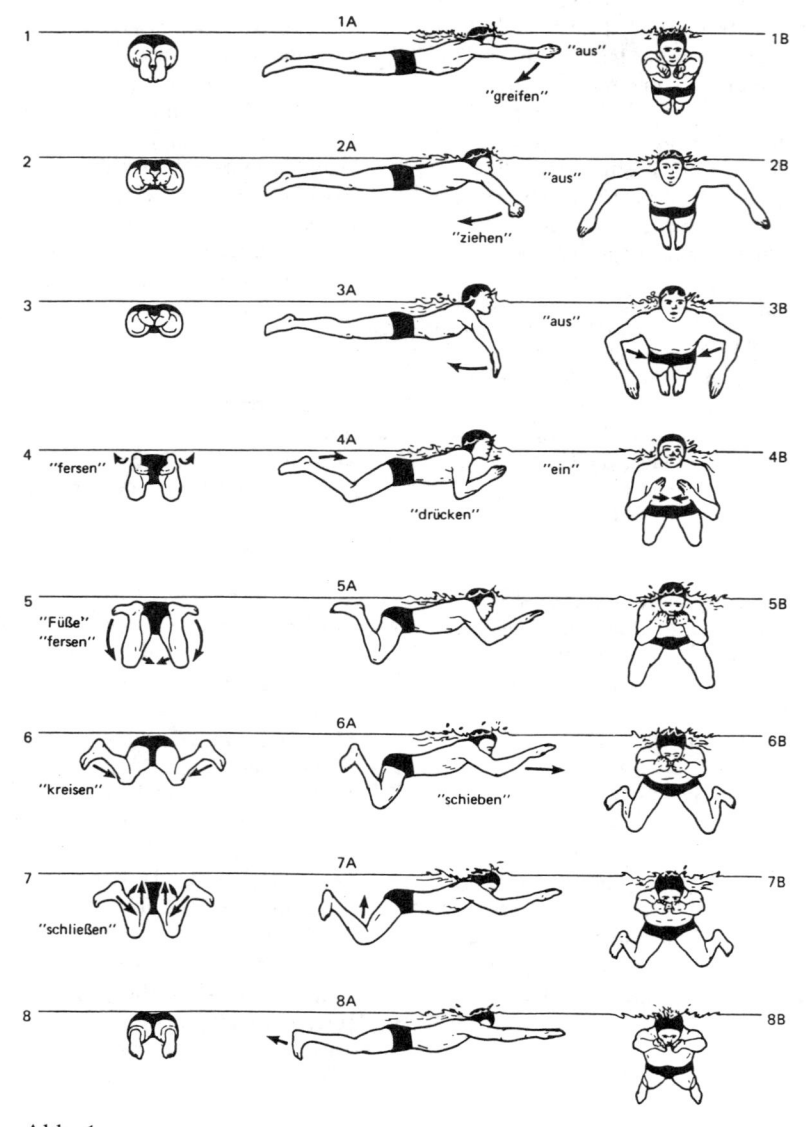

Abb. 1

Unterrichtsbeispiel Nr. 67

Brustschwimmen: Verbesserung der Grätsche

LZ: – Die Bewegungsausführung der Grätsche festigen
– Die Qualität des Vortriebs steigern
– In der Gleitlage mit der Grätsche schwimmen können
– Die Atmung in grundlegend richtiger Weise zur Grätsche koordinieren

1. Sachanalyse

Vgl. Unterrichtsbeispiel 66
Mögliche Hauptfehler bei der Grätsche:
– statt Anzufersen werden die Knie/Oberschenkel zu weit unter den Bauch gezogen (angehockt – in der Brustlage);
– beim Kreisen werden die Knie zu weit auseinander genommen;
– der Rhythmus der Bewegung, nämlich langsam – schnell – Pause, wird noch zu wenig verwirklicht;
– die Bewegung enthält eine Schere, d. h. es erfolgt eine unsymmetrische Beinbewegung während des Kreisens mit verdrehter Hüfte, nicht gerader Gleitlage, unterschiedlich kreisenden Beinen;
– eine schlechte Gleitlage, d. h. zu hoher Kopf, zu tiefe Hüfte und Beine, eine insgesamt zu steile Wasserlage erschwert das Gleiten, Vorwärtskommen.

Atmen in Verbindung mit der Grätsche:
Beim Anfersen wird kurz eingeatmet, länger Ausatmen, wenn sich die Beine kreisend schließen und der Körper gleitet.

2. Lernvoraussetzungen

Erste Bewegungserfahrungen mit der Grätsche in Rücken- und Brustlage beim Auftreiben an der Treppe.

Gerätebedarf

1 Schwimmbrett je Schülerpaar – einige Bälle

4. Durchführung

Unterrichtsverlauf

4.1. Einstimmen/Erwärmen

1. Lernschritt:
- Auftreiben in Rücken- bzw. Brustlage an der Treppe, Grätsche; vgl. UB 66

Didaktische Überlegungen

- Das Zurückgreifen auf leichtere Bewegungsformen und das gezielte Wiederholen ist für den Lernprozeß von großer Wichtigkeit

4.2. Hauptteil

2. Lernschritt:
- Grätsche in der Bewegung mit Partnerhilfe in der Rückenlage, der Schwimmende unterstützt durch Händepaddeln neben der Hüfte. P 1 zieht von der Treppe weg, P 2 zieht zur Treppe zurück
- Grätsche in der Bewegung mit Partnerhilfe in der Brustlage. Ziehen mit einem Schwimmbrett

3. Lernschritt:
- Grätsche in der Bewegung ohne Partnerhilfe, zunächst in Rückenlage. Hände paddeln seitlich neben dem Körper mit

- Grätsche in der Bewegung ohne Partnerhilfe in der Brustlage

- Leistungsdifferenzierung je nach Können innerhalb der drei Lernschritte

- Von der Treppe in Rücken- und Brustlage (ohne Brett) auf den Partner als Ziel zugleiten, dabei die Strecke langsam vergrößern

- Im tieferen Wasser vom Boden abstoßen und gleitend mit Grätsche vorankommen (Rücken-/Brustlage)

- Die SS stehen paarweise an der untersten Treppe, mit ausgestreckten Armen ziehen, die Hände greifen unter die Achseln, den Gleitenden nicht aus dem Wasser heben

- Die Unterarme des Schwimmenden liegen gestreckt seitlich am Brett. Der P zieht mit dem Brett.

- Hockstand auf der untersten Treppe, sich in Rückenlage auf das Wasser legen, Abstoßen – Gleiten – Grätsche. P sichert evtl. im Wasser stehend

- Abstoßen von der untersten Treppe, gleiten in Brustlage, Arme gestreckt nach vorne, Grätsche. Am Anfang ist ein Schwimmbrett eine Hilfe.

- Maßnahmen der inneren Differenzierung sorgen bei einem unterschiedlichen Können der Schüler für eine entsprechende Herausforderung der Übenden.

- Die Qualität der Grätsche (Vortrieb) wird nur durch gezieltes, längeres Üben verbessert. Wer benötigt für eine bestimmte Strecke immer weniger Grätschen?

- Wassertiefe und Entfernung selbst wählen lassen. In Brustlage auch mit dem Kopf zwischen den Armen (Gesicht im Wasser) gleiten

4. Lernschritt:
- Grätsche und Atmung koordinieren
- In grundlegender Weise versuchen, die Koordination von Grätsche und Atmung zu erlernen. Beim Anfersen kurz einatmen, beim kreisenden Schließen und Gleiten länger ausatmen.

4.3 Ausklang

- Freies Tauchen, Spielen, Schwimmen
- L steht außerhalb und beobachtet sichernd die Schwimmgruppe. Evtl. dabei einige grundlegende Verhaltensregeln vereinbaren

- Oder auch Ballstaffeln mehrerer Gruppen untereinander
- Bälle werden in Pendel- oder Umkehrstaffelform über die Querbahn transportiert

Unterrichtsbeispiel Nr. 68

Brustschwimmen: Armzug

LZ: – Erlernen des Armzugs für das Brustschwimmen
– Armzug und Atmung in grundlegender Weise koordinieren

1. Sachanalyse

Zum Bewegungsablauf der „Schwunggrätsche" gehört ein relativ kleinräumiger, kurzer Armzug. In der Ausgangslage sind die Arme gestreckt, die Handflächen zeigen nach unten, die Finger sind geschlossen. Aus dieser Position bewegen sich in der Zugphase die Hände nach außen-unten bis etwa in Schulterbreite, die Ellbogen beginnen sich zu beugen, die Unterarme kommen dabei fast senkrecht ins Wasser. In der folgenden Druckphase werden Unterarme und Hände vor dem Körper schwungvoll zusammengedrückt und in die Strecklage nach vorne geführt (vgl. Abb. 1 in UB 66).
Atmung:
Beim Übergang von der Zug- zur Druckphase, wenn die Schulter und das Gesicht am höchsten sind, wird eingeatmet. Die Ausatmung erfolgt am Ende der Streck- und während der beginnenden Zugphase der Arme, der Kopf ist dabei bis zur Stirn (Bademütze) im Wasser (vgl. Abb. 1 in UB 66).
Hauptfehler:
– Die Arme ziehen zu weit nach der Seite und zu seicht (nur parallel zur Wasseroberfläche mit gestreckten Ellbogen);
– der gebeugte Ellbogen befindet sich beim Armzug zu weit hinter der Schulter (in Richtung Hüfte);
– die Atmung wird zum Armzug nicht richtig koordiniert bzw. nur verkrampft und unvollständig ausgeführt.

2. Lernvoraussetzungen

Gleiten und Grätsche – in das Wasser vollständig ausatmen können

3. Gerätebedarf – Für je zwei SS einen Pull-Buoy – Schwimmleine

4. Durchführung

Unterrichtsverlauf	Didaktische Überlegungen
4.1. Einstimmen/Erwärmen	
– „Wassergreifen", d.h. im hüfttiefen Wasser den Oberkörper ins Wasser	– Die SS versuchen, Wasserwiderstand zu erfahren und das Wasser kreisend

- legen und die Hände kreisend im Wasser bewegen
- In der ,,Hockschwebe" sich mit Händen und Unterarmen vorw. durch das Wasser ziehen

4.2. Hauptteil
- SS liegen in Bauchlage mit dem Kopf zum Wasser so am Beckenrand, daß die Arme vor der Wand kreisen können. L demonstriert die Armbewegung, SS machen nach. Das Mitsprechen (z. B. kreisen–schließen–vor) unterstützt das Erlernen
- Die SS stehen im Wasser hinter einer Schwimmleine, sie beugen sich darüber, legen den Oberkörper ins Wasser und machen wie oben die Armbewegung vor der Leine.
- Etwa brusttiefes Wasser, den Oberkörper ins Wasser legen und Armzüge im Vorwärtsgehen üben
- Partnerübung: Gleiten in Brustlage mit Armzügen (Kopf über Wasser), der P unterstützt durch leichtes Schieben an den Füßen. Im Wechsel von P 1 und P 2 von der Treppe aus und zurück
- Gleiten mit Armzug und Auftriebshilfe, z. B. Pull-Buoy, der zwischen den Oberschenkeln gehalten wird, wenn nötig, unterstützt der P durch leichtes Schieben
- Organisation und Lernhilfe wie oben, erste Koordination von Armzug und Atmung, bei jedem Armzug einmal ein- bzw. ausatmen

4.3 Ausklang
- ,,Schwarzer Mann" im Wasser, das Spiel über die Längsseite spielen lassen

- wegzudrücken (Finger geschlossen, Hände schaufelförmig)
- Der Kopf ist über Wasser, die SS versuchen, mit (kleinen) Armkreisen vorwärts zu kommen.

- Der Beckenrand erlaubt den Armzug nur vor dem Körper und verhindert von Anfang an ein zu weites Zurückführen der Ellbogen ,,hinter" die Schulterlinie
- Auch die Leine verhindert das zu weite Zurückkreisen der Ellbogen/Arme. Die Bewegung im Wasser läßt Wasserwiderstand und ersten Vortrieb erfahren.
- Der Oberkörper muß sich ganz im Wasser befinden, die SS sollen den Druck besonders an den Handflächen erfahren (Finger zusammen!)
- Der helfende P sichert die Schwimmlage des Übenden und unterstützt durch leichtes Schieben, um so einen ersten Vortrieb zu sichern. Hüfte und Füße müssen dabei im Wasser sein.
- Im Wechsel von Einsern und Zweiern, von der Treppe aus abstoßen, gleiten, Armzug, die Auftriebshilfe stabilisiert die Gleitlage
- Beim Kreisen der Arme (hoher Kopf) einatmen, beim Strecken der Arme ausatmen, zunächst dabei das Gesicht über Wasser lassen

- Evtl. das Spielfeld mit einer Schwimmleine zum tieferen Wasser hin abgrenzen

Unterrichtsbeispiel Nr. 69

Fußsprünge ins Wasser

LZ: − Verschiedene Sprungformen kennenlernen und können
− Wassersicherheit steigern und Freude am Springen haben
− Mit anderen zusammen springen können
− Gefahren erkennen und sich selbst sicherheitsbewußt verhalten

1. Situationsanalyse

Mit den hier angesprochenen Formen sind jene vielfältigen Sprungaufgaben gemeint, die über spezifische Bewegungserfahrungen (Wasserdruck, -widerstand, Auftrieb, Härte des Wassers, Fluggefühl) die Wassersicherheit weiter steigern. Sie können den (wasservertrauten) Kindern viel Freude bereiten, sind bewegungsintensiv und bereichern den Bewegungsraum Wasser. Dabei handelt es sich grundsätzlich nur um Fußsprünge und Variationen, die in einem Lehrschwimmbecken oder einer ähnlichen Anlage ausgeführt werden. Die Wassertiefe ist dabei für die springenden Kinder mindestens brusttief. Beim Springen auf ängstliche Kinder keinen Zwang ausüben, sondern diese behutsam und mit Hilfen langsam an die Aufgaben heranführen.

2. Lernvoraussetzungen − Grunderfahrungen wurden bereits gemacht

3. Gerätebedarf − Reifen − Turnstäbe − ein großer, leichter Wasserball

4. Durchführung

Unterrichtsverlauf	Didaktische Überlegungen
4.1 Einstimmen/Erwärmen	
− Große Spritzschlacht jeder gegen jeden, freie Aufstellung im Becken	− Die SS spritzen nach allen Seiten, schlagen mit Händen, Fäusten, Unterarmen auf das Wasser
− Abspringen vom Beckenboden und auf verschiedene Weise ins Wasser fallen. Auf den nötigen Sicherheitsabstand zu den anderen achten.	− Jeder S versucht, seine Bewegungseinfälle zu verwirklichen, auch nach rückw. springen und fallen. Die anderen SS gut beobachten.
4.2 Hauptteil	
− Springen von der Treppe ○ Schrittsprünge, Hocksprünge aus dem Stand	− Aus Sicherheitsgründen nicht von den beiden obersten Treppen springen lassen. Die SS wählen auf den un-

- ○ Weitsprung (mit beidbeinigem Abdruck)
- ○ In einen Reifen springen, den der P hält, dann Wechsel
- ○ Partnersprünge (2 SS halten sich an der Hand fest), gemeinsam springen
- ○ Zur Treppe schauen, nach rückw. springen, auch mit dem P zusammen
- Springen vom Beckenrand
  - ○ Die Einser sitzen am Beckenrand, Füße in der Überlaufrinne und springen gemeinsam mit den Beinen voraus ins Wasser. Wer gesprungen ist, geht zur Treppe, dort aus dem Wasser und zur Absprungstelle zurück, dann die Zweier (vgl. Abb. 1)
  - ○ Aus dem Sitzen in einen Reifen springen (P1 springt, P2 hält den Reifen, dann Wechsel)
  - ○ Mit dem Partner, in der Kleingruppe (Handfassung) aus dem Sitzen springen
  - ○ Aus dem Hockstand springen, Einser, Zweier nacheinander auf ein Zeichen
  - ○ Aus dem Stand springen, dabei Beine anhocken (Bombe)
  - ○ Wie oben, aber nach dem Eintauchen nach vorne unter einem Hindernis durchtauchen
  - ○ „Sprünge" in der Gruppe, z. B. „Bob"! Die Reihe der sitzenden und sich haltenden Kinder läßt sich seitwärts ins Wasser fallen
  - ○ Wie oben, aber anders sitzen und nach der anderen Seite fallen

4.3 Ausklang

- Wasserballspiel in zwei Gruppen mit einem leichten, großen Wasserball. Die beiden Gruppen sind durch verschieden farbige Badmützen gekennzeichnet.

teren Treppen selbst ihre Sprunghöhe. Eine gute Organisation ist schon hier nötig, z. B. es springen alle SS der Gruppe 1 gemeinsam auf ein Zeichen des L und gehen dann zurück auf die Treppe, darauf springen alle SS der Gruppe 2 usw. im geordneten Wechsel. Abb. 1

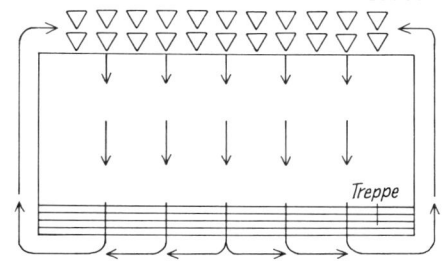

- ○ Auf den richtigen Abstand der Reifen achten. Bei unsicheren SS steht ein Helfer seitlich im Wasser und hilft, wenn nötig.
- ○ Bei Partner- bzw. Gruppensprüngen auf das gemeinsame Springen achten. Zeichen des L
- ○ Beine bleiben beim Flug, beim Eintauchen ins Wasser angehockt
- ○ Gehockte Beine mit Händen umfassen, beim Eintauchen so bleiben
- ○ Der P hält einen Turnstab, unter dem nach vorne durchgetaucht wird (richtiger Abstand!)
- ○ Die SS sitzen seitlich zum Wasser, ein Fuß an der Überlaufrinne und halten sich gegenseitig an der Hüfte fest.
- ○ Ängstliche SS nicht zwingen

- Die beiden Schmalseiten sind die beiden Tore. Berührt der Ball die Wand der Schmalseite, ist ein Tor erzielt. Evtl. einfache Regeln für dieses Spiel mit den SS festlegen.

Unterrichtsbeispiel Nr. 70

Spielen im Wasser

LZ: — Bewegungs- und Spielfreude erleben
— Spielerisch grundlegende Erfahrungen im Wasser sammeln
— Partner- und gemeinschaftsbezogenes Verhalten üben

1. Situationsanalyse

Spielen hat viele Aspekte. Es beinhaltet Zufall und Spannung, es ermöglicht Zusammenarbeit und Wettkampf zwischen den Spielern, es erfordert Mitdenken und Mitmachen (vgl. Joeres/Weichert, S. 145 ff.). Die Gewichtung einzelner Aspekte bestimmen den Charakter eines Spiels und ermöglichen seine Veränderung nach den Vorstellungen der Mitspieler. Spiel als Spaß erleben, Spielregeln als Absprachen für eine bestimmte Zeit erfahren, veränderbar nach den Bedingungen und den Wünschen der Mitspieler, das sind Erkenntnisse, die es den SS ermöglichen, Spiele selbst zu erfinden, auch und vor allem für eine sinnvolle Freizeitgestaltung. Spielen im Wasser hilft ängstlichen SS, Hemmungen abzubauen und steigert die Bewegungsbereitschaft. Spiele, die Gruppensieg vor Einzelleistungen stellen, Spielregeln, die körperliche Geschicklichkeit mit Zufall und Denkleistung kombinieren, ermöglichen es allen SS mitzumachen und Erfolge zu erleben.

2. Lernvoraussetzungen

Allgemeine Wasservertrautheit

3. Gerätebedarf

Plastikreifen — 1 Plastikbecher pro Gruppe — Luftballons — 1 bunter Wasserball — zahlreiche schwimmende Gegenstände (Schwimmbretter, Bälle, leere Plastikflaschen usw.) — zahlreiche sinkende Gegenstände (Tauchringe, mit Wasser gefüllte Plastikflaschen usw.) — Badmützen zum Kennzeichnen der Mannschaften

4. Durchführung

Unterrichtsverlauf

4.1 Einstimmen/Erwärmen

- Fangspiel: Fänger hat einen Plastikreifen, den er über einen S legt, um ihn einzufangen. S kann sich durch Wegtauchen retten.
- Drachenschwanzjagen: 8–10 SS halten sich hintereinander an der Hüfte. Der Kopf versucht nun, den Schwanz zu fangen.

4.2. Hauptteil

1. Spielformen mit dem Partner
- Pferd und Reiter: Versuchen, sich auf den Rücken des P zu setzen
- Kentern: Zwei SS liegen schwimmend in Bauchlage Kopf an Kopf, fassen sich an den Händen und versuchen, sich gemeinsam zur Rückenlage zu drehen.
- Vertrauensspaziergang: S läßt sich mit geschlossenen Augen vom P durch das Becken führen.
2. Spielformen in der Gruppe
- Oberkellnerstaffel: Ein mit Wasser gefüllter Becher wird auf einem Schwimmbrett stehend transportiert.
- Tauchringstaffel: S1 legt den Tauchring an einer bestimmten Stelle ab, S2 holt ihn zurück usw.
- Sammelspiele: Welche Gruppe hat 10 Objekte als erste zum Beckenrand gebracht? Es darf jeweils nur ein Gegenstand geholt werden.
3. Spiele mit dem Ball
- Balltreiben: Wasserball oder Luftballon mit den Händen treibend über die Torlinie (Beckenrand) bringen.

- Zielball: Ball in Reifen werfen, der im Wasser schwimmt. Jede Mannschaft hat einen Reifen und spielt in ihrer Hälfte des Beckens.

Didaktische Überlegungen

- Durch mehrere Fänger/Reifen kann man das Spiel dynamischer gestalten.

- Der Kopf des ,,Drachen" hängt sich hinten an, wenn eine Berührung erfolgt ist oder wenn die Kette gerissen ist.

- Aufstellung wie oben.

- Variation: Als Wettkampfform wird versucht, den P in Bauchlage zu drehen, ohne selbst die Rückenlage aufgeben zu müssen.

- SS bewegen sich frei im Becken. Der führende S vermeidet Kontakte mit anderen Paaren.

- Pendelstaffel: 8 Gruppen, je 2 stehen sich an den Längsseiten des Beckens im Wasser gegenüber.
- Ängstliche SS können das Tauchen vermeiden, wenn sie Platz 1, 3, 5 einnehmen.
- In jeder Ecke des Beckens wartet eine Gruppe. Möglichst viele Geräte schwimmen in der Beckenmitte, liegen am Beckenboden.

- Freie Aufstellung der Mannschaften im Becken als Angreifer und Abwehrspieler. Kennzeichnen der Mannschaften durch verschiedenfarbige Badermützen.
- Variationen: Mehrere Reifen, es zählen die Treffer einer Mannschaft in einer Zeiteinheit, dann Wechsel.

4.3. Ausklang

- Fliegende Fische: SS stehen in einer Gasse mit Handfassung, ein S wird in Bauchlage auf den Armen durch die Gasse transportiert.
- Gemeinschaftsgefühl erleben, das sich in Verantwortung und Vertrauen zeigt.

Verwendete Literatur bzw. Musikkassetten in den UB

- Brodtmann, D./Landau, G. (Hg.): Wettkämpfe, Sportfeste, Spielfeste. Reinbek bei Hamburg 1983
- So einfach ist Theater. Deutscher Taschenbuch Verlag, München 1982
- Kassetten zum Liederbuch: Die Liederkutsche. Frankfurt/Main o. J.
- Tanzspiele 2. Fidula Cassette: Tiere in Wald und Feld. Fidulafon 1213
- Tanzplatte SP 23023: Jingle Bells, Walter Kögler Verlag, 7000 Stuttgart
- Tanzplatte SP 23019: Troika, Kögler Verlag
- Tanzplatte Fidulafon 1179: Mexikanischer Walzer, Fidula Verlag, 5407 Boppard/Rhein
- Tanzplatte EP 58619: Tanzende Schlange, Kögler Verlag
- Tanzplatte Fidulafon 1210: Joker, Fidula Verlag
- Tanzplatte EP 58621: Durham Reel, Kögler Verlag